学前教育政策与法规

主　编　高恩胜　肖芙蓉
副主编　祝　茜　徐冬梅

华中科技大学出版社
http://www.hustp.com
中国·武汉

图书在版编目(CIP)数据

学前教育政策与法规/高恩胜,肖芙蓉主编. —武汉:华中科技大学出版社,2022.2(2025.2重印)
ISBN 978-7-5680-8027-9

Ⅰ.①学… Ⅱ.①高… ②肖… Ⅲ.①学前教育-教育政策-中国 ②学前教育-教育法-中国
Ⅳ.①G619.20 ②D922.16

中国版本图书馆 CIP 数据核字(2022)第 027580 号

学前教育政策与法规
Xueqian Jiaoyu Zhengce yu Fagui

高恩胜　肖芙蓉　主编

策划编辑：曾　光
责任编辑：张　娜
封面设计：孢　子
责任监印：徐　露

出版发行：华中科技大学出版社(中国·武汉)　　电　话：(027)81321913
　　　　　武汉市东湖新技术开发区华工科技园　　邮　编：430223
录　　排：武汉创易图文工作室
印　　刷：武汉邮科印务有限公司
开　　本：787mm×1092mm　1/16
印　　张：12.5
字　　数：312千字
版　　次：2025年2月第1版第6次印刷
定　　价：35.00元

本书若有印装质量问题,请向出版社营销中心调换
全国免费服务热线：400-6679-118　竭诚为您服务
版权所有　侵权必究

序言

习近平总书记在党的十九大报告中郑重提出"提高全民族法治素养"的要求。强化法治宣传教育，是提升全民族法治素养的重要途径之一，也是全面依法治国的题中要义。学校教育理当成为法治宣传教育的排头兵。

随着我国学前教育改革的不断深入，对学前教育的专业素质也提出了越来越高的要求。因此，提高学前教育教师的专业素质必然成为提高学前教育质量的关键。学前教育教师的专业素质，不仅体现在具有扎实教育理论、拥有现代教育智慧、践行科学教育理念、热爱学前教育情怀和满足学前儿童发展需要的实践能力上，更要体现在知法、懂法，依法治校和依法执教上。由此，身为学前教育专业一线的教师，为学前教育专业编写一本凸显专业性和实用性的《学前教育政策与法规》教材，就成了重要的研究课题。

教材是法治宣传最重要的载体，应给予足够的重视。法律法规教材的编写要做到与时俱进，跟随社会发展方向，适应不同受众对法律知识的需要，适应现代化教学手段的发展趋势，才能为增强法治宣传教育的实效打下坚实的基础。要力争让教育内容与教育对象的工作和生活密切相关，实现传播者与接受者的无缝衔接，使接受者在态度上完成从"要我学习"到"我要学习"的根本转变。

教材的编写还要遵循时代法治素养培养和法治宣传教育的规律特点，为每一个群体量身定做。这本《学前教育政策与法规》教材，就是高恩胜、肖芙蓉所在编写团队基于以上观点，在多年的教育实践和理性思考中不断探索总结而成的。

"任何组织或者个人都必须在宪法和法律范围内活动，任何公民、社会组织和国家机关都要以宪法和法律为行为准则，依照宪法和法律行使权利或权力、履行义务或职责。要深入开展法制宣传教育，在全社会弘扬社会主义法治精神，引导全体人民遵守法律，有问题依靠法律来解决，形成守法光荣的良好氛围"（习近平总书记 2013 年在中共中央政治局第四次集体学习上的讲话）。本书就是以《中华人民共和国宪法》为宗旨，以《中华人民共和国教育法》和《中华人民共和国教师法》等相关法律为准绳，紧密结合我国学前教育改革开放 40 多年来国家出台的有关学前教育的法律法规进行设计和编写的。特别是 2010 年之后，"国十条"成为我国新时期发展学前教育的纲领性文件，以《幼儿园工作规程》为代表的 20 余个部门规章和以《南京市学前教育管理办法》为代表的地方学前教育法规，构成了我国教育行政主管部门和地方政府管理、指导学前教育发展的政策法规依据。如何总结和解读学前教育 40 多年来在有关法律法规指导下所取得的成就，是摆在我们面前的伟大使命。学前教育已进入"依法治园""依法执教"的新时期，这需要我们认真思考、深入研究正在实施的各项学前教育政策与法规，并加以总结和凝练，这也是每一位学前教育工作者必须面对的现实问题。

随着国家社会经济的快速发展，国家对学前教育的重视和投入，进入了一个前所未有的高速发展时期。目前我国在校学前教育专业学生达 20 万人以上，还有较大数量的中职学前教育专业学生，欣喜之下，我们发现，很多高校在设置课程时过多地重视幼儿教师的专业知识和专业技能，忽视对学前教育政策法规、师德师风的教育培养。须知，学前教育政策法规和师德师风是提高幼儿教师质量的重要组成部分，由于学前教育政策法规课程一直被各级各类高校所忽视，教材建设也就相对滞后，这不能不引起我们的高度重视。

由高恩胜、肖芙蓉主编的《学前教育政策与法规》，编写人员均来自学前教育第一线的教师，他们既有法律方面的专家，又有教育方面的专业人才。使本书的实用性、可读性、时代性显得十分醒目。

1. 实用性

教材与国家幼儿教师资格证考试紧密结合。"学前教育政策与法规"是国家幼儿教师资格考试科目"综合素质（幼儿园）"考试大纲的内容之一，"综合素质（幼儿园）"考试大纲中明确规定：申请教师资格人员要具有良好的法律意识和职业道德。具体包括国家教育法律法规、教师权利和义务、幼儿保护等内容，这些内容都分布在本书里。

2. 可读性

本书与培养学生法律意识、提高学生法律素养密切结合。一直以来，许多高校学前教育专业尤其重视钢琴、声乐、舞蹈等实践技能的培养，轻视理论课程的学习，对教师教育类课程更是重视不够，这也是导致幼儿教师法律意识欠缺的一个重要原因。而本书的重要目标之一，就是培养学生的法律意识，提高学生的法律素养，从而增强未来幼儿教师的法律意识，提高他们依法执教的能力。

3. 时代性

从目前国内的相关教材来看，还未涉及近年发布的法规政策，如：2016 年 12 月 29 日，国务院发布重要文件《国务院关于鼓励社会力量兴办教育促进民办教育健康发展的若干意见》（国发〔2016〕81 号），此后教育部等五部门先后印发《民办学校分类登记实施细则》《营利性民办学校监督管理实施细则》，标志着民办教育实现分类管理，中国民办幼儿园的发展迎来了春天。这些新政策、新法规的出台使我国学前教育事业的发展产生了巨大变化。而此前的学前教育政策与法规相关教材内容都较为滞后,未能很好地涵盖以上最新政策与法规内容。作为高校学前教育专业学生,作为今后学前教育领域的从业者,只有掌握了最新的政策与法规内容,才能正确把握我国学前教育的现状与发展方向,并以此指导自己的教学实践。

"学前教育政策与法规"是学前教育专业学生成长的必修课,相信同学们通过学习和讨论,定会对提高自己的专业素养、培养自己的职业精神、增强法律意识和对学前教育的热爱有很大的帮助。

当然,作为教材,既有相对稳定性,又是发展着的文本。加上个人观点总有局限性,书中难免存在一些欠缺的地方,希望在使用过程中广泛听取老师和同学们的意见与建议,逐步修改完善。

吴天武

目录
Contents

第一章 学前教育政策与法规概述/1
　/案例导入/1
　/第一节　学前教育政策/2
　/第二节　学前教育法规/8

第二章 幼儿园/24
　/案例导入/24
　/第一节　幼儿园的法律地位/25
　/第二节　幼儿园的设立、管理与运行/30
　/第三节　幼儿园的权利与义务/53

第三章 幼儿教师/61
　/案例导入/61
　/第一节　幼儿教师的社会角色/62
　/第二节　幼儿教师的社会关系/70
　/第三节　幼儿教师的职业道德/76

第四章 幼儿/85
　/案例导入/85
　/第一节　幼儿的身心发展特点/86
　/第二节　幼儿的法律地位/90
　/第三节　幼儿的权利/95
　/第四节　幼儿权利的保护/102

第五章 学前教育政策与法规的实施/120
　/案例导入/120
　/第一节　学前教育政策与法规的实施机构/120
　/第二节　学前教育政策与法规的实施手段/127

/第三节　学前教育政策与法规的实施途径/130

/第四节　学前教育政策与法规的实施效果/136

第六章　解读我国主要的学前教育政策与法规/141

/案例导入/141

/第一节　解读《幼儿园管理条例》/141

/第二节　解读《幼儿园工作规程》/145

/第三节　解读《幼儿园教育指导纲要(试行)》/152

/第四节　解读《国务院关于当前发展学前教育的若干意见》/156

/第五节　解读《3-6岁儿童学习与发展指南》/161

/第六节　解读《关于加强幼儿园教师队伍建设的意见》/167

/第七节　解读《学前教育督导评估暂行办法》/171

第七章　我国学前教育政策与法规的发展/177

/案例导入/177

/第一节　我国学前教育政策与法规的发展历史/178

/第二节　我国学前教育政策与法规的未来趋势/182

第一章 学前教育政策与法规概述

学习目标

(1)理解学前教育政策的概念与范畴。
(2)理解学前教育法规的概念与范畴。
(3)熟悉我国现行的学前教育相关政策。
(4)熟悉我国现行的学前教育相关法规。
(5)掌握学前教育政策与法规的区别与联系。

案例导入

国务院印发《国家教育事业发展"十三五"规划》

"十三五"时期是全面建成小康社会决胜阶段。为加快推进教育现代化,依据《中华人民共和国国民经济和社会发展第十三个五年规划纲要》和《国家中长期教育改革和发展规划纲要(2010—2020年)》(以下简称《教育规划纲要》),国务院教育部制定了《国家教育事业发展"十三五"规划》(以下简称《规划》),并于2017年1月10日印发。

《规划》指出,《教育规划纲要》确定的阶段性目标如期实现,教育事业发展"十二五"规划圆满收官,我国教育进入提高质量、优化结构、促进公平的新阶段。截至2015年,我国幼儿园在园幼儿达到4265万,学前三年毛入园率达到75%,超额完成了"十二五"规划设定的发展目标。但是,目前我国教育体系发展仍然不均衡,学前教育仍是教育体系中的突出短板。

《规划》强调,"十三五"时期教育改革发展的总目标是:教育现代化取得重要进展,教育总体实力和国际影响力显著增强,推动我国迈入人力资源强国和人才强国行列,为实现中国教育现代化2030远景目标奠定坚实基础。到2020年要实现幼儿园在园幼儿达到4500万,学前三年毛入园率达到85%的目标。

《规划》强调,要完善教育法律法规体系。推动修订职业教育法、残疾人教育条例,加快修订教师法、学位条例,推进学前教育法、终身学习法、学校安全条例、国家教育考试条例的研究起草工作,加快制修订教育规章。要完善教育质量监测制度,探索建立学前教育、特殊教育质量监测评价体系。要办好特殊教育,推动特殊教育学校和残疾儿童康复机构积极创造条件,开展残疾儿童学前教育。要加快发展民族教育,加快民族地区普惠性幼儿园建设,民族地区学前三年毛入园率达到70%以上。

根据《规划》要求,要加快发展学前教育。具体来讲,就是要继续扩大普惠性学前教育资源,基本解决"入园难"问题。以区县为单位实施学前教育行动计划及后续行动。支持企事业单位和集体办园,扩大公办学前教育资源。完善普惠性民办幼儿园扶持政策,鼓励地方通过政府购买服务、补贴租金、培训教师等方式,加快民办普惠性幼儿园发展。发展0～3岁婴幼儿早期教育,探索建立以幼儿园和妇幼保健机构为依托,面向社区、指导家长的公益性婴幼儿早期教育服务模式。要提高幼儿园保育教育质量,健全学前教育管理体制,强化省级政府的统筹责任,落实县级政府发展学前教育和幼儿园监管的主体责任。加大对贫困地区、民族地区学前教育薄弱环节的扶持力度。建立学前教育质量评估监管体系,落实《幼儿园工作规程》,加强对各类幼儿园准入、安全、师资、收费、卫生保健及质量等方面的日常指导和监管,落实信息公示制度,强化社会监督。着力提升学前教育教师、保育员素质。

《规划》的出台,为新时期我国学前教育的发展指明了方向和目标。

第一节　学前教育政策

一、政策

"政策"一词是当今社会经常见到的术语之一。根据《现代汉语词典》的定义,"政策"是指"国家或政党为实现一定历史时期的路线而制定的行动准则",即政策主要是指政府和政党有关行动的规则体系,是政府、政党或其他组织为实现其目标而制定的各种规则和采取的各种行动的总和。① 政策的定义包含了三层含义:

1. 政策的主体可以是社会中的各种组织,但政府和政党的政策体系影响最大

政府对社会经济干预的最基本的手段是制定和实施公共政策,以政策、法规以及行政手段来弥补市场缺陷,纠正市场失灵。② 政府和政党等公权威机构为了有效管理社会、处理公共事务和解决公共问题而制定的行动方案和行为准则是公共政策。当代社会,各国政党和政府对经济社会的干预范围日益扩大,各国都已经形成庞大的政府机构,政府对整个社会的运行、经济的发展、民众生活与福利等方面都有很大的影响,制定并推行了许多公共政策来实现其经济和社会发展目标。

2. 政策具有目的性和方向性

任何政策都有具体的目标,如《国家教育事业发展"十三五"规划》确定了,到2020年实现幼儿园在园幼儿4500万,学前三年毛入园率达到85%的发展目标。目的性是政策达到组织目标的关键。方向性是指政策对组织中的各种行动具有规范和引导的作用,为了使组织的行动有序开展,需要通过制定政策来规范和整合各种具体的资源和行动,以便服务于组织目标。

3. 政策是规则体系与行动体系的结合

政策是一种规则体系,其具体表现为各种法律、条例、规定、规划等文件,如人们常说"严格

---

① 关信平.社会政策概论(第三版)[M].北京:高等教育出版社,2014:5.
② 陈振明.公共政策分析[M].北京:中国人民大学出版社,2003:5.

执行政策""按政策办事"的"政策"指的就是在某一领域中正式的规则体系。同时,政策也是一种行动体系,它不仅包括规则,还包括为完成组织的各项目标、实现组织目的、具体实施规则而制定的各种行动计划、方案、措施,以及在此过程中投入的各种资源。

二、学前教育政策

(一)学前教育政策的概念

教育是一项复杂的活动,它一方面涉及教学的内容和方法,另一方面涉及一个社会应该如何安排教育活动,以便使更多的人能够接受教育,并且提高教育活动效率和社会经济效益。[①]学前教育也是如此。经过长期的发展,我国已经形成了学前教育、初等教育、中等教育、高等教育的学校教育制度,教育政策也在随着社会的发展而不断改革。广义的学前教育是指对3岁以上的学龄前儿童所实施的一切保育和教育活动的总称。狭义的学前教育仅仅指由专门的学前教育机构对3岁以上的学龄前儿童进行的有目的、有计划的教育,即幼儿园教育。学前教育政策是指党和政府为完成一定历史时期的学前教育任务,实现学前教育培养目标而作出的兼具战略性、现实针对性和可操作性的规定,是党和政府为实施和发展学前教育事业而制定的行为准则。[②]

在当代社会中,学前教育已经成为一个越来越大的行业,政府每年都投入大量的财政资源进入这一领域,民间办学的规模也不断扩大。但在我国,学前教育仍是一个稀缺的资源,经济发达地区和贫困地区的学前教育条件差异巨大,甚至区域内部不同幼儿园的办学情况也存在着巨大的差异。部分困难儿童,如少数民族儿童、残疾儿童、留守儿童等甚至无法接受学前教育。"入园难""入园贵"不仅是长期困扰幼儿及其家长的问题,也是我国实现教育机会的公平分配必须要解决的问题。党和政府制定的学前教育政策,可以明确我国学前教育发展的目标和方向,并且能够从资源分配、行动开展、监督检查等微观层面切实影响学前教育活动的质量和效益。

(二)学前教育政策的特征

1. 目的性

学前教育政策是党和政府根据我国学前教育领域的现实问题和现实需要制定的,其目标在于通过国家的干预更好地满足幼儿,特别是低收入家庭幼儿接受学前教育的需要,具有明确的目的性。另一方面,学前教育事业是我国社会主义教育事业的重要组成部分,学前教育政策作为我国教育政策的重要组成部分,具有鲜明的价值取向。国家制定和实施学前教育政策,其最终目的是促进学前教育事业的发展,保障人们受教育的权利,促进教育公平。

2. 系统性

学前教育政策的系统性体现在两方面。一方面,学前教育政策是我国教育政策的重要组成部分,与义务教育政策、高等教育政策、职业教育政策等共同构成我国的社会主义教育政策体系。

另一方面,在学前教育政策内部,学前教育政策包含学前教育目标、学前教育对象、学前教

---

① 关信平.社会政策概论(第三版)[M].北京:高等教育出版社,2014:322.
② 周小虎.学前教育政策与法规(第二版)[M].上海:华东师范大学出版社,2018:2.

育手段等诸多要素,良好的学前教育政策应该目标明确、对象清晰、手段可行,且在外在表现形式上可以分为党和政府的规划、决定、意见等。从内容上来看,学前教育政策又可以分为教育质量政策,解决人才培养质量标准的问题;教育体制政策,解决各级各类教育发展的问题;教师政策,解决教师的资格与待遇问题;教育经费政策,解决教育经费的筹措、分配及使用问题。它们之间相互配合,形成了一个完整的学前教育政策体系。我国的学前教育体系在不同历史时期有不同的内容和重点,有着其自身的发展轨迹和历史承继。

3. 灵活性

学前教育的灵活性包含两个方面。一方面,学前教育政策不是一成不变的,而是随着社会的发展变化不断作出调整。如,从 20 世纪 80 年代开始,教育是否应该产业化成为中国学界争论的焦点之一,认为教育应该产业化、市场化的观点受到追捧,民办教育迅速发展,民办幼儿园也以空前的速度和规模发展壮大,加上一开始政府对学前教育的投入不足,民办幼儿园的数量和在园幼儿人数都大大超过公办幼儿园,最终导致"入园难""入园贵"的问题。从 2004 年开始,政府相关部门开始重新审视教育产业化,并出台一系列促进教育公平的政策,加大政府在教育领域的投入。在学前教育领域最为突出的政策就是国务院于 2010 年 11 月出台的《国务院关于当前发展学前教育的若干意见》,强调学前教育是终身学习的开端,是国民教育体系的重要组成部分,是重要的社会公益事业;指出发展学前教育必须坚持政府主导,各级政府要充分认识发展学前教育的重要性和紧迫性,将大力发展学前教育作为贯彻落实教育规划纲要的突破口,作为推动教育事业科学发展的重要任务,作为建设社会主义和谐社会的重大民生工程,纳入政府工作重要议事日程,切实抓紧抓好。

另一方面,学前教育政策的灵活性还体现在,根据学前教育政策的基本原则和主要内容,不同地区、不同单位可以根据当地或所在地区的实际情况灵活处理,因地制宜、因时制宜提出具体的实施意见。如根据《国务院关于当前发展学前教育的若干意见》提出的"统筹规划,实施学前教育三年行动计划"的要求,各省(区、市)政府要深入调查,准确掌握当地学前教育基本状况和存在的突出问题,结合本区域经济社会发展状况和适龄人口分布、变化趋势,科学测算入园需求和供需缺口,确定发展目标,分解年度任务,落实经费,以县为单位编制学前教育三年行动计划,有效缓解"入园难"。

(三)我国学前教育政策的改革和发展

新中国成立后,为了提高广大劳动人民的文化水平,促进工农干部的深造和国家建设事业,改善中国教育的不均匀现象。1951 年,中央人民政府政务院颁布了《关于改革学制的决定》,幼儿教育被正式纳入学制体系,与初等教育、中等教育、高等教育和特殊教育一起构成了我国的社会主义教育事业。《关于改革学制的决定》规定:"实施幼儿教育的组织为幼儿园。幼儿园收三足岁到七足岁的幼儿,使他们的身心在入小学前获得健全的发育。幼儿园应在有条件的城市中首先设立,然后逐步推广。"

为规范幼儿园的各项工作,促进学前教育工作的开展,中国教育部于 1951 年制定,1952 年 3 月颁发了《幼儿园暂行规程(草案)》,将幼稚园改名为幼儿园。规定幼儿园的任务是:根据新民主主义教育方针教养幼儿,使他们的身心在入小学前获得健全的发育;减轻母亲养育幼儿的负担,使母亲有时间参加政治生活、生产劳动、文化教育活动等。该《规程》还确定了幼儿园的主要目标是:(1)培养幼儿基本的卫生习惯,注意其营养,锻炼其体格,保证幼儿身体的正常发育和健康;(2)培养幼儿正确运用感官和语言的基本能力,增进其对环境的认识,以发展其智力;(3)培养幼儿爱国思想、国民公德和诚实、勇敢、团结、友爱、守纪律、有礼貌等优良品质和习惯;(4)培养幼儿爱美的观念和兴趣,增进其想象力和创造力。招收3~7岁的幼儿,以整日制为主,根据需要也可办寄宿制或季节性幼儿园,以不放寒暑假为原则。幼儿活动项目有:体育、语言、认识环境、图画、手工、音乐、计算。不教识字,不举行测验。该规程对领导管理、组织编制、经费设备等也做了规定。

为培养学前教育的师资队伍,1952年教育部颁布的《师范学校暂行规程(草案)》指出"培养幼儿教育的师资"是师范学校的任务之一,并明确规定:培养幼儿园师资的称为幼儿师范学校,可独立设置;师范学校附设幼儿师范科,培养大量的幼儿园教师以适应幼儿园发展的需要;中级师范学校招收30岁以下的初中毕业生或具有同等学力者,修业年限为3年;初级师范学校招收25岁以下的小学毕业生或具有同等学力者,修业年限为3~4年。

自此,学前教育师资培养工作在中华人民共和国建立之初便有了法规保证。1956年,教育部又发出《关于培养小学教师和幼儿园教养员的指示》,提出"幼儿教育紧随着社会主义工业化和农业合作化事业的迅速前进,也将有很大的发展,因此今后有关幼儿园师资的培养供应,也必须采取更为切实有效的步骤",并对大量培养幼儿园教养员所应采取的具体措施做了提示。例如,除通过正规的幼儿师范学校培养幼儿园教养员外,还可建立"短期幼儿师范班,招收高级小学毕业生,予以一至二年的业务训练,使担任教养员的工作",要求"短期训练培养出来的师资,也要求具备一定的规格,至少应有初级中学一年以上的文化程度"。

在新中国成立初期,为调动社会各种力量发展学前教育事业,1956年,内务部、教育部、卫生部联合发出《关于托儿所、幼儿园几个问题的联合通知》,对托儿所、幼儿园的领导问题做了明确的规定:"托儿所和幼儿园应依儿童的年龄来划分,即收三周岁以下的儿童者为托儿所,收三至六周岁的儿童者为幼儿园","有关方针、政策、规章、制度、法令、教育计划、教育内容、教育方法、儿童保健等业务,在托儿所的方面,则统一由卫生行政部门领导;幼儿园内的托儿班由卫生行政部门进行业务指导;幼儿园统一由教育行政部门领导,托儿所内的幼儿班由教育行政部门进行业务指导,主办单位并应向当地卫生行政部门、教育行政部门报告工作。至于民政部门所办的救济性质的托儿所、幼儿园仍由民政部门主管,但其业务亦应分别由卫生、教育行政部门领导"。

在这些政策的引领下,我国学前教育事业快速发展,到1960年,全国幼儿园数量增加至78.5万所,其中教育部门办园1.1万所,其他部门办园28.2万所,民办园(集体)49.2万所。全国幼儿园教师数量也增加至134.04万人。1960年,全国幼儿师范学校数量从1957年的20所,增加至89所;在校学生数由1.5万人增加至6.9万人。但由于"文化大革命"等特殊历史问题,我国学前教育在1960年至1978年的发展几乎停滞,幼儿园数量、在园幼儿人数、幼儿教师数量以及幼儿师范学校数量和在校人数都大量减少。

1976年"文化大革命"结束以后,国家各项事业发展逐步走上正轨,学前教育也是如此。1978年,教育部恢复幼儿教育处,一些省(市、自治区)的教育厅也陆续恢复或新建了学前教育行政领导机构和教研机构,配备了专职或兼职的学前教育行政干部和教研人员,形成了自上而下统一领导、分级管理的领导体制。1978年10月,教育部《关于加强和发展师范教育的意见》指出,原有的学前教育专业的师范院校应积极办好这个专业,扩大招生名额,为各地培养幼师师资。于是,幼儿师范学校和高师学前教育专业陆续恢复招生。幼儿园教师的职前培训逐渐走向正轨。1978年12月，教育部、国家计划委员会发布《关于评选特级教师的暂行规定》，将"幼儿园的教养员"和"长期从事幼儿教育工作、领导教学工作有特长的幼儿园主任"列为评选对象。

1979年6月，第五届全国人民代表大会第二次会议通过的《政府工作报告》指出，"要十分重视发展托儿所、幼儿园，加强幼儿教育。"同年7月，经国务院批准，由教育部、卫生部、国家劳动总局、全国总工会、全国妇联五部门联合召开了全国托幼工作会议，并通过了《全国托幼工作会议纪要》；同年10月11日，中共中央、国务院转发了《全国托幼工作会议纪要》。会议决定由国务院设立"托幼工作领导小组"（后于1982年精简机构时被撤销），由国务院副总理陈慕华任组长。这次会议把学前教育纳入政府的重要议事日程，确定了学前教育事业的发展方针，首次确立了由政府牵头、各部门共同管理的学前教育管理体制。1979年11月，教育部颁布《城市幼儿园工作条例（试行草案）》，对学前教育发展方针、教育目标、内容和管理制度作出了详尽的规定，以指导幼儿园工作人员把握方向、分辨是非，较为迅速地恢复幼儿园的正常工作秩序。

1981年10月，教育部发布《幼儿园教育纲要（试行草案）》。这是改革开放后第一个幼儿园课程标准，使幼儿园教育有章可循，起到了拨乱反正、提高教育质量的作用。同时，教育部组织编写了幼儿园教材，共7类9册。这是中华人民共和国成立以来第一次全国"统编"幼儿园教材。

1982年12月4日，第五届全国人民代表大会第五次会议上正式通过并颁布的《中华人民共和国宪法》（以下简称《宪法》）规定："国家举办各种学校，普及初等义务教育，发展中等教育、职业教育和高等教育，并且发展学前教育"。以宪法的形式确定了国家发展学前教育。

1983年9月，教育部发布《关于发展农村幼儿教育的几点意见》，提出必须坚持"两条腿走路"的方针，创造条件有计划地发展农村教育，并指出要积极恢复和发展教育部门在农村办的幼儿园，采取多种形式开办幼儿园，短期内要在基础好的地方基本满足学前一年幼儿入园的要求。同时，文件针对幼儿教师队伍建设提出了一些具体要求，有力地推动了农村学前教育事业的发展。

1985年5月，教育部颁发了《幼儿师范学校教学计划》。自此，学前教育界常说的"三学六法"结构定型。教育部在颁发该计划的通知中说明，各地可根据本地区实际情况对上述教学计划做适当调整，同时允许有条件有基础的学校自行拟订教学计划、进行改革试验。这是中华人民共和国成立以来教育部首次对中等幼儿师范学校的课程设置放权。

1988年9月，在世界学前教育组织（OMEP）于布拉格举行的理事会上，我国被接受为正式会员，成立了世界学前教育组织中国委员会。

1989年6月5日，国家教育委员会第2号令发布《幼儿园工作规程（试行）》，1990年2月1日起施行。该规程规定了国家对幼儿园的基本要求和管理的基本原则，全面、系统地对幼儿园的保教工作作出了规定，体现了新的教育观，引发了幼儿园课程和教学改革。经过6年试行，1996年3月9日，国家教育委员会第25号令发布《幼儿园工作规程》，自1996年6月1日起正式施行。

1989年8月20日，国务院批准了《幼儿园管理条例》，这是我国第一个学前教育行政法规。它明确了地方人民政府发展和管理学前教育的职责，并首次以教育法规形式提出"国家实行幼儿园登记注册制度""各级教育行政部门应当负责监督、评估和指导幼儿园的保育、教育工作"。从此，学前教育的评估工作在全国展开。各省（市、自治区）依照中央颁布的各项法规制度,制定了适合本地的评估标准。

1991年6月,国家教育委员会办公厅颁布《关于加强幼儿园安全工作的通知》,强调要本着对国家、民族、家长高度负责的精神重视幼儿园的安全工作。1994年12月,为进一步提高托儿所、幼儿园卫生保健工作质量,卫生部、国家教育委员会颁发了关于《托儿所、幼儿园卫生保健管理办法》的通知。

1995年3月,第八届全国人民代表大会第三次会议通过了《中华人民共和国教育法》(以下简称《教育法》),提出"国家实行学前教育、初等教育、中等教育、高等教育的学校教育制度",由此明确确定了学前教育在学制中的地位。

1997年,国家教育委员会印发了《全国幼儿教育事业"九五"发展目标实施意见》,就"九五"期间幼儿教育事业发展的指导思想、具体目标、措施保障等提出了基本要求,为实现《全国教育事业"九五"计划和2010年发展规划》对幼儿教育事业提出的目标奠定了基础。

2001年7月,教育部印发《幼儿园教育指导纲要(试行)》,内容分为总则、教育内容与要求、组织与实施、教育评价等方面,将教育内容相对划分为健康、语言、社会、科学、艺术五大领域,强调要有机结合、相互渗透。

2003年3月,国务院办公厅转发了教育部等十部门《关于幼儿教育改革与发展的指导意见》,提出今后五年幼儿教育改革的总目标是形成以公办幼儿园为骨干和示范,以社会力量兴办幼儿园为主体,公办和民办、正规与非正规教育相结合的发展格局。

2007年9月,《教育部关于加强民办学前教育机构管理工作的通知》对民办学前教育的审批程序、监管责任、从业人员、校车安全等作出了相应规定。

2010年7月,中共中央、国务院印发《国家中长期教育改革和发展规划纲要(2010—2020年)》,从我国现代化建设的总体战略出发,规划了我国未来10年教育改革发展的宏伟蓝图,确定了学前教育的三个发展目标:基本普及学前教育、明确政府职责、重点发展农村学前教育。要求建立以政府为主导、社会参与、公办民办并举的办园体制。这是进入21世纪以来我国第一个教育改革发展规划纲要,是指导我国学前教育改革发展的纲领性文件。同年7月,党中央、国务院召开21世纪以来第一次全国教育工作会议。会上,胡锦涛总书记提出,要基本普及学前教育,重点发展农村学前教育,遵循幼儿身心发展规律,坚持科学保教方法,加强学前教育管理,保障幼儿快乐健康成长。同年11月,温家宝总理来到北京两所幼儿园,就发展学前教育问题进行调研,并与教师和家长座谈。次日,温家宝主持召开国务院常务会议,研究部署当前发展学前教育的政策措施。会议确定了当前发展学前教育的五条政策措施(又称"国五条"):扩大学前教育资源;加强幼儿教师队伍建设;加大学前教育投入;强化对幼儿园保育教育工作的指导;完善法律法规,规范学前教育管理。会议还要求,以县为单位编制学前教育三年行动计划。

2010年11月,《国务院关于当前发展学前教育的若干意见》提出了十条意见(又称"国十条"),积极发展学前教育,提供"广覆盖、保基本"的学前教育公共服务,着力解决当前存在的"入园难"问题,以满足适龄儿童入园需求,促进学前教育事业科学发展,进一步贯彻落实党的十七届五中全会、全国教育工作会议精神和《国家中长期教育改革和发展规划纲要(2010-2020年)》。

为贯彻和落实"国十条",促进我国学前教育事业健康发展,财政部会同教育部印发了《关于加大财政投入支持学前教育发展的通知》,决定从2011年起,中央财政通过设立学前教育发展专项资金,以中西部农村地区为重点,引导支持各地加大对学前教育的投入,努力调动地方政府、企事业单位和社会力量等各方面积极性,统筹城乡学前教育发展,多渠道扩大学前教育资源,加强幼儿师资队伍建设,逐步建立幼儿资助制度,推动学前教育加快发展。2011年12月,国家发展改革委、教育部、财政部联合印发《幼儿园收费管理暂行办法》,规范幼儿园收费行为,保障受教育者和幼儿园的合法权益,促进学前教育事业科学发展。

随后,教育部于2012年印发《幼儿园教师专业标准(试行)》和《学前教育督导评估暂行办法》,对教师培养、准入、培训、考核等,以及教师的职业道德、专业要求等作出了具体规定,是"国培计划"和"省培计划"等各级培训的重要内容。要求各地结合本地实际情况,制定本省(区、市)学前教育督导评估实施方案,做好督导评估工作。

此外,国务院教育部等相关部门还颁布了《托儿所幼儿园卫生保健工作规范》《关于加强幼儿园教师队伍建设的意见》《3~6岁儿童学习与发展指南》《幼儿园教职工配备标准(暂行)》《关于实施第二期学前教育三年行动计划的意见》《幼儿园园长专业标准》等政策文件。并于2016年3月1日颁布了新修订的《幼儿园工作规程》。新《规程》主要对坚持立德树人、规范办园行为、强化安全管理、注重与法律法规和有关政策的衔接、完善幼儿园内部管理机制等方面作出了修订。

2017年12月,在十二届全国人大常委会第三十一次会议第四次全体会议上表决通过的《全国人民代表大会教育科学文化卫生委员会关于第十二届全国人民代表大会第五次会议主席团交付审议的代表提出的议案审议结果的报告》显示,学前教育立法已列入十二届全国人大常委会立法规划或年度立法计划,进入全国人大立法视野。

2018年7月,教育部办公厅印发《关于开展幼儿园"小学化"专项治理工作的通知》,严禁幼儿园教授小学课程内容。该通知规定,对于提前教授汉语拼音、识字、计算、英语等小学课程内容的,要坚决予以禁止;对于幼儿园布置幼儿完成小学内容家庭作业、组织小学内容有关考试测验的,要坚决予以纠正;社会培训机构也不得以学前班、幼小衔接等名义提前教授小学内容,各地要结合校外培训机构治理予以规范。

第二节 学前教育法规

一、学前教育法规的概念

学前教育法规的概念有广义和狭义之分。根据《中华人民共和国立法法》的规定,法规是指国家机关制定的规范性文件,具体包括我国国务院制定和颁布的行政法规,省、自治区、直辖市人大及其常委会制定和公布的地方性法规。设区的市、自治州,也可以制定地方性法规,报省、自治区的人大及其常委会批准后施行。法规也具有法律效力。因此,狭义的学前教育法规仅指由国务院制定和颁布的规范学前教育活动、调整学前教育关系的行政法规,以及由省、自治区、直辖市人大及其常委会等其他有地方立法权的机构颁布的规范学前教育活动的地方性法规。广义的学前教育法规是国家机关制定的,旨在调整国家行政部门在行使学前教育行政权力时和公民在行使受教育权利的教育活动中所发生的各种社会关系的法律规范,包括一切与学前教育有关的行政法规、部门规章、地方性法规与规章,同时还包括《宪法》和法律中与学前教育有关的所有规定。① 本书采用广义的学前教育法规的概念。

二、学前教育法规的特征

1. 规范性

学前教育法规是调整主体与学前教育有关的行为的社会规范。学前教育法规,主要规范幼儿园实施的保教活动、教育行政机关对幼儿园实施行政管理的活动、幼儿在园的学习和生活活动、幼儿园教职工在开展与学前教育有关的活动中所发生的各种行为。学前教育法规作为规范,旨在约束与学前教育有关的行为,为与学前教育相关的行为提供标准、模式或框架。

2. 权威性和强制性

学前教育法规是由国家立法机关通过法定程序制定的,具备相应的法律效力,具有权威性,对人们与学前教育有关的行为具有普遍约束力,由国家强制力保证实施。国家的强制力表现在国家可以剥夺和限制人的自由、生命、财产和其他权益,通过法庭、警察、监狱等强制手段来实施。

拓展阅读 1-1

温岭虐童案

2012年10月,浙江温岭城西街道蓝孔雀幼儿园教师颜艳红因"一时好玩"在该园活动室里强行揪住一名幼童双耳向上提起,同时让另一名教师用手机拍下,之后该视频被上传到网上。在视频中可以看到,被揪耳幼童双脚离地近20厘米,表情痛苦,号啕不止。相反,颜艳红神情愉悦,乐在其中。

事发当天,温岭市教育局接到被虐幼童家长举报,立即赶赴该幼儿园进行调查。并采取了向公安部门通报,以及联合城西街道办事处发出通知,责成校方深刻检查、整改并立即辞退相关教师等举措。

10月25日,温岭市公安局发布消息:颜艳红因涉嫌寻衅滋事犯罪,对其予以刑事拘留,而另一位给颜艳红拍照的同事被处以行政拘留七日处罚,颜艳红于10月29日提请温岭市人民检察院批准逮捕。警方经深入侦查,认为涉案当事人颜某不构成犯罪,依法撤销刑事案件,对其作出行政拘留十五日的处罚,羁押期限折抵行政拘留。温岭警方于11月16日依法释放了颜某。

3. 相对稳定性

学前教育法规的稳定性是指,学前教育法规是在贯彻党和政府的学前教育方针的基础上,结合我国学前教育的现实状况,并由法定的国家机构经过法定的程序制定和颁布的,不得随意变更或废止。但是随着社会的发展,学前教育领域也会出现一些新问题和新变化,学前教育法

---

① 周小虎.学前教育政策与法规(第二版)[M].上海:华东师范大学出版社,2018:4.

规绝不能一成不变,而是应该根据现实情况,依法进行修改和完善。因此,学前教育法规的稳定性是相对的。如 2016 年 11 月 7 日第十二届全国人民代表大会常务委员会第二十四次会议《关于修改<中华人民共和国民办教育促进法>的决定》就将原法律第十八条修改为"民办学校的举办者可以自主选择设立非营利性或者营利性民办学校。但是,不得设立实施义务教育的营利性民办学校。非营利性民办学校的举办者不得取得办学收益,学校的办学结余全部用于办学。营利性民办学校的举办者可以取得办学收益,学校的办学结余依照公司法等有关法律、行政法规的规定分配。民办学校依法取得办学许可证后,进行法人登记,登记机关应当依法予以办理。"明确了民办幼儿园可以设立为营利性民办学校,其办学者可以取得办学收益。

三、我国现行的学前教育法规体系

我国现行的学前教育法规体系,主要包含六个层次:宪法、法律、行政法规、地方性法规、自治性教育法规、行政规章。

1. 宪法

宪法是国家的根本大法。在内容上,宪法规定国家最根本、最重要的问题;在法律效力上,宪法具有最高的法律效力,是制定其他法律的依据,任何法律、法规都不得与宪法相抵触;在制定和修改程序上,宪法的要求最为严格,宪法的修改由全国人民代表大会常务委员会或者五分之一以上的全国人大代表提议,并由全国人民代表大会以全体代表的三分之二以上的多数通过。

《宪法》第十九条规定:"国家发展社会主义的教育事业,提高全国人民的科学文化水平。国家举办各种学校,普及初等义务教育,发展中等教育、职业教育和高等教育,并且发展学前教育……国家鼓励集体经济组织、国家企业事业组织和其他社会力量依照法律规定举办各种教育事业。"这条规定确立了发展学前教育的基本方针,为我国学前教育事业的发展提供了宪法依据。

2. 法律

此处的法律为狭义的法律,指由全国人民代表大会及其常务委员会制定的规范性法律文件,不包括宪法在内。① 我国现行法律中与学前教育关系密切的主要有《教育法》、《中华人民共和国民办教育促进法》(以下简称《民办教育促进法》)、《中华人民共和国义务教育法》(以下简称《义务教育法》)、《中华人民共和国教师法》(以下简称《教师法》)《中华人民共和国刑法》(以下简称《刑法》)等。

《教育法》明确规定,国家实行学前教育、初等教育、中等教育、高等教育的学校教育制度。国家建立科学的学制系统。学制系统内的学校和其他教育机构的设置、教育形式、修业年限、招生对象、培养目标等,由国务院或者由国务院授权教育行政部门规定。国家制定学前教育标准,加快普及学前教育,构建覆盖城乡,特别是农村的学前教育公共服务体系。各级人民政府应当采取措施,为适龄儿童接受学前教育提供条件和支持。《民办教育促进法》规定,举办实施学前教育的民办学校,由县级以上人民政府教育行政部门按照国家规定的权限审批,并对民办学校的设立、运行、管理等做了系统的规范。

---

① 张光杰.中国法律概论[M].上海:复旦大学出版社,2014:11.

《教师法》对于幼儿教师的资格和任用进行了规定,取得幼儿园教师资格,应当具备幼儿师范学校毕业及其以上学历。根据《教师法》的规定,幼儿教师享有的权利包括:进行教育教学活动,开展教育教学改革和实验;从事科学研究、学术交流,参加专业的学术团体,在学术活动中充分发表意见;指导学生的学习和发展,评定学生的品行和学业成绩;按时获取工资报酬,享受国家规定的福利待遇以及寒暑假期的带薪休假;对学校教育教学、管理工作和教育行政部门的工作提出意见和建议,通过教职工代表大会或者其他形式,参与学校的民主管理;参加进修或者其他方式的培训。同时还必须履行遵守宪法、法律和职业道德,为人师表;贯彻国家的教育方针,遵守规章制度,执行学校的教学计划,履行教师聘约,完成教育教学工作任务;对学生进行宪法所确定的基本原则的教育和爱国主义、民族团结的教育,法制教育以及思想品德、文化、科学技术教育,组织、带领学生开展有益的社会活动;关心、爱护全体学生,尊重学生人格,促进学生在品德、智力、体质等方面全面发展;制止有害于学生的行为或者其他侵犯学生合法权益的行为,批评和抵制有害于学生健康成长的现象;不断提高思想政治觉悟和教育教学业务水平的义务。

"目前我国的《学前教育法》仍未出台,学前教育是新时期中国教育发展最快的一个部分,也是当前中国教育最大的一块短板。"教育部部长陈宝生 2018 年 3 月在十三届全国人大一次会议记者会上指出,我国学前教育存在一些问题,如保教人员数量不足、水平不高,普惠性幼儿园不足,财政保障和成本分担机制没有建立,管理和安全存在漏洞和薄弱环节,幼儿教育观念需要进一步转变等。针对学前教育发展中面临的问题,社会各界广泛呼吁,出台一部专门针对学前教育的法律,在经费投入、教师队伍建设、管理规范等方面予以保障。2018 年 9 月 7 日公布的十三届全国人大常委会立法规划中,学前教育法纳入全国人大常委会立法规划的一类立法项目,拟在十三届全国人大常委会任期内提请审议。

3. 行政法规

行政法规特指由国务院制定和颁布的规范性法律文件。

为了提高教师素质,加强教师队伍建设,国务院于 1995 年颁布并实施了《教师资格条例》,规定了中国公民在各级各类学校和其他教育机构中专门从事教育教学工作,应当依法取得教师资格。

 拓展阅读 1-2

教师资格条例

第一章 总则

第一条 为了提高教师素质,加强教师队伍建设,依据《中华人民共和国教师法》(以下简称教师法),制定本条例。

第二条 中国公民在各级各类学校和其他教育机构中专门从事教育教学工作,应当依法取得教师资格。

第三条 国务院教育行政部门主管全国教师资格工作。

第二章 教师资格分类与适用

第四条 教师资格分为:

（一）幼儿园教师资格；

（二）小学教师资格；

（三）初级中学教师和初级职业学校文化课、专业课教师资格（以下统称初级中学教师资格）；

（四）高级中学教师资格；

（五）中等专业学校、技工学校、职业高级中学文化课、专业课教师资格（以下统称中等职业学校教师资格）；

（六）中等专业学校、技工学校、职业高级中学实习指导教师资格（以下统称中等职业学校实习指导教师资格）；

（七）高等学校教师资格。

成人教育的教师资格，按照成人教育的层次，依照上款规定确定类别。

第五条 取得教师资格的公民，可以在本级及其以下等级的各类学校和其他教育机构担任教师；但是，取得中等职业学校实习指导教师资格的公民只能在中等专业学校、技工学校、职业高级中学或者初级职业学校担任实习指导教师。

高级中学教师资格与中等职业学校教师资格相互通用。

第三章 教师资格条件

第六条 教师资格条件依照教师法第十条第二款的规定执行，其中"有教育教学能力"应当包括符合国家规定的从事教育教学工作的身体条件。

第七条 取得教师资格应当具备的相应学历，依照教师法第十一条的规定执行。

取得中等职业学校实习指导教师资格，应当具备国务院教育行政部门规定的学历，并应当具有相当助理工程师以上专业技术职务或者中级以上工人技术等级。

第四章 教师资格考试

第八条 不具备教师法规定的教师资格学历的公民，申请获得教师资格，应当通过国家举办的或者认可的教师资格考试。

第九条 教师资格考试科目、标准和考试大纲由国务院教育行政部门审定。

教师资格考试试卷的编制、考务工作和考试成绩证明的发放，属于幼儿园、小学、初级中学、高级中学、中等职业学校教师资格考试和中等职业学校实习指导教师资格考试的，由县级以上人民政府教育行政部门组织实施；属于高等学校教师资格考试的，由国务院教育行政部门或者省、自治区、直辖市人民政府教育行政部门委托的高等学校组织实施。

第十条 幼儿园、小学、初级中学、高级中学、中等职业学校的教师资格考试和中等职业学校实习指导教师资格考试，每年进行一次。

参加前款所列教师资格考试，考试科目全部及格的，发给教师资格考试合格证明；当年考试不及格的科目，可以在下一年度补考；经补考仍有一门或者一门以上科目不及格的，应当重新参加全部考试科目的考试。

第十一条 高等学校教师资格考试根据需要举行。

申请参加高等学校教师资格考试的，应当学有专长，并有两名相关专业的教授或者副教授推荐。

第五章 教师资格认定

第十二条 具备教师法规定的学历或者经教师资格考试合格的公民，可以依照本条例的规定申请认定其教师资格。

第十三条　幼儿园、小学和初级中学教师资格,由申请人户籍所在地或者申请人任教学校所在地的县级人民政府教育行政部门认定。高级中学教师资格,由申请人户籍所在地或者申请人任教学校所在地的县级人民政府教育行政部门审查后,报上一级教育行政部门认定。中等职业学校教师资格和中等职业学校实习指导教师资格,由申请人户籍所在地或者申请人任教学校所在地的县级人民政府教育行政部门审查后,报上一级教育行政部门认定或者组织有关部门认定。

受国务院教育行政部门或者省、自治区、直辖市人民政府教育行政部门委托的高等学校,负责认定在本校任职的人员和拟聘人员的高等学校教师资格。

在未受国务院教育行政部门或者省、自治区、直辖市人民政府教育行政部门委托的高等学校任职的人员和拟聘人员的高等学校教师资格,按照学校行政隶属关系,由国务院教育行政部门认定或者由学校所在地的省、自治区、直辖市人民政府教育行政部门认定。

第十四条　认定教师资格,应当由本人提出申请。

教育行政部门和受委托的高等学校每年春季、秋季各受理一次教师资格认定申请。具体受理期限由教育行政部门或者受委托的高等学校规定,并以适当形式公布。申请人应当在规定的受理期限内提出申请。

第十五条　申请认定教师资格,应当提交教师资格认定申请表和下列证明或者材料:

(一)身份证明;

(二)学历证书或者教师资格考试合格证明;

(三)教育行政部门或者受委托的高等学校指定的医院出具的体格检查证明;

(四)户籍所在地的街道办事处、乡人民政府或者工作单位、所毕业的学校对其思想品德、有无犯罪记录等方面情况的鉴定及证明材料。

申请人提交的证明或者材料不全的,教育行政部门或者受委托的高等学校应当及时通知申请人于受理期限终止前补齐。

教师资格认定申请表由国务院教育行政部门统一格式。

第十六条　教育行政部门或者受委托的高等学校在接到公民的教师资格认定申请后,应当对申请人的条件进行审查;对符合认定条件的,应当在受理期限终止之日起30日内颁发相应的教师资格证书;对不符合认定条件的,应当在受理期限终止之日起30日内将认定结论通知本人。

非师范院校毕业或者教师资格考试合格的公民申请认定幼儿园、小学或者其他教师资格的,应当进行面试和试讲,考察其教育教学能力;根据实际情况和需要,教育行政部门或者受委托的高等学校可以要求申请人补修教育学、心理学等课程。

教师资格证书在全国范围内适用。教师资格证书由国务院教育行政部门统一印制。

第十七条　已取得教师资格的公民拟取得更高等级学校或者其他教育机构教师资格的,应当通过相应的教师资格考试或者取得教师法规定的相应学历,并依照本章规定,经认定合格后,由教育行政部门或者受委托的高等学校颁发相应的教师资格证书。

第六章　罚则

第十八条　依照教师法第十四条的规定丧失教师资格的,不能重新取得教师资格,其教师资格证书由县级以上人民政府教育行政部门收缴。

第十九条 有下列情形之一的,由县级以上人民政府教育行政部门撤销其教师资格:

(一)弄虚作假、骗取教师资格的;

(二)品行不良、侮辱学生,影响恶劣的。

被撤销教师资格的,自撤销之日起5年内不得重新申请认定教师资格,其教师资格证书由县级以上人民政府教育行政部门收缴。

第二十条 参加教师资格考试有作弊行为的,其考试成绩作废,3年内不得再次参加教师资格考试。

第二十一条 教师资格考试命题人员和其他有关人员违反保密规定,造成试题、参考答案及评分标准泄露的,依法追究法律责任。

第二十二条 在教师资格认定工作中玩忽职守、徇私舞弊,对教师资格认定工作造成损失的,由教育行政部门依法给予行政处分;构成犯罪的,依法追究刑事责任。

第七章 附则

第二十三条 本条例自发布之日起施行。

为全面贯彻党的教育方针,大力推进基础教育的改革和健康发展,国务院于2001年颁布了《国务院关于基础教育改革与发展的决定》,提出重视和发展学前教育。大力发展以社区为依托,公办与民办相结合的多种形式的学前教育和儿童早期教育服务。加强乡(镇)中心幼儿园建设并发挥其对村办幼儿园(班)的指导作用。学前教育以政府办园为骨干,积极鼓励社会力量举办幼儿园;各级教育行政部门要加强对民办中小学、幼儿园教育教学的指导和监督,要认真审核其办学资格和条件,规范其办学行为,保证其全面贯彻党的教育方针。

2003年出台的《国务院关于进一步加强农村教育工作的决定》规定,发展农村高中阶段教育和幼儿教育。今后五年,经济发达地区的农村要努力普及高中阶段教育,其他地区的农村要加快发展高中阶段教育。要积极开展各种形式的初中后教育。国家继续安排资金,重点支持中西部地区一批基础较好的普通高中和职业学校改善办学条件,提高教育质量,扩大优质教育资源。地方各级政府要重视并扶持农村幼儿教育的发展,充分利用农村中小学布局调整后富余的教育资源发展幼儿教育。鼓励发展民办高中阶段教育和幼儿教育。

为贯彻落实党的十七届五中全会、全国教育工作会议精神和《国家中长期教育改革和发展规划纲要(2010—2020年)》,积极发展学前教育,着力解决当前存在的"入园难"问题,满足适龄儿童入园需求,促进学前教育事业科学发展,国务院于2010年出台了《国务院关于当前发展学前教育的若干意见》,对我国学前教育的发展定位、资源、师资、准入管理、收费管理、安全监管等提出了全面而细致的要求。

拓展阅读 1-3

国务院关于当前发展学前教育的若干意见(节选)

一、把发展学前教育摆在更加重要的位置。学前教育是终身学习的开端,是国民教育体系的重要组成部分,是重要的社会公益事业。改革开放特别是21世纪以来,我国学前教育取得长足发展,普及程度逐步提高。但总体上看,学前教育仍是各级各类教育中的薄弱环节,主要表现为教育资源短缺、投入不足、师资队伍不健全,体制机制不完善,城乡区域发展不平衡,一些地方"入园难"问题突出。办好学前教育,关系亿万儿童的健康成长,关系千家万户的切身利益,关系国家和民族的未来。

发展学前教育,必须坚持公益性和普惠性,努力构建覆盖城乡、布局合理的学前教育公共服务体系,保障适龄儿童接受基本的、有质量的学前教育;必须坚持政府主导,社会参与,公办民办并举,落实各级政府责任,充分调动各方面积极性;必须坚持改革创新,着力破除制约学前教育科学发展的体制机制障碍;必须坚持因地制宜,从实际出发,为幼儿和家长提供方便就近、灵活多样、多种层次的学前教育服务;必须坚持科学育儿,遵循幼儿身心发展规律,促进幼儿健康快乐成长。

……

二、多种形式扩大学前教育资源。大力发展公办幼儿园,提供"广覆盖、保基本"的学前教育公共服务。加大政府投入,新建、改建、扩建一批安全、适用的幼儿园。不得用政府投入建设超标准、高收费的幼儿园。中小学布局调整后的富余教育资源和其他富余公共资源,优先改建成幼儿园。鼓励优质公办幼儿园举办分园或合作办园。制定优惠政策,支持街道、农村集体举办幼儿园。

……

三、多种途径加强幼儿教师队伍建设。加快建设一支师德高尚、热爱儿童、业务精良、结构合理的幼儿教师队伍。各地根据国家要求,结合本地实际,合理确定生师比,核定公办幼儿园教职工编制,逐步配齐幼儿园教职工。健全幼儿教师资格准入制度,严把入口关。2010年国家颁布幼儿教师专业标准。公开招聘具备条件的毕业生充实幼儿教师队伍。中小学富余教师经培训合格后可转入学前教育。

……

四、多种渠道加大学前教育投入。各级政府要将学前教育经费列入财政预算。新增教育经费要向学前教育倾斜。财政性学前教育经费在同级财政性教育经费中要占合理比例,未来三年要有明显提高。各地根据实际研究制定公办幼儿园生均经费标准和生均财政拨款标准。制定优惠政策,鼓励社会力量办园和捐资助园。家庭合理分担学前教育成本。建立学前教育资助制度,资助家庭经济困难儿童、孤儿和残疾儿童接受普惠性学前教育。发展残疾儿童学前康复教育。中央财政设立专项经费,支持中西部农村地区、少数民族地区和边疆地区发展学前教育和学前双语教育。地方政府要加大投入,重点支持边远贫困地区和少数民族地区发展学前教育。规范学前教育经费的使用和管理。

……

4. 地方性法规

地方性法规即地方立法机关制定或认可的,其效力不能及于全国,而只能在本行政区域内有效,其效力低于宪法、法律和行政法规。在我国,各省、自治区、直辖市以及法定的较大的市的人民代表大会及其常务委员会可根据宪法、法律和行政法规的规定,从本地实际出发制定地方性法规。目前,我国与学前教育有关的地方性法规数量众多,在此仅列举部分。

为了促进和保障学前教育健康发展,规范学前教育,维护幼儿、幼儿园及其工作人员的合法权益,满足人民群众对学前教育的基本需求,根据《中华人民共和国教育法》等法律、行政法规,结合安徽省实际,安徽省人民代表大会常务委员会于2014年制定并颁布了《安徽省学前教育条例》。该条例分总则、幼儿园的设立、保育和教育、幼儿园工作人员、保障、法律责任、附则共七章,对安徽省学前教育领域的各项内容进行了规定。

拓展阅读 1-4

安徽省学前教育条例(节选)

《安徽省学前教育条例》经2014年3月28日安徽省第十二届人民代表大会常务委员会第十次会议通过,自2014年6月1日起施行。

第一章 总则

第一条 为了促进和保障学前教育健康发展,规范学前教育,维护幼儿、幼儿园及其工作人员的合法权益,满足人民群众对学前教育的基本需求,根据《中华人民共和国教育法》等法律、行政法规,结合本省实际,制定本条例。

第二条 学前教育是国民教育体系的组成部分,是重要的社会公益事业。

本条例所称学前教育,是指对本省行政区域内三周岁以上不满六周岁幼儿实施的保育和教育。

第三条 发展学前教育,应当坚持公益性和普惠性,坚持政府主导、社会参与、公办民办并举的办园体制,大力发展公办幼儿园,鼓励社会力量以多种形式举办幼儿园,扶持普惠性民办幼儿园发展。

第四条 学前教育应当贯彻国家教育方针,遵循幼儿身心发展规律,科学保育和教育,保障幼儿健康快乐成长。

第五条 县级以上人民政府应当将学前教育纳入国民经济和社会发展规划,建立学前教育经费保障机制,合理配置资源,对农村地区和贫困地区学前教育予以支持,构建覆盖城乡、布局合理的学前教育公共服务体系,保障幼儿接受基本的、有质量的学前教育。

……

第二章 幼儿园的设立

第八条 设区的市、县级人民政府应当将幼儿园建设纳入城乡规划;设区的市、县级人民政府教育行政部门应当根据本行政区域城乡规划,会同相关部门具体制定和调整学前教育设施布局专项规划。

涉及幼儿园的控制性详细规划、修建性详细规划的编制与审定应当征求教育行政部门意见。

第九条 幼儿园的布局,应当体现本行政区域内幼儿的数量分布、变化、保育和教育需求等情况,按照人口比例科学规划、合理布局,并适时调整。

第十条 新建、改建、扩建居民区,应当根据规划配套设置幼儿园,并与居民区建设项目同步设计、施工和交付使用。

规划配套建设的幼儿园是公共教育资源,由设区的市、县级人民政府统筹安排,用于举办公办幼儿园,或者委托举办普惠性民办幼儿园,任何单位和个人不得改变规划配套建设的幼儿园的使用性质和用途。

第十一条　设立幼儿园,由县级人民政府教育行政部门审批。

幼儿园的设立应当具备下列条件：

(一)符合规定标准的保育和教育场所及设施、设备；

(二)符合规定的组织机构、章程和规范的名称；

(三)符合规定的教师及其他工作人员；

(四)必备的办园资金和稳定的经费来源。

幼儿园的保育和教育场所应当符合交通、安全、消防、环保、日照等选址要求,建设规划面积、建筑设计、功能要求、设施设备按照《城市居住区规划设计规范》等国家有关规定执行。

第十二条　幼儿园实行法人登记制度。

公办幼儿园依法经所在地县级以上人民政府机构编制管理部门登记取得法人资格。民办幼儿园在申领《民办学校办学许可证》后,依法经所在地县级人民政府民政部门登记取得法人资格。

第十三条　鼓励申办普惠性民办幼儿园。普惠性民办幼儿园由举办者提出申请,县级人民政府教育行政部门根据有关规定予以认定。普惠性民办幼儿园按照规定由政府予以补贴。

第十四条　幼儿园变更登记事项或者终止的,应当报审批、登记机关申请办理变更登记或者注销手续。审批、登记机关应当按照有关规定办理,并将有关情况向社会公开。

幼儿园终止的,举办者应当妥善安置在园幼儿,并依法进行财务清算。

……

第二十条　幼儿园保育和教育,应当面向全体幼儿,关注个体差异,坚持以游戏为基本活动,保育和教育结合,寓教于乐,促进幼儿身心全面健康发展。

幼儿园应当执行国家和省教育、卫生行政部门关于幼儿园营养、保健、卫生、食品药品安全的相关规定,落实有关膳食营养、体育锻炼、健康检查、卫生消毒、疾病预防等措施,增强幼儿体质,预防和减少疾病的发生。

幼儿园及其工作人员不得擅自为幼儿群体性服用药品。

第二十一条　幼儿园应当根据幼儿的年龄特点开展游戏,为幼儿创设游戏条件,提供丰富、适宜、多功能的游戏材料,鼓励和支持幼儿自主选择游戏,保证幼儿有充分的游戏时间和户外活动时间。

第二十二条　幼儿园应当配备适合幼儿特点的设施设备以及玩具、教具等。鼓励幼儿园因地制宜自制玩具、教具。

幼儿园的设备设施、用品用具、玩具、教具等,应当安全、卫生,符合国家和省有关安全质量标准和环保要求。

第二十三条　幼儿园应当为教师配备必要的教学用书,不得为幼儿配备教材、教辅材料,不得要求家长购买幼儿教材、教辅材料。

第二十四条　幼儿园应当使用普通话。

幼儿园应当防止和纠正小学化倾向。

幼儿园不得组织幼儿参加礼仪性、商业性活动。

第二十五条　幼儿园在正常开园时间以内,不得举办任何形式的特色班、兴趣班、实验班。正常开园时间以外举办的,按照国家和省相关规定执行。

……

第四章 幼儿园工作人员

第二十九条 县级以上人民政府及其教育等行政部门应当统筹规划,加强幼儿园工作人员队伍建设,提高其职业道德水平以及保育和教育能力。

第三十条 幼儿园实行职业准入制度,教师应当取得幼儿园教师资格,其他工作人员应当取得国家及省规定的职业资格或岗位任职资格。

县级人民政府教育行政部门应当对幼儿园实行职业准入制度的情况进行监督和检查。

第三十一条 幼儿园工作人员应当品德优良,身心健康,爱护幼儿,忠于职守。

幼儿园工作人员应当尊重幼儿人格,平等对待幼儿,不得歧视幼儿,不得对幼儿实施体罚、变相体罚或者其他侮辱人格尊严的行为,不得索取、收受幼儿家长财物。

幼儿园工作人员在岗位上遇到涉及幼儿人身安全的紧急情况,应当立即采取措施,保护幼儿人身安全。

第三十二条 幼儿园不得聘用下列人员:

(一)受到剥夺政治权利或者因故意犯罪受过有期徒刑以上刑事处罚的;

(二)吸食毒品的;

(三)其他不适合从事幼儿教育工作的。

精神障碍患者,传染病病人、病原携带者和疑似传染病病人在治愈前或者在确诊排除传染病嫌疑前,不得在幼儿园工作。

......

第六章 法律责任

第四十九条 违反本条例第十条第二款规定,擅自改变幼儿园使用性质和用途的,由设区的市、县级人民政府责令限期改正;逾期不改正的,由设区的市、县级人民政府对直接负责的主管人员和其他直接责任人员依法给予处分,并恢复幼儿园使用性质和用途。

第五十条 幼儿园及其工作人员违反本条例,有下列情形之一的,由县级以上人民政府教育行政部门责令限期改正;逾期不改正的,对直接负责的主管人员和其他直接责任人员依法给予处分;情节严重的,责令停止招生、停止办园:

(一)未执行安全、营养、保健、卫生等相关规定的;

(二)为幼儿配备教材、教辅材料的;

(三)组织幼儿参加礼仪性、商业性活动的;

(四)违规举办特色班、兴趣班、实验班的;

(五)违规聘用幼儿园工作人员的。

第五十一条 违反本条例第十五条规定,幼儿园年检不合格或者拒不接受年检的,由县级人民政府教育行政部门责令限期改正;逾期不改正的,责令停止招生,停止办园,对直接负责的主管人员和其他直接责任人员依法给予处分。

第五十二条 违反本条例第十六条第三款规定,幼儿园违反国家和省有关规定收取费用的,由教育、价格等行政部门按照《中华人民共和国教育法》、《中华人民共和国价格法》等规定予以处理。

第五十三条 违反本条例第十六条第四款规定,向幼儿园收取费用的,由有关机关责令改正;情节严重的,对直接负责的主管人员和其他直接责任人员依法给予处分。

第五十四条 违反本条例第十八条第一款规定,拒不接收具有接受普通教育能力的残疾幼儿的,由县级以上人民政府教育行政部门责令限期改正,并对直接负责的主管人员和其他直接责任人员依法给予处分。

第五十五条　幼儿园及其工作人员违反本条例第二十条第三款规定,擅自为幼儿群体性服用药品的,由县级以上人民政府教育、卫生行政部门责令改正,并对直接负责的主管人员和其他直接责任人员依法给予处分;情节严重的,责令停止招生、停止办园;构成犯罪的,依法追究刑事责任。

第五十六条　幼儿园工作人员违反本条例第三十一条第二款、第三款规定的,由所在幼儿园或者县级人民政府教育行政部门给予批评教育、处分或者解聘;构成犯罪的,依法追究刑事责任。

第五十七条　各级人民政府未按照本条例规定履行学前教育保障监督职责的,由上级人民政府责令限期改正;情节严重或者逾期不改正的,对直接负责的主管人员和其他直接责任人员依法给予处分。

第五十八条　县级以上人民政府相关部门工作人员在学前教育管理工作中滥用职权、玩忽职守、徇私舞弊的,依法予以处理。

第七章　附则

第五十九条　本条例所称幼儿园,是指对三周岁以上不满六周岁幼儿提供集体保育和教育的全日制或者半日制的学前教育机构。

本条例所称公办幼儿园指利用国家财政性经费举办的由财政拨款运转的幼儿园。

本条例所称普惠性民办幼儿园,指由社会力量出资举办、享受政府财政补贴、面向社会提供普惠性服务,执行政府指导性收费项目和标准的幼儿园。

本条例所称非普惠性民办幼儿园指普惠性民办幼儿园之外的其他民办幼儿园。

本条例所称幼儿园工作人员,是指幼儿园负责人、教师、保育员、卫生保健人员、安全保卫人员、炊事员和其他工作人员。

……

5. 自治性教育法规

自治性教育法规是指民族自治地方的自治机关根据宪法和法律的规定,依据当地民族的政治、经济和文化特点,制定的关于教育的自治条例和单项条例。

如2009年12月29日经新疆维吾尔自治区第十一届人民代表大会常务委员会第十六次会议审议通过了《新疆维吾尔自治区民族团结教育条例》。该条例规定,幼儿园应当对学前儿童进行适合儿童特点的民族团结教育。民族团结教育是对公民进行以爱国主义教育为核心内容的学习民族理论、掌握民族政策、普及民族团结常识、树立民族团结意识、履行维护民族团结义务、增强维护民族团结责任的教育。开展民族团结教育活动应当坚持因人施教、正面教育、注重实效、与时俱进的原则,使维护民族团结、维护社会稳定、维护祖国统一成为各族人民的共同意志和自觉行动。新疆是祖国不可分割的一部分,是多民族聚居的地方。影响新疆社会稳定的主要危险是民族分裂主义。反对民族分裂,加强民族团结,维护祖国统一,是公民的神圣职责和光荣义务。民族团结是各族人民的生命线。各族人民应当牢固树立"汉族离不开少数民族,少数民族离不开汉族,各少数民族之间也相互离不开"的思想,互相尊重、互相信任、互相学习、互相帮助、互相合作,和睦相处,始终同呼吸、共命运、心连心。开展民族团结教育是全社会的共同责任。接受民族团结教育是公民依法享有的权利和应尽的义务。

6.行政规章

行政规章包含部门规章和地方政府规章。部门规章是指国务院各部、委员会、中国人民银行、审计署,具有行政管理职能的直属机构在各自权限范围内制定和颁布的规范性法律文件。地方政府规章是指省、自治区、直辖市以及法定的较大的市的人民政府制定和颁布的规范性法律文件。

为规范和加强中央财政支持学前教育发展资金管理,提高资金使用效益,根据《国务院关于当前发展学前教育的若干意见》及国家有关规定,教育部、财政部于2015年联合制定并颁布了《中央财政支持学前教育发展资金管理办法》规定,学前教育发展资金由财政部和教育部共同管理:财政部负责组织学前教育发展资金中期财政规划和年度预算编制,会同教育部分配及下达资金,对学前教育发展资金使用情况进行监督检查;教育部负责制定学前教育专项计划,为预算编制和资金分配提供基础数据,会同财政部对项目执行情况进行专项检查,共同做好项目管理。并对资金使用范围、资金分配与拨付、资金申报、资金管理和监督等做了详细规定。

为规范学前教育活动,教育部于2013年印发了《幼儿园教职工配备标准(暂行)》,2016年修改并颁布了《幼儿园工作规程》,2017年颁布了《幼儿园办园行为督导评估办法》,本书后文将会介绍。

在地方政府规章方面,青岛市人民政府于2013年颁布了《青岛市学前教育条例》,山东省人民政府于2014年颁布了《山东省学前教育规定》,南京、大连、宁波、沈阳等诸多地方政府都出台了与学前教育相关的地方政府规章。2014年,成都市颁布了《成都市幼儿园管理办法》,这是成都市政府首次以政府令形式出台关于规范幼儿园管理的行政规章。该办法指出,成都市将把学前教育纳入教育优先发展范畴,构建以公共财政投入为主、以公办和公益性幼儿园为主的"两为主"学前教育发展格局,促进学前教育公共服务均等化,明确提出了未来几年成都市学前教育发展的总目标和路线图。以行政规章的形式将"两为主"发展模式固定下来,这在全国还是首次。

拓展阅读 1-5

成都市幼儿园管理办法(节选)

【签发单位】四川省人民政府
【文号】成都市人民政府令第183号
【签发时间】2014-01-21
【生效时间】2014-03-01

第一章 总则

第一条 (目的依据)

为规范幼儿园管理,促进学前教育事业健康发展,根据《中华人民共和国教育法》、《中华人民共和国民办教育促进法》和国务院《幼儿园管理条例》等法律、法规,结合成都市实际,制定本办法。

第二条 （适用范围）

本市行政区域内各类幼儿园的设立、保育教育、监督管理等适用于本办法。

第三条 （办园体制）

本市遵循公益性和普惠性原则,建立政府主导、社会参与、公办民办并举的办园体制。

第四条 （发展要求）

各区(市)县人民政府应当把学前教育纳入教育优先发展范畴,提高公办幼儿园比例,扶持普惠性民办幼儿园发展,扩大公益性学前教育覆盖率,构建以公共财政投入为主、以公办和公益性幼儿园为主的学前教育发展格局。

……

第八条 （人员要求）

幼儿园的工作人员应当符合下列条件：

（一）园长应具有大专以上学历,取得幼儿园教师资格证,有五年以上幼儿教育工作经历,并取得幼儿园园长任职资格培训合格证书；

（二）专任教师应具有幼儿园教师资格证；

（三）卫生保健人员应当符合国家有关幼儿园卫生保健管理的规定；

（四）保育员应当具备高中毕业及以上学历；

（五）财会人员与食堂从业人员应当按规定持证上岗；

（六）安保人员应当符合国家规定的条件,并通过相关业务技能考核。

各类工作人员应当依法按规定参加培训,并取得培训合格证。

幼儿园所有工作人员必须按国家规定持有相应的健康合格证明,并定期进行体检,每年不得少于一次。慢性传染病患者、精神病患者、有精神病史者不得在幼儿园工作。

……

第二十八条 （配套幼儿园）

新建居住小区配套幼儿园作为公共教育资源,应当与小区同步规划、同步建设、同步交付使用。

居住小区配套幼儿园建成后,建设单位应当按照《公共设施配套建设合同》的规定,在竣工验收后三个月内移交属地教育行政主管部门。

建设行政管理部门负责协调、督促配套幼儿园的建设单位向属地教育行政主管部门按规定做好移交工作。

第二十九条 （优惠扶持）

通过依法保障用地、依照国家现行税法减免税费等方式,支持社会力量办园。

民办幼儿园在审批登记、分类定级、评估指导、教师培训、职称评定、资格认定、表彰奖励等方面享有与公办幼儿园同等地位。

第三十条 （教育资助）

市和区(市)县人民政府应当建立家庭经济困难幼儿、孤儿、残疾幼儿的学前教育资助制度。

第三十一条 （特殊教育）

鼓励有条件的幼儿园和特殊教育机构、残疾人康复机构开办残疾幼儿班。

……

四、学前教育政策与法规的关系

（一）学前教育政策与法规的区别

1. 制定者不同

学前教育政策是由党和政府制定的指导性文件。而学前教育法规必须是有关国家机关按照法定程序制定并颁布的规范性法律文件,其制定者更为严格。

2. 约束力不同

学前教育政策仅具有指导意义,不具有普遍约束力。只有当其指导立法活动,以法律、行政法规、地方性法规、行政规章等形式确定下来之后,才具有普遍约束力和强制执行力。

3. 表现形式不同

学前教育政策通常以党和政府发布的决议、决定、通知、意见等方式作出。而学前教育法规则采用法、条例、规定、规范、决定、办法等形式,通过正式颁布实施产生效力。

4. 执行方式不同

学前教育政策的实施主要靠政策宣传、利益引导等方式让人们主动遵循。学前教育法规则具有国家强制力,依靠国家强制力保障实施,任何违反学前教育法规的行为都将承担相应的法律责任。

5. 稳定性不同

与学前教育政策相比,学前教育法规的制定和修改程序更为严格,因而也更加稳定。

（二）学前教育政策与法规的联系

学前教育政策与学前教育法规都是一定时期执政党的学前教育理念的体现,是国家管理学前教育活动的手段。学前教育政策指导学前教育法规的制定和修改,学前教育政策通过学前教育法规的形式确定之后,即具有了普遍约束力和强制执行力,能够更好地规范和管理各种与学前教育相关的行为,促进我国学前教育事业依法进行,健康发展。

一、简答题

(1)简述学前教育政策的概念。

(2)简述学前教育法规的概念和特征。

(3)简述我国目前的学前教育法规体系。

二、案例分析

某幼儿园发生一起重大安全事故:一名年仅三岁零七个月的幼儿在被园车接入园内后,由于工作人员的疏忽(而非故意),竟被遗留在车内长达五个多小时,最后窒息死亡。法院认为,张辉霞身为幼儿园园长,谭雨、刘安平身为幼儿园员工,在工作中违反有关安全管理的规定,造成重大死亡事故,其行为构成重大责任事故罪(负有法定责任者),应依法予以惩处。由于三人积极赔偿的行为得到了死者家属的谅解,具有悔罪表现,可酌情从轻处罚。根据三人的犯罪性质、情节和对社会的危害程度,2007年4月,法院一审判决:幼儿园园长张辉霞、幼儿园教师谭雨、司机刘安平因犯重大责任事故罪,分别被判处有期徒刑一年零六个月、一年、十个月,并分别缓刑;三名被告共同赔偿死者家属经济损失195 000元。

问:法院的判决是否合理?请说明理由。

第二章 幼儿园

·学习目标·

(1)了解幼儿园的法律地位的概念与特征。
(2)理解我国幼儿园的性质和分类。
(3)理解幼儿园与教育行政机关的法律关系。
(4)理解幼儿园与其他民事主体的法律关系。
(5)掌握幼儿园设立的实体条件与程序。
(6)掌握幼儿园的权利与义务。

案例导入

新政后首批"二孩"将入学,学前教育入园难、入园贵如何破解

从 2016 年 1 月 1 日开始,我国正式施行"全面二孩"政策。据国家统计局数据,在"全面二孩"政策施行的第一年,2016 年全年出生人口 1786 万人,比 2015 年增加 131 万人,是自 2000 年以来人口出生最多的一年。其中,二孩及以上占出生人口比重超 45%。2019 年 9 月,这批新政后出生的首批适龄儿童陆续开始入园。

根据西南大学教育政策研究所 2016 年的一份研究报告预测,从 2019 年开始,学前教育资源需求开始大幅度增长,2019 年学前教育阶段将因"全面二孩"政策新增适龄幼儿接近 600 万人,2020 年将新增 1100 万人左右。新增学龄人口在 2021 年将达到峰值 1500 万人左右,预计 2021 年,幼儿园缺口近 11 万所,幼儿教师和保育员缺口超过 300 万人。

为了满足学前教育的需求,解决"入园难""入园贵"的问题。2010 年,《国务院关于当前发展学前教育的若干意见》中指出,要把发展学前教育摆在更加重要的位置,要多种形式扩大学前教育资源。其中,明确要求"发展学前教育,必须坚持公益性和普惠性""积极扶持民办幼儿园特别是面向大众、收费较低的普惠性民办幼儿园发展""鼓励社会力量以多种形式举办幼儿园"。新政实施以来,我国学前教育迅速发展,据教育发展统计公报统计,2010 年,全国共有幼儿园 15.04 万所,到了 2018 年,幼儿园数量与 8 年前相比,已增长超 10 万所,达到 26.67 万所,学前教育毛入园率达到 81.7%。

2018 年 11 月,中共中央国务院出台了《中共中央国务院关于学前教育深化改革规范发展的若干意见》。意见明确,到 2020 年,全国学前三年毛入园率达到 85%,普惠性幼儿园覆盖率(公办园和普惠性民办园在园幼儿占比)达到 80%;对于"天价"民办园,坚决"遏制过度逐利行为"。强调民办园一律不准单独或作为一部分资产打包上市。上市公司不得通过股票市场融资投资营利性幼儿园,不得通过发行股份或支付现金等方式购买营利性幼儿园资产。

第一节 幼儿园的法律地位

一、幼儿园的法律地位的概念

(一)法律地位

法律地位是指法律主体享受权利和承担义务的资格,也用以指法律主体在法律关系中所处的位置,是用法律语言确立在法律文本上的"合法地位"。法律地位一般由其他社会规范、习俗先行限定,由法律最终确认后生效。法律地位具有如下两个特征:

1. 法律地位仅指主体在法律关系中所处的位置

法律关系的主体是指法律关系的参加者,能够成为法律关系的主体及其种类,都被规定在一国的法律中。在我国现行法律规定中,法律关系的主体主要分为三类:第一类是个体主体,即公民或自然人;第二类是集体主体,是以一定的组织形式存在的主体,主要包括两种,一是行使各种管理权力的国家机关,如立法机关、行政机关、司法机关,二是各种社会组织,如作为法人组织的有限责任公司、股份有限公司以及作为非法人组织的事业单位、社会团体、社会服务机构等;第三类则是国家,国家是一个特殊的整体,可以成为某些法律关系的主体,如在国家发行债券(国债)的过程中,国家与相关购买者就结成了民事上的债权和债务关系[①](见图2-1)。

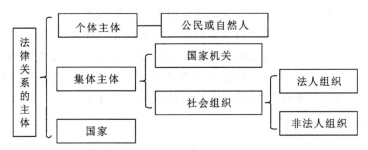

图2-1 法律关系的主体

由此可见,在我国,只有以上主体有资格享有法律规定的权利、履行法律规定的义务,除此之外的其他个体或组织不具备法律主体地位,也就没有资格享受法律权利或履行法定义务。比如未经合法程序注册成立的幼儿园,不具备主体资格,没有招生、收费或开展保教活动的权利。

---

① 付子堂.法理学初阶[M].北京:法律出版社,2005:171.

拓展阅读 2-1

2013年3月，吴中区越溪某小区的不少居民发现，这里的一幢三层小楼被装饰得色彩绚丽，大门口挂出一块牌子：某某幼儿园。"女园长"李某是一名80后技校毕业生，毕业后来到越溪，一直在某无证幼儿园担任教师。见开办幼儿园收入颇丰，李某产生了"单干"的念头。她租下了这幢小楼，一楼作为烧饭和办公区，二楼隔开几个房间，分成小班、中班和大班。租住在附近的外来打工者们很高兴，因为这家幼儿园一学期收费仅需1300元，他们不仅接送孩子方便，还能省下几千元钱。但家长们不知道，这所幼儿园的园舍、设施不符合国家卫生标准和安全标准，存在严重的安全和卫生隐患。更何况，这是一家根本没有通过任何审批的幼儿园。

吴中区教育局调查后，对李某作出了立即停止招生、停止办园的行政处罚。但接到处罚决定书的李某，在法定期限内既不提起行政复议，也不向法院提起诉讼，居然我行我素，依旧公开办学、招生。当年7月，吴中区教育局向吴中法院申请执行，法院审查后依法作出准予强制执行的裁定。执行人员与李某取得联系，反复对她说明非法开办幼儿园的社会危害和法律后果。李某非但不听劝告，甚至在暑期又接受了60多名儿童家长的报名，法院果断对她采取了司法拘留十五日的强制措施。

2. 法律地位以法律规范为前提

法律关系是指依据法律所确定的法律主体之间具体行为的法律相关性，而法律地位是指法律主体在法律关系中所处的位置，具体来讲就是指法律主体享受权利和承担义务的资格。可见，没有法律规范为前提，则不会产生法律地位。比如在家庭当中，传统的道德文化、社会习俗会对家庭关系进行调整，在我国相当长的历史时期之内形成了男尊女卑的家庭关系，女性在家庭中地位低下，这种情况并不利于有效维持家庭本身的健康存在和发展，也不利于社会安定和谐，所以有必要以法律形式对家庭成员的法律地位进行规范。因此，我国《婚姻法》明确规定"实行婚姻自由、一夫一妻、男女平等的婚姻制度""夫妻在家庭中地位平等""夫妻对共同所有的财产，有平等的处理权"等内容，确定了女性在婚姻中与男性平等的法律地位。

（二）幼儿园的法律地位

幼儿园是对3周岁以上学龄前幼儿实施保育和教育的机构[①]，是我国最常见、最主要的学前教育机构。幼儿园的法律地位是指幼儿园作为实施保育教育活动的法律主体在各种法律关系中所处的位置，主要体现为法律上的权利和义务。[②] 理解幼儿园的法律地位，应该注意以下两方面。

1. 幼儿园是特殊的法律主体

幼儿园是对幼儿实施保育和教育活动，行使保教权利、履行保教义务的特殊主体，是我国社会主义教育事业的重要组成部分。《宪法》第十九条明确规定："国家发展社会主义的教育事

[①] 《幼儿园工作规程》第二条。
[②] 孙葆森，刘惠容，王悦群. 幼儿教育法规与政策概论[M]. 北京：北京师范大学出版社，1998：68-69.

业,提高全国人民的科学文化水平。国家举办各种学校,普及初等义务教育,发展中等教育、职业教育和高等教育,并且发展学前教育"。《教育法》第二章关于我国的教育基本制度当中也明确规定"国家实行学前教育、初等教育、中等教育、高等教育的学校教育制度"。《幼儿园工作规程》也规定"幼儿园教育是基础教育的重要组成部分,是学校教育制度的基础阶段"。

可见,幼儿园作为对幼儿开展保育和教育活动的社会组织,其主体地位是由作为国家根本大法的《宪法》、作为国家教育基本法的《教育法》以及当前规范我国幼儿园工作的专门性规章《幼儿园工作规程》所确立的,是受法律保护的。幼儿园的设立、管理、运行等必须以开展保育和教育活动为目的,以幼儿身心健康成长为宗旨。

拓展阅读 2-2

目前规范我国教育活动的教育基本法是《教育法》,在教育基本法之下,规范各教育阶段的法律主要有《义务教育法》《职业教育法》《高等教育法》等,并没有专门的《学前教育法》,这在一定程度上限制了我国学前教育的良好发展。"学前教育是新时期中国教育发展最快的一个部分,也是当前中国教育最大的一块短板。"教育部部长陈宝生2018年3月在十三届全国人大一次会议记者会上指出,我国学前教育存在一些问题,如保教人员数量不足、水平不高,普惠性幼儿园不足,财政保障和成本分担机制没有建立,管理和安全存在漏洞和薄弱环节、幼儿教育观念需要进一步转变等。针对学前教育发展中面临的问题,社会各界广泛呼吁,出台一部专门针对学前教育的法律,在经费投入、教师队伍建设、管理规范等方面予以保障。

其实早在2012年3月5日在北京召开的十一届全国人大五次会议期间,李小燕、郝萍、周晓光、汪慧芳、周洪宇、张淑琴、沈健等296名代表提出关于制定学前教育法的议案7件;庞丽娟等33名代表提出关于我国学前教育法立法原则、重点的议案1件,启动了我国《学前教育法》的立法进程。

2018年9月10日,公布的十三届全国人大常委会立法规划中,学前教育法纳入全国人大常委会立法规划的一类立法项目,拟在十三届全国人大常委会任期内提请审议。

2019年4月18日,教育部召开新闻发布会介绍贯彻落实《中共中央国务院关于学前教育深化改革规范发展的若干意见》初步情况,教育部基础教育司司长吕玉刚表示,教育部将加快制定《学前教育法》,在深入研究和调研的基础上,尽快完成学前教育法草案的起草工作。《学前教育法》的出台指日可待。

2. 幼儿园应具有独立的法人地位

如前所述,我国法律关系的主体有个体主体、集体主体、国家三大类,其中集体主体又包括国家机关和社会组织两种类型。根据2017年10月1日起实施的《中华人民共和国民法总则》(以下简称《民法总则》)的规定,社会组织又包括法人组织和非法人组织两种类别。《教育法》第三十一条规定"学校及其他教育机构具备法人条件的,自批准设立或者登记注册之日起取得法人资格。学校及其他教育机构在民事活动中依法享有民事权利,承担民事责任。学校及其他教育机构中的国有资产属于国家所有。学校及其他教育机构兴办的校办产业独立承担民事责任",这条规定明确了公办幼儿园事业单位的法人地位。

随着社会的快速发展,我国学前教育领域出现了"资源短缺、投入不足、入园难、入园贵"等问题,为了解决这些问题,满足适龄儿童入园需求,国家出台了一系列的政策鼓励和促进幼儿园的建设和发展。2010年11月21日,国务院以国发〔2010〕41号印发《国务院关于当前发展学前教育的若干意见》(简称"国十条")。该意见提出了十项意见,着力解决"入园难""入园贵"问题,包括:①把发展学前教育摆在更加重要的位置;②多种形式扩大学前教育资源;③多种途径加强幼儿教师队伍建设;④多种渠道加大学前教育投入;⑤加强幼儿园准入管理;⑥强化幼儿园安全监管;⑦规范幼儿园收费管理;⑧坚持科学保教,促进幼儿身心健康发展;⑨完善工作机制,加强组织领导;⑩统筹规划,实施学前教育三年行动计划。

"国十条"的出台极大地促进了民办幼儿园的发展,2010年,全国共有幼儿园15.04万所,到了2018年,幼儿园数量达到26.67万所。为规范和促进民办幼儿园的健康发展,国家又出台了《民办教育促进法》,并于2017年进行了修改。该法第十条规定"举办民办学校的社会组织,应当具有法人资格。举办民办学校的个人,应当具有政治权利和完全民事行为能力。民办学校应当具备法人条件"。该条规定从法律上确定了民办幼儿园的法人地位,并为民办幼儿园的设立规定了严格的实体和程序条件。

在民办幼儿园快速发展的过程中,很多民办幼儿园并不具备取得法人资格的条件,如在部分农村地区存在的小学附属幼儿园,由于历史原因存在的各人办园等。为追求经济利益,在很多地方甚至涌现了一些不具备办学条件,未经注册登记的"黑幼儿园",这些幼儿园无法对在园幼儿独立承担相应的法律责任,幼儿的合法权益无法保障。近年来,国家和地方相关部门都在加大执法力度,一方面要求由于历史原因存在的符合办园条件,但没有登记注册取得法人资格的幼儿园补充手续,取得法人资格;另一方面坚决打击、取缔不具备办学条件,没有法人资格的"黑幼儿园"。

二、幼儿园的分类

在我国,幼儿园是对3周岁以上学龄前幼儿实施保育和教育的机构。根据不同的标准,可将幼儿园分为不同的类别。幼儿园按照时间可以分为全日制幼儿园和寄宿制幼儿园;按照对象可以分为幼儿园、残疾儿童幼儿园和特殊儿童幼儿园;按照服务可以分为双语幼儿园、音乐幼儿园;按照规模(包括托、幼合建的)可以分为大型幼儿园(10个班至12个班)、中型幼儿园(6个班至9个班)和小型幼儿园(5个班以下);按照所有制性质不同,可分为公办幼儿园与民办幼儿园。本书仅详细介绍公办幼儿园与民办幼儿园。

1. 公办幼儿园

公办幼儿园是指一切财产均属公有,建设经费、办公经费等均为财政拨付的,对3周岁以上学龄前儿童实施保育和教育的机构。除此之外,公办幼儿园在性质上是事业单位,隶属于国家教育行政部门,其园长由教育行政部门任命,通过法定程序录用的公办幼儿园园长、教师等拥有事业单位编制。

2. 民办幼儿园

根据现行《民办教育促进法》第二条的规定,民办教育机构是指国家机构以外的社会组织或者个人,利用非国家财政性经费,面向社会举办学校及其他教育机构。据此,可将民办幼儿园定义为国家机构以外的社会组织或者个人,利用非国家财政性经费,面向社会举办的,对3周岁以上学龄前儿童实施保育和教育的机构。民办幼儿园的园长由举办者聘任,教师、医师、卫生保健人员等由幼儿园园长聘任,也可以直接由举办幼儿园的单位或个人聘任,签订劳动合同,约定双方的权利与义务。

根据《民办教育促进法》第十九条规定,民办幼儿园又可分为非营利性民办幼儿园和营利性民办幼儿园,非营利性民办幼儿园的举办者不得取得办学收益,学校的办学结余全部用于办学。营利性民办幼儿园的举办者可以取得办学收益,幼儿园的办学结余依照我国公司法等有关法律、行政法规的规定处理。民办幼儿园要取得办学许可证后,进行法人登记,登记机关应当依法予以办理。

2017年1月18日,民办教育促进法修正案草案三审正式通过,国务院发布重要文件《国务院关于鼓励社会力量兴办教育促进民办教育健康发展的若干意见》,教育部等五部门印发《民办学校分类登记实施细则》《营利性民办学校监督管理实施细则》,肯定了民办幼儿园的可营利性,标志着民办教育分类管理的开始,中国民办幼儿园的发展迎来了春天。

拓展阅读 2-3

民办学校分类登记实施细则(节选)

第一条 为贯彻落实《国务院关于鼓励社会力量兴办教育促进民办教育健康发展的若干意见》,推动民办教育分类管理,促进民办教育健康发展,根据《中华人民共和国教育法》《中华人民共和国民办教育促进法》和2016年11月7日《全国人民代表大会常务委员会关于修改＜中华人民共和国民办教育促进法＞的决定》等法律法规,制定本细则。

第二条 民办教育是社会主义教育事业的重要组成部分。民办学校应当遵守国家法律法规,全面贯彻党的教育方针,坚持党的领导,坚持社会主义办学方向,坚持公益性导向,坚持立德树人,对受教育者加强社会主义核心价值观教育,培养德、智、体、美等方面全面发展的社会主义建设者和接班人。

第三条 民办学校分为非营利性民办学校和营利性民办学校。民办学校的设立应当依据《中华人民共和国民办教育促进法》等法律法规和国家有关规定进行审批。经批准正式设立的民办学校,由审批机关发给办学许可证后,依法依规分类到登记管理机关办理登记证或者营业执照。

……

第七条 正式批准设立的非营利性民办学校,符合《民办非企业单位登记管理暂行条例》等民办非企业单位登记管理有关规定的到民政部门登记为民办非企业单位,符合《事业单位登记管理暂行条例》等事业单位登记管理有关规定的到事业单位登记管理机关登记为事业单位。

第八条 实施本科以上层次教育的非营利性民办高等学校,由省级人民政府相关部门办理登记。实施专科以下层次教育的非营利性民办学校,由省级人民政府确定的县级以上人民政府相关部门办理登记。

第九条 正式批准设立的营利性民办学校,依据法律法规规定的管辖权限到工商行政管理部门办理登记。

第十条 登记管理机关对符合登记条件的民办学校,依法依规予以登记,并核发登记证或者营业执照;对不符合登记条件的,不予登记,并以书面形式向申请人说明理由。

第十一条 民办学校的名称应当符合国家有关规定,体现学校的办学层次和类别。

……

第十四条 现有民办学校选择登记为非营利性民办学校的,依法修改学校章程,继续办学,履行新的登记手续。

第十五条 现有民办学校选择登记为营利性民办学校的,应当进行财务清算,经省级以下人民政府有关部门和相关机构依法明确土地、校舍、办学积累等财产的权属并缴纳相关税费,办理新的办学许可证,重新登记,继续办学。

第十六条 民办学校变更登记类型的办法由省级人民政府根据国家有关规定,结合地方实际制定。

第十七条 本细则所称现有民办学校为2016年11月7日《全国人民代表大会常务委员会关于修改<中华人民共和国民办教育促进法>的决定》公布前经批准设立的民办学校。本细则所称的审批机关包括县级以上教育、人力资源社会保障部门以及省级人民政府。本细则所称的登记管理机关包括县级以上民政、编制、工商行政管理部门。

第十八条 本细则由教育部、人力资源社会保障部、民政部、中央编办、工商总局负责解释。

第二节 幼儿园的设立、管理与运行

一、幼儿园的设立

(一)设立幼儿园的主体资格

设立幼儿园的主体资格是指,根据我国现行法律法规的规定,哪些公民和组织可以设立幼儿园。幼儿缺乏自我保护的能力,学前教育是我国学校教育的起步阶段,是为社会主义建设事业培养人才的基础,并非任何人、任何组织都有足够的条件与能力开办幼儿园。为保护幼儿的合法权益,保证保育和教育活动质量,促进幼儿身心健康发展,我国法律对设立幼儿园的主体资格做了非常严格的规定,包括正向许可性规定与反向禁止性规定。

1. 正向许可性规定

正向许可性规定是指,法律规范以肯定的形式赋予某些主体举办幼儿园的资格。《宪法》第十九条规定:"国家发展社会主义的教育事业,提高全国人民的科学文化水平。国家举办各种学校,普及初等义务教育,发展中等教育、职业教育和高等教育,并且发展学前教育……国家鼓励集体经济组织、国家企业事业组织和其他社会力量依照法律规定举办各种教育事业。国家推广全国通用的普通话。"可见,我国《宪法》规定的幼儿园的办园主体有两类,即国家和各种社会力量。

《教育法》第二十六条规定:"国家制定教育发展规划,并举办学校及其他教育机构。国家鼓励企业事业组织、社会团体、其他社会组织及公民个人依法举办学校及其他教育机构。国家举办学校及其他教育机构,应当坚持勤俭节约的原则。以财政性经费、捐赠资产举办或者参与举办的学校及其他教育机构不得设立为营利性组织。"《民办教育促进法》第二条规定:"国家机构以外的社会组织或者个人,利用非国家财政性经费,面向社会举办学校及其他教育机构的活动,适用本法。本法未做规定的,依照教育法和其他有关教育法律执行。"

从以上规定可以看出,我国目前的法律体系确定了国家、企事业单位(组织)、社会组织(团体)、个人举办幼儿园的主体资格。其中代表国家具体实施举办幼儿园行为的是以各级人民政府为主的国家机构,这些机构利用国家财政性经费举办的幼儿园是公办幼儿园。国家机构以外的社会组织或个人,利用非国家财政性经费,面向社会举办的幼儿园是民办幼儿园。

2. 反向禁止性规定

反向禁止性规定指的是,举办幼儿园的主体除了要属于正向许可性规定的主体类型之外,还不得违背法律法规关于举办幼儿园的禁止性规定。

《教育法》第二十六条在赋予国家、企事业组织、社会团体、其他社会组织和公民举办幼儿园的主体资格的同时还规定:"以财政性经费、捐赠资产或者参与举办的学校及其他教育机构不得设立为营利性组织",也就是说,如果前述办学主体违规举办营利性幼儿园,相关管理机构有权剥夺其办学资格。

《民办教育促进法》第十条规定:"举办民办学校的社会组织,应当具有法人资格。举办民办学校的个人,应当具有政治权利和完全民事行为能力。民办学校应当具备法人条件。"换句话说,如果社会组织自身不具备法人资格,则不具备举办幼儿园的主体资格,不得举办幼儿园。个人如果被剥夺政治权利,或者是限制民事行为能力人、无民事行为能力人,都不具备举办幼儿园的主体资格,不得举办幼儿园。民办幼儿园,应该满足法人条件获得法人资格,不满足法人条件,未履行法定登记和注册程序取得法人资格的幼儿园,不是真正的幼儿园,不受法律保护,执法机关有权对其予以取缔。

(二)设立幼儿园的实体条件

《教育法》第二十七条规定:"设立学校及其他教育机构,必须具备下列基本条件:(一)有组织机构和章程;(二)有合格的教师;(三)有符合规定标准的教学场所及设施、设备等;(四)有必备的办学资金和稳定的经费来源。"幼儿园作为对3周岁以上幼儿开展保育和教育活动的机构,其设立也必须满足上述实体条件。

1. 有组织机构和章程

根据《幼儿园工作规程》和《幼儿园管理条例》的规定,幼儿园的组织机构应包括园长、教职工代表大会、保教部门、办公部门、财会部门、安全保卫部门等。幼儿园还应当建立园务委员会,园务委员会由园长、副园长、党组织负责人和保教、卫生保健、财会等方面工作人员的代表以及幼儿家长代表组成。园长任园务委员会主任。园长定期召开园务委员会会议,遇重大问题可临时召集,对规章制度的建立、修改、废除,全园工作计划,工作总结,人员奖惩,财务预算和决算方案,以及其他涉及全园工作的重要问题进行审议。除此之外,幼儿园还应当按照相关规定建立党组织,加强党组织建设,充分发挥党组织政治核心作用、战斗堡垒作用。幼儿园应当为工会、共青团等其他组织开展工作创造有利条件,充分发挥这些组织在幼儿园工作中的作用。

章程是《教育法》规定的设立幼儿园的必备条件,根据《国家教委关于实施〈中华人民共和国教育法〉若干问题的意见》要求,各级各类学校及其他教育机构,原则上应实行"一校一章程"。《教育法》施行前依法设立的学校及其他教育机构,凡未制定章程的,应当逐步制定和完善学校的章程,报主管教育行政部门核准。学校及其他教育机构依法行使办学自主权,任何单位和个人都不得非法干预,不得侵犯学校及其他教育机构的合法权益。幼儿园的章程是幼儿园一切活动的基本准则,是落实幼儿园的法律地位,实现幼儿园办学自主权的重要保障,对于幼儿园的对内管理和对外交往具有非常重大的意义。

幼儿园章程必须包含以下内容:幼儿园的名称、办园宗旨、保教工作的主要任务、幼儿园内部管理体制、教职工参与民主管理与监督的制度、财务管理制度、人事管理制度、举办者及其权利与职责、章程的修改及其他必要事项。为指导和规范各幼儿园制定章程,各地都出台了一些具体规定和参考样本,如2018年2月,成都市教育局、成都市民政局印发了《成都市社会服务机构(学校)章程》(参考样本),供成都市社会服务机构(学校)设立审批、登记和修订章程时参考。要求已核准的社会服务机构(民办非企业单位)章程,应参照样本进行自查自纠,完善法人治理结构,依法规约各方关系与运作规则;不符合法律法规规定的,应于2018年3月15日前完成整改,并按要求进行章程变更核准、备案和公告。

拓展阅读2-4

成都市社会服务机构(学校)章程
(样本)

第一章 总则

第一条 本单位(学校)的名称是＿＿＿＿＿＿＿＿＿＿＿＿＿＿＿【按照核准名称填写】。

第二条 本单位(学校)举办者是＿＿＿＿＿＿＿＿＿＿＿＿＿＿＿,利用非国家财政性经费(国有资产不超过投资的1/3)、自愿举办的非营利性社会服务(教育)活动的民办非企业单位。举办者对投入本单位(学校)的财产不保留或者享有任何财产权利,所有资产由本单位(学校)依法管理和使用。

第三条 本单位(学校)的办学宗旨:遵守宪法、法律、法规、规章和国家政策,遵守社会道德风尚,诚实守信,恪守公益性和非营利性原则,合理收费,及时披露信息,培养德、智、体等方面全面发展的社会主义事业建设者和接班人。本单位(学校)设立的目的:＿＿＿＿＿＿＿＿＿＿＿＿＿＿＿。

第四条 本单位(学校)自觉接受业务主管单位＿＿＿＿＿＿＿＿＿＿＿＿＿＿＿教育局和登记管理机关＿＿＿＿＿＿＿＿＿＿＿＿＿＿＿民政局的监督管理。

第五条 本单位(学校)依法登记的办学地址是:成都市＿＿＿＿＿＿＿＿＿＿＿＿＿＿＿区(市、县)＿＿＿＿＿＿＿＿＿＿＿＿＿＿＿街道＿＿＿＿＿＿＿＿＿＿＿＿＿＿＿号,邮政编码:＿＿＿＿＿＿＿＿＿＿＿＿＿＿＿。

第六条 本章程中的各项条款与法律、法规、规章不符的,以法律、法规、规章的规定为准。

第二章 举办者、开办资金和业务(办学)范围

第七条 本单位(学校)举办者享有下列权利：

(一)了解本单位(学校)经营状况和财务状况。

(二)推荐理(董)事(以下简称理事)和监事。

(三)有权查阅理(董)事会(以下简称理事会)会议记录和本单位(学校)财务会计报告。

……

第八条 本单位(学校)开办资金(实缴出资):_____元整:

举办者姓名/名称	出资额/万元	出资方式	出资时间	资产来源	资产性质

(注:出资方式包括资金(货币)、实物、土地使用权、知识产权以及其他财产。资产来源包括自有、租赁、接受捐赠等。资产性质包括民间、国有等。)

第九条 本单位(学校)的业务(办学)范围:

(一)办学规模:教学班_____个,在校生总数人_____。

(二)办学层次:_____【学前教育、初等教育、中等教育、非学历高等教育或非学历培训】。

(三)办学形式:招生对象为_____【学龄前儿童、小学生、初中生、高中生、高中毕业生或成人】,学习期限为_____(学年、月)。

(四)本单位(学校)性质为_____【民办普通高中、民办普通初中、民办普通小学、民办中等职业学校、民办非学历高等教育机构、民办非学历教育培训机构或民办幼儿园】。

第三章 组织管理制度

第十条 本单位(学校)设理事会,其成员为_____【5~25人奇数】人。理事会是本单位(学校)的决策机构,管理体制为理事会领导下的校(院/园)长负责制。

理事由举办者(出资者)或其代表、校长、党组织负责人、职工代表(由全体职工推举产生)等人员组成。【1/3以上的理事应当具有5年以上教育教学经验】

理事每届任期 4年,任期届满,可以连选连任。【特殊情况设定3年的,应当在章程中明确】

第十一条 理事会行使下列事项的决定权:

(一)修改本单位(学校)章程。

(二)制定发展规划及业务活动计划,批准年度工作计划。

(三)筹集办学经费,审核年度财务预算、决算方案。

(四)增加开办(出资)资金的方案。

(五)决定本单位(学校)的分立、合并或终止。

(六)聘任或者解聘校长和确认由校(院/园)长提名聘任或者解聘的副校(院/园)长及财务负责人。

(七)罢免、增补理事。

(八)内部机构的设置,决定教职工的编制定额。

(九)制定内部管理制度。

(十)从业人员的工资报酬。

(十一)本单位(学校)其他重大事项。

第十二条　理事会每年召开次会议【至少1次】。有下列情形之一,应当召开理事会会议:

(一)理事长认为必要时。

(二)1/3以上理事联名提议时。

(三)决定年度工作计划、预决算和年度总结。

(四)第十一条所涉及的内容时。

(五)本单位(学校)其他重要事宜。

第十三条　理事会设理事长1名,副理事长1—2名。理事长、副理事长由理事会以全体理事的过半数选举产生或罢免。

第十四条　副理事长协助理事长工作,理事长不能行使职权时,由理事长指定的副理事长代其行使职权。

第十五条　召开理事会会议,应于会议召开10日前将会议的时间、地点、内容等一并通知全体理事。理事因故不能出席,可以书面委托其他理事代为出席理事会,委托书必须载明授权范围。

第十六条　理事会会议应由2/3以上的理事出席方可举行。理事会会议实行无记名1人1票制。理事会作出决议,必须经全体理事2/3以上组成人员同意方可通过。

第十七条　理事会会议应当制作会议记录。形成决议的,应当当场制作会议纪要,并由出席会议的理(监)事审阅、签名。理事会决议违反法律、法规或章程规定,致使本单位(学校)遭受损失的,参与决议的理事应当承担责任。但经证明在表决时反对并记载于会议记录的,该理事可免除责任。

学校重大事项决定,理事成员签名通过的会议纪要一式三份,分别及时报送业务主管单位和登记管理机关各一份。理事会会议记录由理事长指定的人员存档保管。

第十八条　理事长行使下列职权:

(一)召集和主持理事会会议。

(二)检查理事会决议的实施情况。

(三)法律、法规和本单位(学校)章程规定的其他职权。

第十九条　本单位(学校)主要负责人(校/院/园长)对理事会负责,并行使下列职权:

(一)主持单位的日常工作,组织实施理事会的决议。

(二)组织实施单位年度业务活动计划,拟订年度工作计划、财务预算和本单位(学校)规章制度。

(三)拟订单位内部机构设置的方案。

(四)拟订内部管理制度,组织教育教学、科学研究活动,保证教育教学质量。

(五)提请聘任或解聘本单位(学校)副校(院/园)长和财务负责人。

(六)聘任或解聘内设机构负责人,聘任和解聘学校工作人员,实施奖惩。

……

第二十条　本单位(学校)设立监事会,其成员为【3人及以上奇数】人。

监事任期与理事任期相同,任期届满,连选可以连任。

监事会中应当有党组织领导班子成员。

【监事会推选1名召集人。人数较少的民办幼儿园、民办非学历教育培训机构可不设监事会,但必须设1~3名监事】。

第二十一条　监事在本单位(学校)从业人员中选举产生。

本单位(学校)理事、主要负责人及财务负责人,不得兼任监事。

第二十二条　监事会或监事行使下列职权:

(一)检查本单位(学校)财务。

(二)对本单位(学校)理事会、主要负责人违反法律、法规或章程的行为进行监督并向登记管理机关报告。

(三)当本单位(学校)理事会、负责人的行为损害本单位(学校)的利益时,要求其予以纠正并向业务主管单位和登记管理机关报告。

……

监事列席理事会会议、职工代表大会和重要行政会议。

第二十三条　监事会会议实行无记名1人1票制。监事会决议须经全体监事过半数表决通过,方为有效。

第二十四条　本单位(学校)建立员工(职工)大会制度,员工(职工)代表大会每年不得少于一次,职工代表大会行使下列职权:

(一)听取行政负责人的工作报告。

(二)审议单位的经营方针、长远和年度计划、职工培训计划。

(三)审议财务预决算。

(四)审议劳动保护措施方案、奖惩办法及其他重要的规章制度。

(五)评议、监督单位各级负责人。

第二十五条　本单位(学校)涉及下列事项,须事前(中、后)向业务主管单位和登记管理机关报告:

(一)接受境(内)外捐赠资助的。

(二)发生突发事件、事故、问题的。

(三)涉及教职工、学生切身利益和社会稳定事项的。

(四)被政府相关部门通报、查处、处罚的。

(五)组织、举办跨区域性的学术交流(研讨)、招生、展览的。

(六)组织出境考察、交流的。

(七)理事会换届或成员变更的。

(八)涉及学校筹备或正式设立、变更、终止事项的。

(九)拟对外发布广告宣传的。

(十)其他重大事项。

第四章 法定代表人

第二十六条　本单位(学校)的法定代表人为＿＿＿＿＿＿＿＿＿＿＿＿。

【法定代表人由理事长或主要负责人(校/院/园长)担任】

第二十七条　有下列情形之一的,不得担任本单位(学校)的法定代表人和主要负责人:

(一)无民事行为能力或者限制民事行为能力的。

(二)正在被执行刑罚或者正在被执行刑事强制措施的。

(三)正在被公安机关或者国家安全机关通缉的。

(四)因犯罪被判处刑罚,执行期满未逾3年,或者因犯罪被判处剥夺政治权利,执行期满未逾5年的。

(五)在民间组织担任主要负责人期间该组织被撤销登记的,自该单位被撤销登记之日起未逾3年的。

(六)任非法民间组织负责人或参与非法民间组织,其骨干人员,自该组织被取缔之日起未逾5年的。

(七)非中国内地居民的。

(八)法律、法规、规章和规范性文件规定不得担任法定代表人的其他情形。

第五章 资产管理、使用原则及劳动用工制度

第二十八条　本单位(学校)经费来源:

(一)开办(出资)资金。

(二)政府资助。

(三)在业务范围内开展服务(教育)活动的收入。

(四)利息。

(五)捐赠。

(六)其他合法收入。

第二十九条　本单位(学校)执行《民间非营利组织会计制度》,经费必须用于章程规定的业务范围和事业的发展。

本单位(学校)明确产权关系,建立健全资产管理和财务会计监督制度,依法进行会计核算,保证会计资料合法、真实、准确、完整,举办者出资、政府补助、受赠、收费、办学积累等各类资产分类登记入账,定期开展资产清查,并将清查结果向社会公布。接受税务、会计主管部门依法实施的税务监督和会计监督。

第三十条　每个会计年度结束时,学校应当从年度净资产增加额中按不低于年度净资产增加额的25%比例提取发展基金,用于学校的建设、维护和教学设备的添置更新等。

第三十一条　配备具有专业知识的会计人员。会计不得兼出纳。会计人员调动工作或离职时,必须与接管人员办清交接手续。会计、出纳实行亲属回避制,回避举办者主要成员。

第三十二条　本单位(学校)换届或更换法定代表人之前接受登记管理机关组织的财务审计。

第三十三条　本单位(学校)按照民间组织年检的有关规定,自觉按规定时间接受登记管理机关组织的年度检查;按照《民办教育促进法》以及业务主管单位相关规定报送年度报告并接受业务主管单位组织的年度检查。

第三十四条　本单位(学校)劳动者的工资、社会保险按国家法律、法规及国务院劳动保障行政部门的有关规定执行。

第六章　章程的修改、报批和发布

第三十五条　章程修正案在理事会(或其他决策机构)通过之日起5个工作日内报业务主管单位同意,同意之日起30日内报登记管理机关核准。接到核准通知后3个工作日内报业务主管单位备案,并在学校门户网站、微信公众号、App等网络平台上发布。

第七章　终止和终止后资产处理

第三十六条　本单位(学校)有下列情形之一的,应当终止:

(一)完成章程规定宗旨的,或根据章程规定要求终止并经审批机关批准的。

(二)无法按照章程规定的宗旨继续开展活动(办学)的。

(三)无债权债务自行解散(学校自己要求终止)的。

(四)被审批机关依法撤销的。

(五)被业务主管单位吊销办学许可证的。

(六)因资不抵债无法继续办学的。

……

第三十七条　本单位(学校)自行要求终止的,应当进行风险评估,经理事会表决通过,并妥善安置在校学生。

第三十八条　本单位(学校)自行终止的,在办理注销登记前,应当在登记管理机关的指导下成立清算组织,清理债权债务,依法处理剩余财产,完成清算工作。

本单位(学校)的财产按照下列顺序清偿:

(一)应退受教育者学费、杂费和其他费用。

(二)应发教职工的工资及应缴纳的社会保险费用。

(三)偿还其他债务。

剩余财产,应当按照有关法律、法规的规定处理。清算期间,不进行清算以外的活动。

第三十九条　本单位(学校)应当自完成清算之日起15日内,向审批机关申请办理终止办学手续。本单位(学校)终止后,应及时将办学许可证和印章上缴审批机关,并向登记管理机关办理注销登记。

第八章　附则

第四十条　本章程经×年×月×日理事会表决通过。

第四十一条　本章程的解释权属理事会。

第四十二条　本章程经登记管理机关核准生效。

参与表决的全体理事签名及手印(人数较多可另附页,本章程及附页文本加盖单位骑缝章。未加盖单位骑缝章的,章程及附页无效):

出席会议的全体监事会成员签字(如人数较多可另附页):

举办者盖章(举办者为自然人的,签字、摁手印):

年　月　日

2. 有合格的幼儿教师

幼儿园是对幼儿开展保育和教育活动的组织,幼儿教师会对幼儿一生的发展产生重大的影响,拥有合格的幼儿教师既是一个幼儿园成功的关键,更是设立一所幼儿园的必备条件。根据我国相关法律法规的规定,设立幼儿园必须有合格的幼儿教师,包含质量和数量两方面的合格。

在幼儿教师的质量方面,《教育法》第三十五条规定:"国家实行教师资格、职务、聘任制度,通过考核、奖励、培养和培训,提高教师素质,加强教师队伍建设"。《教师法》第十条规定:"国家实行教师资格制度。中国公民凡遵守宪法和法律,热爱教育事业,具有良好的思想品德,具备本法规定的学历或者经国家教师资格考试合格,有教育教学能力,经认定合格的,可以取得教师资格"。《教师法》第十一条第一款规定:"取得幼儿园教师资格,应当具备幼儿师范学校毕业及其以上学历"。《教师法》第十四条规定:"受到剥夺政治权利或者故意犯罪受到有期徒刑以上刑事处罚的,不能取得教师资格;已经取得教师资格的,丧失教师资格"。可见,在我国,要成为一名教师,必须符合法定条件并且取得教师资格,幼儿教师也不例外。

2018年修订的《教师资格条例》将教师资格分为幼儿教师资格、小学教师资格、初级中学教师资格、高级中学教师资格、中等职业学校教师资格、中等职业学校实习指导教师资格、高等学校教师资格七大类别,并明确规定了取得教师资格的条件和程序,包括教师资格考试、教师资格认定等具体内容。《幼儿园管理条例》第九条规定:"举办幼儿园应当具有符合下列条件的保育、幼儿教育、医务和其他工作人员:(一)幼儿园园长、教师应当具有幼儿师范学校(包括职业学校幼儿教育专业)毕业程度,或者经教育行政部门考核合格……"为提高幼儿教师的质量,切实保护幼儿的身心健康,2016年最新修订完成的《幼儿园工作规程》对幼儿教师提出了更为严格的要求,该《规程》第三十九条规定:"第三十九条幼儿园教职工应当贯彻国家教育方针,具有良好品德,热爱教育事业,尊重和爱护幼儿,具有专业知识和技能以及相应的文化和专业素养,为人师表,忠于职责,身心健康。幼儿园教职工患传染病期间暂停在幼儿园的工作。有犯罪、吸毒记录和精神病史者不得在幼儿园工作。"第四十一条又规定:"幼儿园教师必须具有《教师资格条例》规定的幼儿园教师资格,并符合本规程第三十九条规定"。

一个合格的幼儿教师,不仅要在学历和专业技能上符合相关规定,还需要有良好的职业道德。对此,教育部在2014年公布并实施了《中小学教师违反职业道德行为处理办法》,幼儿教师在其规范的范围之内[①],此后,根据社会发展教育部于2018年对该《办法》进行了修改,其中,第四条列举了十一项违反教师职业道德,应予处理的行为:

(1)在教育教学活动中及其他场合有损害党中央权威、违背党的路线方针政策的言行。

(2)损害国家利益、社会公共利益,或违背社会公序良俗。

(3)通过课堂、论坛、讲座、信息网络及其他渠道发表、转发错误观点,或编造散布虚假信息、不良信息。

(4)违反教学纪律,敷衍教学,或擅自从事影响教育教学本职工作的兼职兼薪行为。

---

① 周小虎.学前教育政策与法规[M].上海:华东师范大学出版社,2018:65.

(5)歧视、侮辱学生,虐待、伤害学生。

(6)在教育教学活动中遇突发事件、面临危险时,不顾学生安危,擅离职守,自行逃离。

(7)与学生发生不正当关系,有任何形式的猥亵、性骚扰行为。

(8)在招生、考试、推优、保送及绩效考核、岗位聘用、职称评聘、评优评奖等工作中徇私舞弊、弄虚作假。

(9)索要、收受学生及家长财物或参加由学生及家长付费的宴请、旅游、娱乐休闲等活动,向学生推销图书报刊、教辅材料、社会保险或利用家长资源谋取私利。

(10)组织、参与有偿补课,或为校外培训机构和他人介绍生源、提供相关信息。

(11)其他违反职业道德的行为。

幼儿教师有上述行为之一的,会根据此《办法》受到处分和其他处理。处分包括警告、记过、降低岗位等级或撤职、开除。警告期限为6个月,记过期限为12个月,降低岗位等级或撤职期限为24个月;是中共党员的,同时给予党纪处分;其他处理包括给予批评教育、诫勉谈话、责令检查、通报批评,以及取消在评奖评优、职务晋升、职称评定、岗位聘用、工资晋级、申报人才计划等方面的资格。取消相关资格的处理执行期限不得少于24个月。幼儿教师涉嫌违法犯罪的,及时移送司法机关依法处理。

综上所述,我们可从质量上将合格的幼儿教师的标准归纳如下:第一,符合法定学历,拥有幼儿教师或者幼儿教师资格以上教师资格证书;第二,不得有犯罪、吸毒记录和精神病史;第三,贯彻国家教育方针,具有良好品德,热爱教育事业,尊重和爱护幼儿,身心健康;第四,传染病病发期间不得在幼儿园工作。

举办一所幼儿园,要保证保教质量,幼儿园所需的教师不仅要在质量上过关,还需要在数量上符合相关规定。2013年1月,教育部印发《幼儿园教职工配备标准(暂行)》规定,幼儿园应根据服务类型、幼儿年龄和班级规模配备数量适宜的专任教师和保育员,使每位幼儿在一日生活、游戏和学习中都能得到成人适当的照顾、帮助和指导。全日制幼儿园每班配备2名专任教师和1名保育员,或配备3名专任教师;半日制幼儿园每班配备2名专任教师,有条件的可配备1名保育员。寄宿制幼儿园至少应在全日制幼儿园基础上每班增配1名专任教师和1名保育员。6个班以下的幼儿园设园长1名,6~9个班的幼儿园不超过2名园长,10个班及以上的幼儿园可设3名园长。同时,幼儿园还应根据《托儿所幼儿园卫生保健工作规范》等规定,配备炊事人员、安保人员等。全日制幼儿园全园教职工与幼儿比必须在1∶5~1∶7之间,全园保教人员与幼儿比必须在1∶7~1∶9之间;半日制幼儿园全园教职工与幼儿比必须在1∶8~1∶10之间,全园保教人员与幼儿比必须在1∶11~1∶13之间。详见表2-1和表2-2。

表2-1 不同服务类型幼儿园教职工与幼儿的配备比例

服务类型	全园教职工与幼儿比	全园保教人员与幼儿比
全日制	1∶5~1∶7	1∶7~1∶9
半日制	1∶8~1∶10	1∶11~1∶13

表 2-2　幼儿园班级规模及专任教师和保育员配备标准

年龄班	班级规模/人	全日制		半日制	
		专任教师	保育员	专任教师	保育员
小班(3~4岁)	20~25	2	1	2	有条件的应配备1名保育员
中班(4~5岁)	25~30	2	1	2	
大班(5~6岁)	30~35	2	1	2	
混龄班	<30	2	1	2~3	

3. 有符合规定标准的教学场所及设施、设备等

幼儿园的任务是贯彻国家的教育方针,按照保育与教育相结合的原则,遵循幼儿身心发展特点和规律,实施德、智、体、美等方面全面发展的教育,促进幼儿身心和谐发展,同时幼儿园还要向幼儿家长提供科学育儿指导。幼儿园工作的主要内容是组织和开展幼儿的一日活动。新修订的《幼儿园工作规程》要求,德、智、体、美等方面的教育应当互相渗透,有机结合;综合组织健康、语言、社会、科学、艺术各领域的教育内容,渗透于幼儿一日生活的各项活动中,充分发挥各种教育手段的交互作用;以游戏为基本活动,寓教育于各项活动之中;创设与教育相适应的良好环境,为幼儿提供活动和表现能力的机会与条件。因此,就要求幼儿园能在一个环境安全、设施完善、功能齐全的场所开展保教活动。我国《教育法》《未成年人保护法》《民办教育促进法》《幼儿园管理条例》《幼儿园工作规程》《国家中长期教育改革和发展规划纲要(2010-2020年)》等都对幼儿园的教学场所及设施、设备等做了相关规定。

事实上,为切实保证幼儿园的建设符合幼儿身心发展的需求,原国家教育委员会和城乡建设环境保护部早在1987年就联合颁布了《托儿所、幼儿园建筑设计规范》,原国家教育委员会和教育部也在1988年联合发布了《城市幼儿园建筑面积定额(试行)》,但这些规定由于出台较早、标准较低且规定过于笼统,已经不能适应社会的发展和新的学前教育理念与方法等对幼儿园园舍、设备和设施的要求。

新修订的《幼儿园工作规程》设专章(第六章)详细规定了幼儿园的园舍、设备:

(1)幼儿园应当按照国家的相关规定设活动室、寝室、卫生间、保健室、综合活动室、厨房和办公用房等,并达到相应的建设标准。有条件的幼儿园应当优先扩大幼儿游戏和活动空间。寄宿制幼儿园应当增设隔离室、浴室和教职工值班室等。

(2)幼儿园应当有与其规模相适应的户外活动场地,配备必要的游戏和体育活动设施,创造条件开辟沙地、水池、种植园地等,并根据幼儿活动的需要绿化、美化园地。

(3)幼儿园应当配备适合幼儿特点的桌椅、玩具架、盥洗卫生用具,以及必要的玩教具、图书和乐器等。玩教具应当具有教育意义并符合安全、卫生要求。幼儿园应当因地制宜,就地取材,自制玩教具。

(4)幼儿园的建筑规划面积、建筑设计和功能要求,以及设施设备、玩教具配备,按照国家和地方的相关规定执行。

为促进学前教育事业的改革和发展,加强幼儿园建设的科学化、规范化管理,提高幼儿园的规划设计质量和建设水平,营造适合幼儿身心健康发展的物质条件和育人环境,2016年11月,住房和城乡建设部、国家发展和改革委员会批准发布了《幼儿园建设标准》,自2017年1月

1日起施行。要求在幼儿园建设项目的审批、核准、设计和建设过程中,要严格遵守国家相关规定,认真执行建设标准。该《标准》是关于幼儿园规制、设计和建设的全国统一标准,是编制、评估和审批幼儿园建设项目建议书、可行性报告的依据,该建设标准适用于全国幼儿园新建项目,改建和扩建项目也必须参照该《标准》执行。

《幼儿园建设标准》从建设规模与项目构成、选址与规划布局、面积指标、建筑与建筑设备、主要技术经济指标等方面对幼儿园的园舍和设备进行了详细的规定。幼儿园的建设规模应根据服务人口的数量确定(见表2-3),并与区域经济发展水平相协调。

表2-3 幼儿园建设规模分类表

分 类	服务人口/人
3班(90人)	3000
6班(180人)	3001~6000
9班(270人)	5001~9000
12班(300人)	9001~12 000

注:幼儿园规模不宜超过12班,城镇幼儿园办园规模不宜少于6班,农村幼儿园宜按照行政村或自然村设置,办园规模不宜少于3班,服务人口不足3000人的,宜按3班规模人均指标设办园点。

《幼儿园建设标准》规定,幼儿园建设项目由场地、房屋建筑和建筑设备等构成。场地由室外游戏场地、集中绿地两部分组成。房屋建筑由幼儿活动用房、服务用房、附属用房三部分组成;幼儿活动用房包括班级活动单元、综合活动室等;服务用房包括办公室、保健观察室、晨检接待室、隔离室、洗涤消毒用房等;附属用房包括厨房、配电室、门卫收发室、储藏室、教职工卫生间、教师值班室、集中浴室等。建筑设备主要包括建筑给排水系统、建筑电气系统、采暖通风系统、电梯及弱电系统等。

在选址方面,《幼儿园建设标准》规定幼儿园选址应当符合下列原则:

(1)选择地质条件较好、环境适宜、空气流通、日照充足、交通方便、场地平整、排水通畅、基础设施完善、周边绿色植被丰富、符合卫生和环保要求的宜建地带。

(2)必须避开地震危险地段、可能发生地质灾害和洪水灾害的区域等不安全地带,避开输油、输气管道和高压供电走廊等。

(3)必须与铁路、高速公路、机场及飞机起降航线有足够的安全、卫生防护距离。应避开主要交通干道、建筑的阴影区等。

(4)不应与集贸市场、娱乐场所、医院传染病房、太平间、殡仪馆、垃圾中转站及污水处理站等喧闹脏乱、不利于幼儿身心健康的场所毗邻;不应与生产经营贮藏有毒有害、易燃易爆物品等危及幼儿安全的场所毗邻;不应与通信发射塔(台)等有较强电磁波辐射的场所毗邻。

(5)幼儿园不得建在高层建筑内。3班及以下规模幼儿园可设在多层公共建筑内的一至三层,应有独立院落和出入口,室外游戏场地应有防护设施。3班以上规模幼儿园不应设在多层公共建筑内。

(6)农村幼儿园宜设在集镇或毗邻乡村中小学,应避开养殖场、屠宰场、垃圾填埋场及水面等不良环境。

此外《幼儿园建设标准》还在平面布置、竖向设计、管网综合设计等方面做了详细的规定:

(1)幼儿活动用房应有良好朝向,冬至日底层满窗日照不应少于3 h。

(2) 园区道路的布置应便捷通畅，宜人车分流，竖向设计应满足无障碍要求，主要道路宽度和转弯半径应满足消防车辆通行要求。

(3) 室外地面游戏场地人均面积不应低于 4 m²。其中，共用游戏场地人均面积不应低于 2 m²，分班游戏场地人均面积不应低于 2 m²。分班游戏场地宜邻近活动室布置，其数量应至少能容纳 $n-2$ 个班（n 为全园班级数）同时游戏活动。室外地面游戏场地宜为软质地坪，应保证 1/2 以上的游戏场地冬至日日照时间不少于 2 h。

(4) 建筑组合应紧凑、集中，主要建筑之间宜有廊联系。园区绿化、美化应结合建筑布置、空间组合统一规划和建设。幼儿园绿地率不宜低于 30%。集中绿地包括专用绿地和自然生物园地，人均面积不应低于 2 m²。绿地中严禁种植有毒、带刺、有飞絮、病虫害多、有刺激性的植物。

(5) 园区主出入口不应直接设在城市主干道或过境公路干道一侧。园门外应设置人流缓冲区和安全警示标志。园区周边应设围墙。主出入口应设大门和门卫收发室。机动车与供应区出入口宜合并独立设置。

(6) 园区适宜位置应设置旗杆、旗台。

在建筑与建筑设备方面，《幼儿园建设标准》要求房屋建筑应符合国家现行幼儿园建筑设计规范相关规定，坚持安全、适用、绿色、节能、环保、经济、美观的原则，营造功能完善、适合儿童身心健康发展、寓教于乐的学前教育环境。不得建设豪华幼儿园。幼儿园的建筑宜为多层或低层建筑。《幼儿园建设标准》明确要求幼儿活动用房应符合下列规定：应设在三层及以下楼层，严禁设在地下室或半地下室；班级活动单元应满足幼儿活动、生活等功能需求；班级活动单元内不得搭建阁楼或夹层做寝室；应保证每个幼儿有一张床位，不宜设双层床，床位侧面不应紧靠外墙布置。幼儿园的建筑结构应符合国家现行建筑抗震设计规范要求，抗震设防类别不应低于重点设防类；建筑防火应符合建筑设计防火规范要求，耐火等级不应低于二级。此外，《幼儿园建设标准》在楼梯、墙面、地面、消防设备等方面都有详细规定，在此不再赘述。

为执行《幼儿园建设标准》，教育部组织东南大学建筑设计研究院有限公司编制并于 2019 年 1 月公布了《幼儿园标准设计样图》，坚持"以幼儿为本"和安全、适用、绿色、经济、美观、节约用地的原则，以图文结合的方式对《幼儿园建设标准》进行了详细的阐释和说明，作为理解和把握《幼儿园建设标准》的参考。幼儿园的选址如图 2-2 所示，幼儿活动房设计如图 2-3 所示。

除此之外，国家教委教学仪器研究所还根据幼儿园保教活动的需求，编制了《幼儿园玩教具配备目录》，供各地幼儿园配备玩教具时参考。该《目录》共列出了体育，构造类，角色、表演、游戏器具，科学启蒙玩具，音乐类，美工类，图书，挂图和卡片，电教类，劳动工具类九类玩教具，以满足对幼儿实施德、智、体、美全面发展的教育要求。力求指导幼儿园创设与教育相适应的环境，为幼儿提供活动的机会与条件。

4. 有必要的办学资金和稳定的经费来源

幼儿园保育和教育活动的开展需要必要的办学资金和稳定的经费来源，作为拥有独立法人地位的幼儿园，独立的资金也是其对外承担法律责任的物质保证。我国幼儿园的经费来源主要有举办者出资、家长缴纳的保教费用、利息以及社会捐赠等。

1）举办者出资

《幼儿园管理条例》第十条规定："举办幼儿园的单位或者个人必须具有进行保育、教育以及维修或扩建、改建幼儿园的园舍与设施的经费来源。"《幼儿园工作规程》第四十六条也规定："幼儿园的经费由举办者依法筹措，保障有必备的办园资金和稳定的经费来源。"

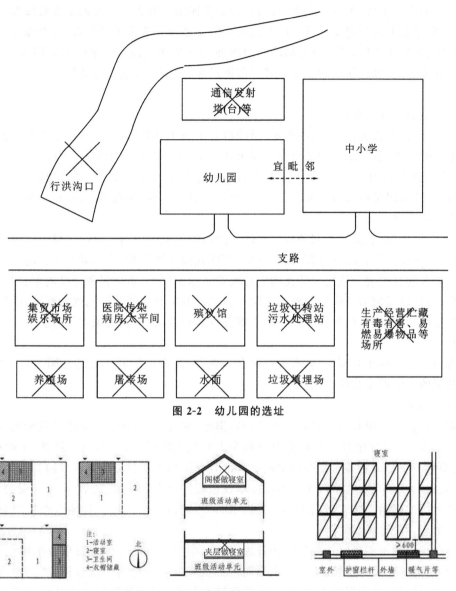

图 2-2　幼儿园的选址

图 2-3　幼儿活动房设计

注：为保证在遭遇自然灾害时幼儿能安全、迅速地脱离危险场所,幼儿活动房不应布置在四层及以上楼层,地下室或半地下室阴暗、潮湿,采光、通风条件较差,不利于幼儿的身心健康,不利于安全迅速疏散,故严禁将幼儿使用的房间布置在地下室或半地下室。

为方便幼儿的活动和班级管理,幼儿活动室、寝室、卫生间、衣帽储藏室宜设计成每班独立用的单元。

为保证班级活动单元内的采光通风、空气质量和安全疏散要求,规定不得在班级活动单元内搭设阁楼或夹层做寝室。

为防止幼儿坠落摔伤。不宜使用双层床,为防止幼儿受凉或烫伤,幼儿的身体应避免与外墙面或暖气片、壁炉、火墙等接触,床位侧面应与其保持适当距离。

幼儿园的性质不同,则其举办者不同,公办幼儿园的举办者一般来说是政府教育行政管理部门,其主要经费来源是财政拨款。民办幼儿园的举办者一般来说是个人、各类拥有法人资格的社会团体、企事业单位,其自行筹措幼儿园的办学资金和经费。国家鼓励运用金融、信贷手段支持教育事业的发展,幼儿园的举办者也可通过金融、信贷等途径筹措幼儿园的办学资金和经费。

2)家长缴纳的保教费用

根据我国现行《义务教育法》的规定,学前教育不属于义务教育阶段,需要幼儿家长为在园幼儿缴纳保教费用,这是幼儿园的重要经费来源。为规范幼儿园的收费行为,国家发改委、教育部、财政部于2011年颁布了《幼儿园收费管理暂行办法》,该《办法》明确指出,学前教育属于非义务教育,幼儿园可向入园幼儿收取保育教育费(以下简称"保教费"),对在幼儿园住宿的幼儿可以收取住宿费。

《幼儿园管理条例》第二十四条规定:"幼儿园可以依据本省、自治区、直辖市人民政府制定的收费标准,向幼儿家长收取保育费、教育费。"《幼儿园工作规程》也明确规定:"幼儿园收费按照国家和地方的有关规定执行。幼儿园实行收费公示制度,收费项目和标准向家长公示,接受社会监督,不得以任何名义收取与新生入园相挂钩的赞助费。"幼儿园的收费标准、收费程序等必须严格按照《幼儿园工作规程》《幼儿园收费管理暂行办法》等相关规定执行。

3)利息

作为独立法人的幼儿园,其自有资金可存入银行,所产生的利息是幼儿园的合法财产,可作为幼儿园的办学资金和经费来源。

4)社会捐赠

国家鼓励社会组织和个人对教育事业进行捐赠,现实中,对教育事业进行捐赠的社会团体和个人也很多。《教育法》规定,社会组织和个人对教育的捐赠,必须用于教育,不得挪用、克扣;以捐赠资产举办或者参与举办的学校及其他教育机构不得设立为营利性组织。《民办教育促进法》第四十八条规定:"第四十七条民办学校依照国家有关法律、法规,可以接受公民、法人或者其他组织的捐赠。国家对向民办学校捐赠财产的公民、法人或者其他组织按照有关规定给予税收优惠,并予以表彰。"

民办学校接受的捐赠财产的使用和管理,依照《中华人民共和国公益事业捐赠法》的有关规定执行;申请筹设民办学校,举办者应当向审批机关提交的材料中就包括"属捐赠性质的校产须提交捐赠协议,载明捐赠人的姓名、所捐资产的数额、用途和管理方法及相关有效证明文件。"民办学校可以设立基金接受捐赠财产,并依照有关法律、行政法规的规定接受监督。民办学校可以依法以捐赠者的姓名、名称命名学校的校舍或者其他教育教学设施、生活设施。捐赠者对民办学校发展作出特殊贡献的,实施高等学历教育的民办学校经国务院教育行政部门按照国家规定的条件批准,其他民办学校经省、自治区、直辖市人民政府教育行政部门或者劳动和社会保障行政部门按照国家规定的条件批准,可以以捐赠者的姓名或者名称作为学校校名。

(三)设立幼儿园的程序——登记注册

《教育法》第二十八条规定:"学校及其他教育机构的设立、变更和终止,应当按照国家有关规定办理审核、批准、注册或者备案手续。"《幼儿园管理条例》第十一条规定:"国家实行幼儿园登记注册制度,未经登记注册,任何单位和个人不得举办幼儿园。"可见,在我国设立幼儿园必须要进行登记注册。在教育法领域,登记注册制度是指教育主管部门对申请者提交的申请设立教育机构的报告进行审核,如未发现有违背法律、法规规定的情况,只要拟办的教育机构符合设置标准,都必须予以登记注册,使其取得合法地位;对违背法律、法规或不符合设置标准的,予以拒绝,并以书面形式通知申请者。① 登记注册在本质上是对设立的教育机构的法律地位的审核和确认,未进行登记注册的幼儿园,不是合法的幼儿园,不受法律保护。

1. 登记注册机关

《幼儿园管理条例》对城市幼儿园和农村幼儿园的登记注册机关进行了区分,城市幼儿园的举办、停办由所在区、不设区的市人民政府教育行政部门登记注册。农村幼儿园的举办、停办由所在乡、镇人民政府登记注册,并报县人民政府教育行政部门备案。

2. 登记注册程序

目前我国的法律、法规并未对幼儿园的登记注册程序作出统一的规定,只有《民办教育促进法》针对民办学校的登记注册程序作出了详细规定,因此本书重点阐述民办幼儿园的登记注册程序。

根据《民办教育促进法》第二章"设立"的规定,民办学校的登记注册应遵循"申请设立—审批—进行法人登记"的步骤。

1) 申请设立

申请设立阶段分为申请筹设和申请正式设立。申请筹设民办学校,举办者应当向审批机关提交下列材料:

(1) 申办报告,内容应当主要包括:举办者、培养目标、办学规模、办学层次、办学形式、办学条件、内部管理体制、经费筹措与管理使用等;

(2) 举办者的姓名、住址或者名称、地址;

(3) 资产来源、资金数额及有效证明文件,并载明产权;

(4) 属捐赠性质的校产须提交捐赠协议,载明捐赠人的姓名、所捐资产的数额、用途和管理方法及相关有效证明文件。

完成筹设,即可申请正式设立,申请正式设立民办学校的,举办者应当向审批机关提交下列材料:筹设批准书;筹设情况报告;学校章程、首届学校理事会、董事会或者其他决策机构组成人员名单;学校资产的有效证明文件;校长、教师、财会人员的资格证明文件。需要特别说明的是,具备办学条件,达到设置标准的,可以直接申请正式设立,并应当提交申请筹设应提交的全部材料以及学校章程、首届学校理事会、董事会或者其他决策机构组成人员名单;学校资产的有效证明文件;校长、教师、财会人员的资格证明文件。

2) 审批

对申请筹设幼儿园的,审批机关应当自受理筹设民办学校的申请之日起三十日内以书面形式作出是否同意的决定。同意筹设的,发给筹设批准书。不同意筹设的,应当说明理由。筹设期不得超过三年。超过三年的,举办者应当重新申报。申请正式设立幼儿园的,审批机关应当自受理之日起三个月内以书面形式作出是否批准的决定,并送达申请人;其中申请正式设立民办高等学校的,审批机关也可以自受理之日起六个月内以书面形式作出是否批准的决定,并送达申请人。

---

① 周小虎.学前教育政策与法规[M].上海:华东师范大学出版社,2018:71.

审批机关对批准正式设立的民办学校发给办学许可证。审批机关对不批准正式设立的,应当说明理由。

3)进行法人登记

民办幼儿园取得办学许可证后,进行法人登记,登记机关应当依法予以办理。民办幼儿园的举办者可以自主选择设立非营利性或者营利性民办幼儿园。非营利性民办幼儿园的举办者不得取得办学收益,幼儿园的办学结余全部用于办学。营利性民办幼儿园的举办者可以取得办学收益,幼儿园的办学结余依照公司法等有关法律、行政法规的规定处理。

根据《民办学校分类登记实施细则》的规定,正式批准设立的非营利性民办幼儿园,符合《民办非企业单位登记管理暂行条例》等民办非企业单位登记管理有关规定的到民政部门登记为民办非企业单位,符合《事业单位登记管理暂行条例》等事业单位登记管理有关规定的到事业单位登记管理机关登记为事业单位。正式批准设立的营利性民办幼儿园,依据法律法规规定的管辖权限到工商行政管理部门办理登记。登记管理机关对符合登记条件的民办学校,依法依规予以登记,并核发登记证或者营业执照;对不符合登记条件的,不予登记,并以书面形式向申请人说明理由。

二、幼儿园的管理与运行

幼儿园的成功设立只是办园之路的第一步,一个成功的幼儿园应当制定科学合理的管理制度,按照相关规定开展幼儿园的各项工作,实现幼儿园的顺利运行。

(一)幼儿园的管理

幼儿园的管理是指,幼儿园在开展具体工作时,内部各部门之间的相互关系与相互作用的方式。

1. 园长负责制

园长负责制是指,幼儿园园长在举办者和教育行政部门的领导下,在党支部的保证监督、教职工的民主参与管理下,全面负责幼儿园保育教育和行政管理工作,共同实现幼儿园工作目标的一种基本管理制度。① 根据《幼儿园管理条例》的规定,幼儿园园长负责幼儿园的工作。幼儿园园长由举办幼儿园的单位或个人聘任,并向幼儿园的登记注册机关备案。幼儿园的教师、医师、保健员、保育员和其他工作人员,由幼儿园园长聘任,也可由举办幼儿园的单位或个人聘任。《幼儿园工作规程》也规定,幼儿园实行园长负责制。幼儿园应当建立园务委员会。园务委员会由园长、副园长、党组织负责人和保教、卫生保健、财会等方面工作人员的代表以及幼儿家长代表组成。园长任园务委员会主任。园长定期召开园务委员会会议,遇重大问题可临时召集,对规章制度的建立、修改、废除、全园工作计划、工作总结、人员奖惩、财务预算和决算方案,以及其他涉及全园工作的重要问题进行审议。幼儿园园长应当贯彻国家教育方针,具有良好品德、热爱教育事业、尊重和爱护幼儿,具有专业知识和技能以及相应的文化和专业素养,为人师表,忠于职责,身心健康;并应当具有《教师资格条例》规定的教师资格、具备大专以上学历、有三年以上幼儿园工作经历和一定的组织管理能力,并取得幼儿园园长岗位培训合格证书。《全国幼儿园园长任职资格、职责和岗位要求(试行)》则更为详细地阐释了园长负责制

---

① 王普华.幼儿园管理[M].北京:高等教育出版社,2005:115.

的内容。

总体而言,幼儿园园长负责幼儿园的工作,其主要职责如下:

(1)贯彻执行国家的有关法律、法规、方针、政策和地方的相关规定,负责建立并组织执行幼儿园的各项规章制度;

(2)负责保育教育、卫生保健、安全保卫工作;

(3)负责按照有关规定聘任、调配教职工,指导、检查和评估教师以及其他工作人员的工作,并给予奖惩;

(4)负责教职工的思想工作,组织业务学习,并为他们的学习、进修、教育研究创造必要的条件;

(5)关心教职工的身心健康,维护他们的合法权益,改善他们的工作条件;

(6)组织管理园舍、设备和经费;

(7)组织和指导家长工作;

(8)负责与社区的联系和合作。

2. 幼儿园的党组织

幼儿园应当加强党组织建设,充分发挥党组织政治核心作用、战斗堡垒作用。幼儿园应当为工会、共青团等其他组织开展工作创造有利条件,充分发挥其在幼儿园工作中的作用。根据《中国共产党支部工作条例(试行)》的规定,党支部设置一般以单位、区域为主,以单独组建为主要方式。企业、农村、机关、学校、科研院所、社区、社会组织、人民解放军和武警部队连(中)队以及其他基层单位,凡是有正式党员3人以上的,都应当成立党支部。幼儿园也应按照相关规定建立党组织,开展党组织活动,履行直接教育党员、管理党员、监督党员和组织群众、宣传群众、凝聚群众、服务群众的职责。

3. 幼儿园的教职工大会

《教育法》第三十一条规定:"学校及其他教育机构应当按照国家有关规定,通过以教师为主体的教职工代表大会等组织形式,保障教职工参与民主管理和监督。"幼儿园应当建立教职工大会制度或者教职工代表大会制度,依法加强民主管理和监督。

教职工大会通常履行以下职权:

(1)听取学校章程草案的制定和修订情况报告,提出修改意见和建议;

(2)听取学校发展规划、教职工队伍建设、教育教学改革、校园建设以及其他重大改革和重大问题解决方案的报告,提出意见和建议;

(3)听取学校年度工作、财务工作、工会工作报告以及其他专项工作报告,提出意见和建议;

(4)讨论通过学校提出的与教职工利益直接相关的福利、校内分配实施方案以及相应的教职工聘任、考核、奖惩办法;

(5)审议学校上一届(次)教职工大会提案的办理情况报告;

(6)按照有关工作规定和安排评议学校领导干部;

(7)通过多种方式对学校工作提出意见和建议,监督学校章程、规章制度和决策的落实,提出整改意见和建议;

(8)讨论法律法规规章规定的以及学校与学校工会商定的其他事项。

此外,民办学校的教师和其他工作人员,有权依照工会法建立工会组织,维护其合法权益。

幼儿园应当制订年度工作计划,定期部署、总结和报告工作。每学年年末应当向教育行政主管部门报告工作,必要时随时报告。幼儿园应当接受上级教育、卫生、公安、消防等部门的检查、监督和指导,如实报告工作和反映情况。幼儿园应当依法接受教育督导部门的督导。幼儿园应当建立业务档案、财务管理、园务会议、人员奖惩、安全管理以及与家庭、小学联系等制度。幼儿园应当建立信息管理制度,按照规定采集、更新、报送幼儿园管理信息系统的相关信息,每年向主管教育行政部门报送统计信息。幼儿园教师依法享受寒暑假期的带薪休假。幼儿园应当创造条件,在寒暑假期间,安排工作人员轮流休假。具体办法由举办者制定。

(二)幼儿园的运行

根据《幼儿园工作规程》以及幼儿园保教工作开展的实际情况,幼儿园的运行主要包含以下内容:

1. 幼儿入园与编班

幼儿园每年秋季招生。平时如有缺额,可随时补招。幼儿园对烈士子女、家中无人照顾的残疾人子女、孤儿、家庭经济困难幼儿、具有接受普通教育能力的残疾儿童等入园,按照国家和地方的有关规定予以照顾。

企业、事业单位和机关、团体、部队设置的幼儿园,除招收本单位工作人员的子女外,应当积极创造条件向社会开放,招收附近居民子女入园。幼儿入园前,应当按照卫生部门制定的卫生保健制度进行健康检查,合格者方可入园。幼儿入园除进行健康检查外,禁止任何形式的考试或测查。

幼儿园规模应当有利于幼儿身心健康,便于管理,一般不超过360人。幼儿园每班幼儿人数一般为:小班(3周岁至4周岁)25人,中班(4周岁至5周岁)30人,大班(5周岁至6周岁)35人,混合班30人。寄宿制幼儿园每班幼儿人数酌减。幼儿园可以按年龄分别编班,也可以混合编班。

2. 幼儿园的安全

幼儿园应当严格执行国家和地方幼儿园安全管理的相关规定,建立健全门卫、房屋、设备、消防、交通、食品、药物、幼儿接送交接、活动组织和幼儿就寝值守等安全防护和检查制度,建立安全责任制和应急预案。

幼儿园的园舍应当符合国家和地方的建设标准,以及相关安全、卫生等方面的规范,定期检查维护,保障安全。幼儿园不得设置在污染区和危险区,不得使用危房。幼儿园的设备设施、装修装饰材料、用品用具和玩教具材料等,应当符合国家相关的安全质量标准和环保要求。入园幼儿应当由监护人或者其委托的成年人接送。

幼儿园应当严格执行国家有关食品药品安全的法律法规,保障饮食饮水卫生安全。幼儿园教职工必须具有安全意识,掌握基本急救常识和防范、避险、逃生、自救的基本方法,在紧急情况下应当优先保护幼儿的人身安全。

幼儿园应当把安全教育融入一日生活,并定期组织开展多种形式的安全教育和事故预防演练。幼儿园应当结合幼儿年龄特点和接受能力开展反家庭暴力教育,发现幼儿遭受或者疑似遭受家庭暴力的,应当依法及时向公安机关报案。幼儿园应当投保校方责任险。

3. 幼儿园的卫生保健

幼儿园必须切实做好幼儿生理和心理卫生保健工作。幼儿园应当严格执行《托儿所幼儿园卫生保健管理办法》以及其他有关卫生保健的法规、规章和制度。幼儿园应当制定合理的幼儿一日生活作息制度。正餐间隔时间为3.5—4小时。在正常情况下,幼儿户外活动时间(包括户外体育活动时间)每天不得少于2小时,寄宿制幼儿园不得少于3小时;高寒、高温地区可酌情增减。

幼儿园应当建立幼儿健康检查制度和幼儿健康卡或档案。每年体检一次,每半年测身高、视力一次,每季度量体重一次;注意幼儿口腔卫生,保护幼儿视力。幼儿园对幼儿健康发展状况定期进行分析、评价,及时向家长反馈结果。幼儿园应当关注幼儿心理健康,注重满足幼儿的发展需要,保持幼儿积极的情绪状态,让幼儿感受到尊重和接纳。

幼儿园应当建立卫生消毒、晨检、午检制度和病儿隔离制度,配合卫生部门做好计划免疫工作。幼儿园应当建立传染病预防和管理制度,制定突发传染病应急预案,认真做好疾病防控工作。幼儿园应当建立患病幼儿用药的委托交接制度,未经监护人委托或者同意,幼儿园不得给幼儿用药。幼儿园应当妥善管理药品,保证幼儿用药安全。幼儿园内禁止吸烟、饮酒。

供给膳食的幼儿园应当为幼儿提供安全卫生的食品,编制营养平衡的幼儿食谱,定期计算和分析幼儿的进食量和营养素摄取量,保证幼儿合理膳食。幼儿园应当每周向家长公示幼儿食谱,并按照相关规定进行食品留样。幼儿园应当配备必要的设备设施,及时为幼儿提供安全卫生的饮用水。幼儿园应当培养幼儿良好的大小便习惯,不得限制幼儿便溺的次数、时间等。

幼儿园应当积极开展适合幼儿的体育活动,充分利用日光、空气、水等自然因素以及本地自然环境,有计划地锻炼幼儿肌体,增强身体的适应和抵抗能力。正常情况下,每日户外体育活动不得少于1小时。幼儿园在开展体育活动时,应当对体弱或有残疾的幼儿予以特殊照顾。幼儿园夏季要做好防暑降温工作,冬季要做好防寒保暖工作,防止中暑和冻伤。

4. 幼儿园的教育

幼儿园教育应当贯彻以下原则和要求:

(1)德、智、体、美等方面的教育应当互相渗透,有机结合。

(2)遵循幼儿身心发展规律,符合幼儿年龄特点,注重个体差异,因人施教,引导幼儿个性健康发展。

(3)面向全体幼儿,热爱幼儿,坚持积极鼓励、启发引导的正面教育。

(4)综合组织健康、语言、社会、科学、艺术各领域的教育内容,渗透于幼儿一日生活的各项活动中,充分发挥各种教育手段的交互作用。

(5)以游戏为基本活动,寓教育于各项活动之中。

(6)创设与教育相适应的良好环境,为幼儿提供活动和表现能力的机会与条件。

教育工作是幼儿园的主要工作,本书将在第三章做详细讲解。

5. 幼儿园的园舍、设备

幼儿园应当按照国家的相关规定设活动室、寝室、卫生间、保健室、综合活动室、厨房和办公用房等,并达到相应的建设标准。有条件的幼儿园应当优先扩大幼儿游戏和活动空间。寄宿制幼儿园应当增设隔离室、浴室和教职工值班室等。

幼儿园应当有与其规模相适应的户外活动场地,配备必要的游戏和体育活动设施,创造条件开辟沙地、水池、种植园地等,并根据幼儿活动的需要绿化、美化园地。幼儿园应当配备适合幼儿特点的桌椅、玩具架、盥洗卫生用具,以及必要的玩教具、图书和乐器等。玩教具应当具有教育意义并符合安全、卫生要求。幼儿园应当因地制宜,就地取材,自制玩教具。

幼儿园的建筑规划面积、建筑设计和功能要求，以及设施设备、玩教具配备，按照国家和地方的相关规定执行。

6. 幼儿园的教职工

幼儿园按照国家相关规定设园长、副园长、教师、保育员、卫生保健人员、炊事员和其他工作人员等岗位，配足配齐教职工。幼儿园教职工应当贯彻国家教育方针，具有良好品德，热爱教育事业，尊重和爱护幼儿，具有专业知识和技能以及相应的文化和专业素养，为人师表，忠于职责，身心健康。幼儿园教职工患传染病期间暂停在幼儿园的工作。有犯罪、吸毒记录和精神病史者不得在幼儿园工作。

关于幼儿园园长的任职条件、职责等前文已经介绍；关于幼儿教师的任职条件、职责等将在本书第三章详细介绍，故此处仅介绍保育员、卫生保健人员。

1）保育员

保育员应当符合《幼儿园工作规程》第三十九条规定，并应当具备高中毕业以上学历，受过幼儿保育职业培训。

幼儿园保育员的主要职责如下：

(1) 负责本班房舍、设备、环境的清洁卫生和消毒工作；

(2) 在教师指导下，科学照料和管理幼儿生活，并配合本班教师组织教育活动；

(3) 在卫生保健人员和本班教师指导下，严格执行幼儿园安全、卫生保健制度；

(4) 妥善保管幼儿衣物和本班的设备、用具。

2）卫生保健人员

幼儿园卫生保健人员除符合《幼儿园工作规程》第三十九条规定外，医师应当取得卫生行政部门颁发的《医师执业证书》；护士应当取得《护士执业证书》；保健员应当具有高中毕业以上学历，并经过当地妇幼保健机构组织的卫生保健专业知识培训。

幼儿园卫生保健人员对全园幼儿身体健康负责，其主要职责如下：

(1) 协助园长组织实施有关卫生保健方面的法规、规章和制度，并监督执行；

(2) 负责指导调配幼儿膳食，检查食品、饮水和环境卫生；

(3) 负责晨检、午检和健康观察，做好幼儿营养、生长发育的监测和评价；定期组织幼儿健康体检，做好幼儿健康档案管理；

(4) 密切与当地卫生保健机构的联系，协助做好疾病防控和计划免疫工作；

(5) 向幼儿园教职工和家长进行卫生保健宣传和指导；

(6) 妥善管理医疗器械、消毒用具和药品。

7. 幼儿园的经费

幼儿园的经费由举办者依法筹措，保障有必备的办园资金和稳定的经费来源。按照国家和地方相关规定接受财政扶持的提供普惠性服务的国有企事业单位办园、集体办园和民办园等幼儿园，应当接受财务、审计等有关部门的监督检查。

幼儿园收费按照国家和地方的有关规定执行。幼儿园实行收费公示制度，收费项目和标准向家长公示，接受社会监督，不得以任何名义收取与新生入园相挂钩的赞助费。幼儿园不得以培养幼儿某种专项技能、组织或参与竞赛等为由，另外收取费用；不得以营利为目的组织幼儿表演、竞赛等活动。

幼儿园的经费应当按照规定的使用范围合理开支，坚持专款专用，不得挪作他用。幼儿园举办者筹措的经费,应当保证保育和教育的需要,有一定比例用于改善办园条件和开展教职工培训。

幼儿膳食费应当实行民主管理制度,保证全部用于幼儿膳食,每月向家长公布账目。幼儿园应当建立经费预算和决算审核制度,经费预算和决算应当提交园务委员会审议,并接受财务和审计部门的监督检查。幼儿园应当依法建立资产配置、使用、处置、产权登记、信息管理等管理制度,严格执行有关财务制度。

 拓展阅读 2-5

幼儿园收费管理暂行办法(节选)

(为加强幼儿园收费管理工作,规范幼儿园收费行为,保障受教育者和幼儿园的合法权益,国家发展和改革委员会、教育部、财政部于 2011 年 12 月 31 日以发改价格〔2011〕3207 号印发了《幼儿园收费管理暂行办法》共 24 条,自发布后 30 日施行。)

……

第二条　本办法适用于中华人民共和国境内所有经教育行政主管部门依法批准的公办和民办全日制、寄宿制、半日制幼儿园及小学附设的学前班、幼儿班(以下简称"幼儿园")。

第三条　学前教育属于非义务教育,幼儿园可向入园幼儿收取保育教育费(以下简称"保教费"),对在幼儿园住宿的幼儿可以收取住宿费。

第四条　公办幼儿园的保教费、住宿费收入纳入行政事业性收费管理,民办幼儿园的保教费、住宿费收入纳入经营服务性收费管理。

第五条　制定或调整公办幼儿园保教费标准,由省级教育行政部门根据当地城乡经济发展水平、办园成本和群众承受能力等实际情况提出意见,经省级价格主管部门、财政部门审核后,三部门共同报省级人民政府审定。

制定或调整公办幼儿园住宿费标准,由当地教育行政部门提出意见,报当地价格主管部门会同财政部门审批。

第六条　提出制定或调整公办幼儿园保教费标准意见时,应提交下列材料:

(一)申请制定或调整收费标准的具体项目;

(二)现行收费标准和申请制定的收费标准或拟调整收费标准的幅度,以及年度收费额和调整后的收费增减额;

(三)申请制定或调整收费标准的依据和理由;

(四)申请制定或调整收费标准对幼儿家长负担及幼儿园收支的影响;

(五)价格主管部门、财政部门要求提供的其他材料。

上述材料应当真实有效。

……

第十一条　……幼儿园不得收取书本费。

第十二条　幼儿园除收取保教费、住宿费及省级人民政府批准的服务性收费、代收费外,不得再向幼儿家长收取其他费用。

幼儿园不得在保教费外以开办实验班、特色班、兴趣班、课后培训班和亲子班等特色教育为名向幼儿家长另行收取费用,不得以任何名义向幼儿家长收取与入园挂钩的赞助费、捐资助学费、建校费、教育成本补偿费等费用。

……

8. 幼儿园、家庭与社区

幼儿园应当主动与幼儿家庭沟通合作,为家长提供科学育儿宣传指导,帮助家长创设良好的家庭教育环境,共同担负教育幼儿的任务。

幼儿园应当建立幼儿园与家长联系的制度。幼儿园可采取多种形式,指导家长正确了解幼儿园保育和教育的内容、方法,定期召开家长会议,并接待家长的来访和咨询。幼儿园应当认真分析、吸收家长对幼儿园教育与管理工作的意见与建议。幼儿园应当建立家长开放日制度。

幼儿园应当成立家长委员会。家长委员会的主要任务是:对幼儿园重要决策和事关幼儿切身利益的事项提出意见和建议;发挥家长的专业和资源优势,支持幼儿园保育教育工作;帮助家长了解幼儿园工作计划和要求,协助幼儿园开展家庭教育指导和交流。家长委员会在幼儿园园长指导下工作。

幼儿园应当加强与社区的联系与合作,面向社区宣传科学育儿知识,开展灵活多样的公益性早期教育服务,争取社区对幼儿园的多方面支持。

拓展阅读 2-6

成都市龙泉驿区 2019 年关停 10 所无证幼儿园

2019 年 1 月,成都市龙泉驿区教育局联合区市场监管、公安、消防等部门启动第二批无证幼儿园专项整治行动,龙泉驿区 10 所无证幼儿园将被依法关停。

因无证幼儿园有条件简陋、设施不全、师资薄弱、管理不规范、卫生条件差、保教质量低等问题,在园幼儿的生命安全和身心健康难以得到有效保障。据了解,龙泉驿区 2017 年就已责令关停西河、洛带、龙泉片区 10 所无证无照幼儿园。此次关停的 10 所幼儿园已是第二批,分别是洛带镇 2 所:洛带金贝幼儿园(槐树北街 100 号)、蓉兴幼儿园(双兴北街 88 号)。十陵街道 6 所:和平三幼(宜平路 89 号)、十陵和平三幼(青龙村)、鸿华幼儿园(来龙村 9 组 18 号)、小天才幼儿园(太平村 10 组)、来龙教育中心(灵龙西路)、金色摇篮幼儿园(农平路 514 号)。黄土镇 2 所:永丰村幼儿园(永丰村 3 组)、智慧星儿童乐园(均安路 1 号)。

在清理整顿无证无照幼儿园的同时,龙泉驿区也在加速推进"学位攻坚"行动,提升城市功能品质,满足群众学位需要。据了解,2017 年至 2018 年,龙泉驿区共启动建设包括洛带镇幼儿园在内的公办幼儿园 11 所,新增学位 4050 个。目前,黄土镇幼儿园、阙家幼儿园、成大附幼、双碑幼儿园、三桥幼儿园已经投入使用,其他幼儿园正在加紧推进,部分已进入扫尾阶段。

按照成都市中心城区基本公共服务设施"三年攻坚"行动任务目标,2019 年,龙泉驿区还计划在龙泉街道、山泉镇、十陵街道新建 3 所幼儿园,预计新增学位 900 个;2020 年,计划在同安街道、大面街道、龙泉街道新建 3 所幼儿园,预计新增学位 900 个。

第三节 幼儿园的权利与义务

权利和义务关系是最基本的法律关系。权利意味着法律关系主体可以针对客体要求他人作出某一特定行为;义务意味着主体必须响应他人的要求,针对客体作出某一特定的行为[①]。幼儿园的权利是指法律赋予幼儿园的,可以针对客体要求他人作出某一特定行为的权利,有广义和狭义之分。广义的幼儿园的权利是指,幼儿园在所有法律关系中所实际存在的一切权利,包括民事权利、教育权利等。狭义的幼儿园的权利是指,作为教育机构的幼儿园所享有的在教育活动中依法享有的权利,即"办学自主权",这是幼儿园的基本权利。

一、幼儿园的权利

(一)幼儿园的民事权利

民事权利是法律赋予民事主体享有的利益范围和实施一定行为或不为一定行为以实现某种利益的意志,包括:权利人直接享有的某种利益(如人身权)和通过一定行为获得的利益(如财产权);权利人自己为一定行为或不为一定行为和请求他人为一定行为或不为一定行为,以保证其享有或实现某种利益;在权利受到侵犯时,能够请求有关国家机关予以保护。

在中国,民事权利具有三个基本特点:平等性,每个公民不分年龄、性别、民族、宗教信仰、职业、地位等,都享有平等的民事权利;连续性,公民的民事权利从其出生至其死亡,法人的民事权利从其成立至其消灭,自始至终都享有法定的民事权利;真实性,由于我国社会主义强大的物质基础,使民事主体所享有的民事权利能够得以真实实现。幼儿园作为独立法人,拥有我国法律赋予法人的所有民事权利,主要包括财产权和人格权。

1. 财产权

财产权在指,以经济利益为内容,直接体现经济利益的民事权利。财产权主要包括物权(包括所有权、用益物权、担保物权)、债权、知识产权(包括商标权、专利权、著作财产权)。幼儿园作为独立的法人,对其合法财产享受完整的财产权,幼儿园的财产是幼儿园开展保教活动的基础,任何侵犯幼儿园财产权的行为都将受到法律的制裁。

2. 人格权

人格权是指,民事主体所固有的且由法律直接赋予民事主体所享有的各种人身权利。《民法总则》第一百一十条第二款规定:"法人、非法人组织享有名称权、名誉权、荣誉权等权利。"幼儿园作为独立的法人,也依法享有名称权、名誉权和荣誉权等人格权,侵犯幼儿园的人格权要承担相应的法律责任,人格权被侵害的幼儿园有权要求侵权人停止侵害、恢复名誉、消除影响、赔礼道歉,并可以要求侵权人赔偿损失。

---

① 付子堂.法理学初阶[M].北京:法律出版社,2005:174.

拓展阅读 2-7

东方新城幼儿园是 H 市一所著名的民办幼儿园。2014 年 6 月,东方新城业主李某在自己孩子报名入园遭拒后,遂在自己的微博、微信及网站论坛上发各种中伤幼儿园的帖子。其中,帖子《入东方新城幼儿园,孩子噩梦的开始》捏造了该园教师虐童的种种事例,引起了网民的高度关注和评论,被转发 30 多万次,东方新城幼儿园也因此被置于风口浪尖之中,不少报名入园的家长纷纷要求退园。幼儿园以李某侵犯其名誉权为由将李某诉至法院,法院判令李某于判决生效之日起十五日内撤销中伤幼儿园的帖子,并在报纸上刊登"道歉声明"两次,以给幼儿园恢复名誉、消除影响,并赔偿幼儿园经济损失 30 000 元人民币。

(二)幼儿园的教育权利

幼儿园的教育权利是指,幼儿园作为对 3~6 岁儿童开展保育和教育活动的教育机构,根据我国教育法律法规所享有的在教育上的权利。根据《教育法》第二十九条的规定,幼儿园享有以下教育权利:

1. 自主管理权

《教育法》第二十九条第一款规定,幼儿园有按照章程自主管理的权利。幼儿园章程是设立幼儿园的必备条件,也是幼儿园管理和运行的"宪法"。幼儿园各项工作包括幼儿园的名称、办园宗旨、保教工作的主要任务、幼儿园内部管理体制、教职工参与民主管理与监督的制度、财务管理制度、人事管理制度、举办者及其权利与职责、章程的修改等事项都必须遵循幼儿园章程的规定,在这些领域内幼儿园可根据章程行使自主管理权,不必向主管单位或上级部门请示汇报。

需要特别指出的是,幼儿园的自主管理权并不意味着幼儿园可以不受任何约束。幼儿园各项工作的开展不能违背《教育法》《幼儿园管理条例》《幼儿园工作规程》等法律、法规的规定,同时必须依法接受主管部门的管理和监督。

2. 组织实施教育教学活动权

《教育法》第二十九条第二款规定,学校具有组织实施教育教学活动的权利,具体到幼儿园来讲就是组织实施保教活动的权利。

保教活动是幼儿园一日活动的核心,幼儿园有权根据《幼儿园教育指导纲要(试行)》《国务院关于当前发展学前教育的若干意见》《中国儿童发展纲要(2011—2020 年)》《3—6 岁儿童学习与发展指南》等文件的规定,结合自己的办园宗旨、任务、特色,自行安排保教活动。例如《幼儿园教育指导纲要(试行)》规定"幼儿园的教育内容是全面的、启蒙性的,可以相对划分为健康、语言、社会、科学、艺术等五个领域,也可做其他不同的划分。各领域的内容相互渗透,从不同的角度促进幼儿情感、态度、能力、知识、技能等方面的发展"。因此,幼儿园应该从健康、语言、社会、科学、艺术五个领域出发,设计和安排保教活动。

同时,幼儿园组织实施教育教学活动还不得违背《教育法》《幼儿园管理条例》《幼儿园工作规程》等法律、法规的规定。

3. 招生权

根据《教育法》第二十九条第三款规定,学校及其他教育机构有权行使招收学生或者其他受教育者权。

幼儿园的招生权是指,幼儿园根据自己的办学宗旨、培养目标、任务及办学条件和能力,依据国家招生政策、法规、规章和直接主管部门的具体规定,可以自行制定详细的招生办法,并对外发布招生公告、进行招生宣传,确定招生范围,最终确定招生总人数和具体招生人员[①]。幼儿园的招生活动不受非法干涉。

幼儿园需依法行使自主招生权,《幼儿园管理条例》第十四条规定:"幼儿园的招生、编班应当符合教育行政部门的规定。"许多地方都对幼儿园招生进行了详细的规定,如 2019 年 4 月,山东省教育厅印发《关于做好 2019 年普通中小学幼儿园招生入学入园工作的通知》,该《通知》规定招生热点区域和热点幼儿园,可以探索电脑派位、随机录取等方式,做到公平、公正、公开。

为保障幼儿健康及学前教育的公平性,《幼儿园工作规程》规定,幼儿入园前,应当按照卫生部门制定的卫生保健制度进行健康检查,合格者方可入园。幼儿入园除进行健康检查外,禁止任何形式的考试或测查。

幼儿园违规招生,要承担相应的法律责任。《教育法》明确规定,学校或者其他教育机构违反国家有关规定招收学生的,由教育行政部门或者有关行政部门责令退回招收的学生,退还所收费用;对学校、其他教育机构给予警告,可以处违法所得五倍以下罚款;情节严重的,责令停止相关招生资格一年以上三年以下,直至撤销招生资格、吊销办学许可证;对直接负责的主管人员和其他直接责任人员,依法给予处分;构成犯罪的,依法追究刑事责任。在招收学生工作中徇私舞弊的,由教育行政部门或者有关行政部门责令退回招收的人员;对直接负责的主管人员和其他直接责任人员,依法给予处分;构成犯罪的,依法追究刑事责任。

4. 对受教育者进行学籍管理,实施奖励或者处分权

根据《教育法》第二十九条第四款规定,学校及其他教育机构有权对受教育者进行学籍管理,实施奖励或者处分。幼儿园作为开展学前教育的机构,享有学籍管理权。

学籍制度是指,以学生居民身份证号为基础进行编码,从幼儿园入园或小学入学初次采集学籍信息后开始使用,一人一号,籍随人走,基础教育、高等教育、职业教育、成人教育有机衔接,终身不变。2013 年 9 月 1 日起,教育部颁布的《中小学生学籍管理办法》正式实施,标志着全国统一的学籍信息管理制度正式建立,同时启用了全国中小学生学籍信息管理系统。此后,教育部在 2015 年建立了全国学前教育管理信息系统,在园幼儿需陆续在系统建立学籍,通过电子学籍系统申请学籍号,以幼儿身份证号为基础进行统一编码,实行全国幼儿"一人一号"。孩子读完幼儿园进入小学,学籍将自动升到小学,入读小学后就只需录入孩子在幼儿园的学籍号。

需要特别指出的是,《中小学生学籍管理办法》仅适用于我国各类小学、初中、普通高中、特殊教育学校、工读学校和在这些学校就读的学生,并未明确规定不具备幼儿园学籍则不能取得小学学籍。幼儿园应根据法律、法规和其他规定,编制和保存幼儿综合档案。

幼儿园有权对幼儿进行奖励,包括精神奖励和物质奖励。通常认为,幼儿园只拥有对幼

---

① 周小虎.学前教育政策与法规[M].上海:华东师范大学出版社,2018:44.

进行奖励的权利,没有处分幼儿的权利。

5. 聘任教师及其他职工,实施奖励或者处分权

根据《教育法》第二十九条第六款规定,学校及其他教育机构有权聘任教师及其他职工,实施奖励或者处分,也就是幼儿园拥有人事管理权。

幼儿园的人事管理权包括幼儿园工作人员的选拔、录用、培训、工作福利、监督、退休、奖励、处罚等各项制度。新中国成立以后,我国的教师人事制度经历了从任命制到聘任制的转变,教育行政管理部门不再直接向各学校和教育机构任命教师。《幼儿园管理条例》规定,幼儿园园长由举办幼儿园的单位或个人聘任,并向幼儿园的登记注册机关备案。幼儿园的教师、医师、保健员、保育员和其他工作人员,由幼儿园园长聘任,也可由举办幼儿园的单位或个人聘任。因此,幼儿园有权按照自己的办学需求自主聘任教师及其他工作人员,其所聘任的教师及其他工作人员必须符合《教育法》《幼儿园管理条例》《幼儿园工作规程》的相关规定。

幼儿园有权与受聘人员平等协商,按照我国《劳动法》《劳动合同法》的规定订立劳动合同,约定工作内容、工资待遇、休息休假等。劳动合同约定的聘用期满后,幼儿园与工作人员可继续签订劳动合同,在续聘时,双方可就工资待遇等问题重新协商,并写入续聘合同。若劳动合同到期,双方未进行续签,则幼儿园与工作人员的劳动关系解除。在劳动合同到期之前,如果存在《劳动合同法》规定的劳动用人单位或劳动者可单方面解除劳动合同的情形,则幼儿园或幼儿园教职工可提前解除劳动关系,否则将会承担相应的法律责任。

同时,在幼儿园的教职工当中,对改善幼儿园的办园条件成绩显著的,保育、教育工作成绩显著的,幼儿园管理工作成绩显著的应当依法予以奖励。

6. 管理、使用本单位的设施和经费权

根据《教育法》第二十九条第七款规定,幼儿园有管理、使用本单位的设施和经费的权利。

幼儿园作为独立的法人,有权对其合法占有的场地、教室、玩教具等设施设备、办学经费等独立行使管理权和使用权,还可对其合法财产进行处分和受益。但是,幼儿园应当依法建立资产配置、使用、处置、产权登记、信息管理等管理制度,严格执行有关财务制度,幼儿园应当加强财务管理,合理使用各项经费,任何单位和个人不得克扣、挪用幼儿园经费。不得违反有关幼儿园财产管理的法律规定,也不得违背幼儿园章程的规定。

任何单位和个人,不得侵占和破坏幼儿园园舍和设施,不得在幼儿园周围设置有危险、有污染或影响幼儿园采光的建筑和设施。结伙斗殴、寻衅滋事,扰乱学校及其他教育机构教育教学秩序或者破坏校舍、场地及其他财产的,由公安机关给予治安管理处罚;构成犯罪的,依法追究刑事责任。侵占学校及其他教育机构的校舍、场地及其他财产的,依法承担民事责任。

7. 拒绝任何组织和个人对教育教学活动的非法干涉权

根据《教育法》第二十九条第八款规定,幼儿园有权拒绝任何组织和个人对教育教学活动的非法干涉。

《幼儿园管理条例》规定,任何单位和个人不得干扰幼儿园正常的工作秩序。干扰幼儿园正常工作秩序的单位或者个人,由教育行政部门对直接责任人员给予警告、罚款的行政处罚,或者由教育行政部门建议有关部门对责任人员给予行政处分。情节严重,构成犯罪的,由司法机关依法追究刑事责任。

8. 法律、法规规定的其他权利

幼儿园作为一种特殊的教育机构,除了《教育法》第二十九条规定的基本权利之外,还享有其他法律法规赋予的权利,如开展学术交流的权利,接受社会捐助的权利,享受各项教育优惠政策的权利,《民办教育促进法》赋予民办幼儿园决定学校分立、合并和解散的权利等。

二、幼儿园的义务

法律主体的权利和义务是对等的。作为独立法人的幼儿园,是具有民事权利能力和民事行为能力,依法独立享有民事权利和承担民事义务的组织。既应当履行法律规定的法人的义务,如当幼儿园的行为侵害了他人的民事权益,应当以其全部财产独立承担民事责任。除此之外,幼儿园还应当履行教育法律法规规定的,作为教育机构应当履行的特殊义务。

根据《教育法》第三十条规定,幼儿园应当履行以下义务:

1. 遵守法律、法规

《宪法》规定,中华人民共和国实行依法治国,建设社会主义法治国家。一切国家机关和武装力量、各政党和各社会团体、各企业事业组织都必须遵守宪法和法律。一切违反宪法和法律的行为,必须予以追究。任何组织或者个人都不得有超越宪法和法律的特权。幼儿园作为社会组织,也必须遵守宪法和法律,从我国法律的渊源来讲,幼儿园除了必须遵守宪法、全国人大及其常务委员会制定的法律之外,还要遵守国务院颁布的行政法规、国务院各部委颁布的部门规章、有地方立法权的人民政府颁布的地方政府规章以及有地方立法权的地方人民代表大会制定的地方性法规,还应遵守中央及地方颁布的各项教育政策。

2. 贯彻国家的教育方针,执行国家教育教学标准,保证教育教学质量

为规范和促进学前教育的发展,保证保教质量,中央出台了一系列的教育和教学标准,如《国务院关于当前发展学前教育的若干意见》《幼儿园教育指导纲要(试行)》《国家中长期教育改革和发展规划纲要(2010—2020年)》等,这些方针政策指明了我国学前教育发展的基本方向,也为幼儿园保教工作的开展提出了明确的要求。

发展学前教育,必须坚持公益性和普惠性,努力构建覆盖城乡、布局合理的学前教育公共服务体系,保障适龄儿童接受基本的、有质量的学前教育;必须坚持政府主导,社会参与,公办民办并举,落实各级政府责任,充分调动各方面积极性;必须坚持改革创新,着力破除制约学前教育科学发展的体制机制障碍;必须坚持因地制宜,从实际出发,为幼儿和家长提供方便就近、灵活多样、多种层次的学前教育服务;必须坚持科学育儿,遵循幼儿身心发展规律,促进幼儿健康快乐成长。坚持科学保教,促进幼儿身心健康发展。加强对幼儿园保教工作的指导,遵循2010年国家颁布的幼儿学习与发展指南。遵循幼儿身心发展规律,面向全体幼儿,关注个体差异,坚持以游戏为基本活动,保教结合,寓教于乐,促进幼儿健康成长。加强对幼儿园玩教具、幼儿图书的配备与指导,为儿童创设丰富多彩的教育环境,防止和纠正幼儿园教育"小学化"倾向。研究制定幼儿园教师指导用书审定办法。建立幼儿园保教质量评估监管体系。健全学前教育教研指导网络。要把幼儿园教育和家庭教育紧密结合,共同为幼儿的健康成长创造良好环境。

3. 维护受教育者、教师及其他职工的合法权益

幼儿园应该履行维护幼儿、幼儿教师及其他职工的合法权益的义务,具体来讲包含以下几个层次:

(1) 幼儿园自身不得有侵犯幼儿、幼儿教师及其他教职工合法权益的行为。

幼儿园不得设置在污染区和危险区，不得使用危房，不得使用有毒、有害物质制作的教具、玩具，严禁体罚和变相体罚幼儿。幼儿园应当培养幼儿良好的大小便习惯，不得限制幼儿便溺的次数、时间等。幼儿园的休息时间不得违反相关规定。幼儿园不得提前教授小学教育内容，不得开展任何违背幼儿身心发展规律的活动。幼儿园不得以培养幼儿某种专项技能、组织或参与竞赛等为由，另外收取费用；不得以营利为目的组织幼儿表演、竞赛等活动。

幼儿园不得克扣、拖欠教师或其他职工的工资，不得在与教师或其他教职工签订劳动合同时收取押金或扣押证件，不得强令教师或其他教职工冒险作业等。

幼儿园应当投保校方责任险。当幼儿园侵害了幼儿或教职工的合法权益时，确保受侵害的权利能够得到赔偿和救济。

(2) 当幼儿、幼儿教师和其他教职工的合法权益受到侵害时，幼儿园应当依法予以保护。

幼儿园应当依法建立安全保卫制度，防止其他个人或组织进入幼儿园侵害幼儿、教职工的合法权益。当幼儿园以外的其他个人或组织侵犯了本园师生的合法权益时，幼儿园应该提供相应的保护，配合、协助相关部门调查、查处违反行为人。如果因幼儿园的过错导致幼儿或教职工的权益受到其他个人或组织的伤害，幼儿园还需承担一定的补充责任。

拓展阅读 2-8

2017 年 1 月 4 日 15 时许，覃鹏安携带菜刀来到凭祥市小聪仔幼儿园，持刀先后砍击覃某霖、覃某芹等十二名幼童，致四人重伤，八人轻伤。在场教师阻拦并呼救，覃鹏安翻墙逃走，后到公安机关投案。2017 年 8 月 28 日，广西壮族自治区崇左市中级人民法院以故意杀人罪判处覃鹏安死刑，剥夺政治权利终身。宣判后，覃鹏安提出上诉。同年 12 月 29 日，广西壮族自治区高级人民法院裁定驳回上诉，维持原判，并依法报请最高人民法院核准。最高人民法院经复核认为，覃鹏安故意非法剥夺他人生命，其行为已构成故意杀人罪。覃鹏安出于报复动机而有预谋地选择在幼儿园持菜刀砍伤无辜幼童，犯罪动机卑劣，手段特别残忍，情节特别恶劣，后果特别严重，社会危害极大，罪行极其严重，应依法惩处。覃鹏安虽属杀人未遂，且有自首情节，仍不足以对其从轻处罚。第一审判决、第二审裁定认定的事实清楚，证据确实、充分，定罪准确，量刑适当，审判程序合法，依法核准死刑，并下达了死刑执行命令。2019 年 1 月 4 日，覃鹏安被执行死刑。

(3) 幼儿园应该开展安全教育。

幼儿园应该开展安全教育，提升幼儿及教职工保护自身合法权益的能力。幼儿园教职工必须具有安全意识，掌握基本急救常识和防范、避险、逃生、自救的基本方法，在紧急情况下应当优先保护幼儿的人身安全。幼儿园应当把安全教育融入一日生活，并定期组织开展多种形式的安全教育和事故预防演练。幼儿园应当结合幼儿年龄特点和接受能力开展反家庭暴力教育，发现幼儿遭受或者疑似遭受家庭暴力的，应当依法及时向公安机关报案。

4. 以适当方式为受教育者及其监护人了解受教育者的学业成绩及其他有关情况提供便利

《教育法》规定的幼儿园的这一义务，其目的在于保障幼儿家长或其他监护人对幼儿在园活动的知情权。幼儿园应当主动与幼儿家庭沟通合作,为家长提供科学育儿宣传指导,帮助家长创设良好的家庭教育环境,共同担负教育幼儿的任务。幼儿园应当建立幼儿园与家长的联系制度。幼儿园可采取多种形式,指导家长正确了解幼儿园保育和教育的内容、方法,定期召开家长会议,并接待家长的来访和咨询。幼儿园应当认真分析、吸收家长对幼儿园教育与管理工作的意见与建议。

幼儿园应当建立家长开放日制度,幼儿园还应当成立家长委员会对幼儿园重要决策和事关幼儿切身利益的事项提出意见和建议;发挥家长的专业和资源优势,支持幼儿园保育教育工作;帮助家长了解幼儿园工作计划和要求,并协助幼儿园开展家庭教育指导和交流。

5. 遵照国家有关规定收取费用并公开收费项目

幼儿园可以依据本省、自治区、直辖市人民政府制定的收费标准,向幼儿家长收取保育费、教育费。幼儿园实行收费公示制度,收费项目和标准向家长公示,接受社会监督,不得以任何名义收取与新生入园相挂钩的赞助费。幼儿园不得以培养幼儿某种专项技能、组织或参与竞赛等为由,另外收取费用;不得以营利为目的组织幼儿表演、竞赛等活动。

国家发展和改革委员会、教育部、财政部于2011年12月31日以发改价格〔2011〕3207号印发了《幼儿园收费管理暂行办法》具体规范幼儿园的收费行为。

6. 依法接受监督

在我国,幼儿园作为开展保育和教育活动的独立法人,会受到三种类型的监督:

1)行政监督

教育行政机关是学前教育的主管部门,幼儿园应当依法接受其监督和管理。除此之外,幼儿园还应当依法接受来自国家其他职能部门的各项检查和监督,如按照国家和地方相关规定接受财政扶持的提供普惠性服务的国有企事业单位办园、集体办园和民办园等幼儿园,应当接受财务、审计等有关部门的监督检查;幼儿园应当建立经费预算和决算审核制度,经费预算和决算应当提交园务委员会审议,并接受财务和审计部门的监督检查;幼儿园应当接受上级教育、卫生、公安、消防等部门的检查、监督和指导,如实报告工作和反映情况等。

2)司法监督

我国国家司法机关仅指人民法院和人民检察院,因此我国司法监督的主体是各级人民法院和各级人民检察院。2017年底,最高人民检察院与有关部门共同制定和实施防控校园安全风险、防治校园欺凌等文件,下发了《关于依法惩治侵害幼儿园儿童犯罪全面维护儿童权益的通知》,要求各级检察机关要坚持零容忍,依法严厉惩治侵害幼儿园儿童犯罪。引起社会高度关注的北京红黄蓝幼儿园、上海携程亲子园、南京爱德美幼儿园等虐童案均已经由检察机关提起公诉。办理案件后,检察机关还会同主管部门对案发学校进行安全检查整顿,帮助学校完善安全管理制度。

3)社会监督

幼儿园还应接受来自社会的监督,例如《幼儿园工作规程》就明确规定,幼儿园实行收费公示制度,收费项目和标准向家长公示,接受社会监督。

拓展阅读 2-9

无视食品安全　海口小博士幼儿园被罚 8 万元

2018 年 9 月 29 日下午,海口市龙华区食药监局执法人员对海口小博士幼儿园进行检查,检查发现,该幼儿园食品加工操作场所布局不合理,未设置单一流程,各功能间面积偏小。执法人员还发现,该幼儿园未按照规定建立采购食品原材料的进货台账记录,未对采购的食品原材料(米、油)提供供货商的资质证照及食品出厂检验合格证明或其他合格证明;未建立餐具清洗消毒记录制度及留样登记记录制度。针对上述发现的问题,执法人员对该幼儿园下达了责令整改通知书,限期整改。

10 月 8 日,执法人员发现,该园除未按照要求整改外,还未按照规定进行食品留样。据一办案人员介绍,该园有 179 人用餐,此前他们多次进行检查,但该园一直以来对于整改要求都是抱着"无所谓"的态度。由于该园的行为已违反了相关规定,龙华区食药监局决定对小博士幼儿园予以立案调查处理。2018 年 10 月 25 日,龙华区食药监局依据《食品安全法》《海南省学校食堂食品安全监督管理办法(试行)》的相关规定,对该幼儿园予以罚款 8 万元。

本章作业

一、简答题

(1)简述举办幼儿园的实体条件。

(2)简述民办幼儿园登记注册的程序。

(3)简述幼儿园的权利与义务。

二、案例分析

2019 年 10 月 8 日 16 点 48 分,来宾市交警支队二三大队的民警在兴宾区南泗乡大宝村路段执勤时,发现一辆由大宝村开往古竹村方向的面包车走走停停,于是上前拦停检查。民警发现,在这不大的空间里挤满了小孩,光副驾驶座上就坐了 2 个,而后座更有 8 个人挤坐在一排座位上。经清点,该车核载 9 人,而车上却共搭载了 20 名幼儿园的幼儿,加上跟车老师和驾驶员共 22 人。

据司机谭某交代,她是幼儿园的老师,其驾驶的面包车也是幼儿园专门用来接送幼儿上下学的车辆,但她并不是该幼儿园的专职司机,专职司机当天临时有事没来。幼儿园负责人知道谭某会驾驶车辆,就叫谭某临时代班一天。由于小孩比较多而且都是一个村的,为图省时省力,谭某便心生侥幸超员搭载。随后,民警将车上幼儿转移到安全区域,并通知幼儿园负责人,民警现场对幼儿园负责人和司机谭某进行了严厉批评教育,并让他们等待幼儿家长到现场将孩子领走。

结合案例和所学知识,分析材料并回答以下问题:

(1)案例中有哪些违法行为?

(2)对案例中的违法行为该如何处罚?依据是什么?

第三章 幼儿教师

> **学习目标**

(1)理解幼儿教师的基本权利与义务。
(2)理解幼儿教师的民事权利与义务。
(3)熟悉幼儿教师的劳动权利与义务。
(4)掌握幼儿教师与幼儿园的法律关系。
(5)理解幼儿教师与教育行政部门的法律关系。
(6)理解幼儿教师的职业道德。

 / 案例导入 /

马某虐待被看护人案

2019年5月31日,最高人民法院召开新闻发布会,向社会公布保护未成年人权益十大优秀案例,其中,"马某虐待被看护人案"引起了广泛的社会关注。

2016年9月,被告人马某(不具备教师资格)通过应聘到河南省某县幼儿园任小班教师。2017年4月18日下午上课期间,马某在该幼儿园小班教室内,以学生上课期间不听话、不认真读书为由,用针分别扎本班多名幼儿的手心、手背等部位。经鉴定,多名幼儿的损伤程度虽均不构成轻微伤,但体表皮肤损伤存在,损伤特点符合具有尖端物体扎刺所致。2017年4月18日,被害幼儿家长报警,当晚马某被公安人员带走,同年4月19日被刑事拘留。在案件审理过程中,被告人马某及其亲属与多名被害幼儿的法定代理人均达成谅解。

法院经审理认为,被告人马某身为幼儿教师,采用针刺手段对多名被看护幼儿进行虐待,情节恶劣,其行为已构成虐待被看护人罪。据此,以虐待被看护人罪依法判处被告人马某有期徒刑二年;禁止其五年内从事未成年人教育工作。同时,人民法院对该县教育局发出司法建议,建议其对涉事幼儿园违规聘用不具备教师资格的人员担任幼儿园教师以及监管不力的行为进行处罚。

近年来,幼儿园教师、工作人员等具有监护或者看护职责的人员虐待幼儿的案件时有发生,严重侵害了幼儿的合法权益,引发社会高度关注。本案中,被告人马某用针对多名幼儿进行扎刺,虽未造成轻微伤,不符合故意伤害罪的法定标准,但其行为对受害幼儿的身心造成了严重伤害。对这种恶劣的虐童行为,人民法院采取"零容忍"态度,依法进行严厉打击,对其判处二年有期徒刑(本罪法定最高刑为三年有期徒刑),对被告人判处从业禁止最高年限五年。

本案的判决,警示那些具有监护、看护职责的单位和人员,应当依法履职,一切针对被监护、被看护人的不法侵害行为,都将受到法律的惩处;本案也警示幼儿园等具有监护、看护职责的单位应严格加强管理,切实保障被监护、看护人的合法权益免受不法侵害。

第一节 幼儿教师的社会角色

在社会中,每个人都有自己的角色,在我国,幼儿教师首先是公民,其次是在幼儿园工作的劳动者,最后是学前教育工作者。不同的社会角色拥有不同的权利,也承担着不同的义务。

一、作为公民的幼儿教师

(一)幼儿教师的基本权利与义务

我国《宪法》规定,凡具有中华人民共和国国籍的人都是中华人民共和国公民。中华人民共和国公民在法律面前一律平等。国家尊重和保障人权。任何公民享有宪法和法律规定的权利,同时必须履行宪法和法律规定的义务。因此,作为公民的幼儿教师,首先享有公民的基本权利与义务。

公民的基本权利也称宪法权利,是指由宪法规定的公民享有的主要的、必不可少的权利。[①] 根据《宪法》规定,我国公民享有的基本权利包括以下几种:

1. 平等权

中国公民平等地享有权利,平等地履行义务;国家法律对公民的权利平等地予以保护,对违法行为平等地予以追究;不允许任何人、任何组织有超越宪法和法律的特权。

2. 政治权利和自由

政治权利和自由是指公民作为国家政治主体依法享有的、参加国家政治生活的权利和自由。包含选举权和被选举权;言论自由、出版自由、结社自由,集会、游行、示威自由。

3. 监督权和取得赔偿权

监督权和取得赔偿权是公民对国家管理机关、国家工作人员和国家管理活动进行监督,并对其违法失职行为进行对抗的权利。包含批评、建议权,控告、检举权,申诉权。

4. 宗教信仰自由

宗教信仰自由是指公民有信仰宗教的自由,也有不信仰宗教的自由,有信仰这种宗教的自由,也有信仰那种宗教的自由,有过去信教现在不信教的自由,也有过去不信教现在信教的自由。值得注意的是,《教育法》规定,国家实行教育与宗教相分离。任何组织和个人不得利用宗教进行妨碍国家教育制度的活动。

5. 人身自由

包括公民的身体不受非法侵犯,公民的人格尊严不受侵犯,公民的住宅不受侵犯,公民的

---

① 张光杰. 中国法律概论[M]. 上海:复旦大学出版社,2014:64.

通信自由和通信秘密等与公民个人生活有关的权利和自由不受侵犯。

6. 社会经济、文化教育方面的权利

社会经济、文化教育方面的权利包含劳动权、休息权、获得物质帮助权、受教育权、进行科学研究、艺术创作和其他文化活动的权利与自由。

公民的基本义务也称宪法义务,是指由宪法规定的公民必须遵守和应尽的基本责任。① 根据《宪法》规定,我国公民享有的基本义务包含：维护国家统一和全国各民族团结的义务；遵守宪法和法律,保守国家秘密,爱护公共财产,遵守劳动纪律,遵守公共秩序,尊重社会公德的义务；维护祖国的安全、荣誉和利益的义务,不得有危害祖国的安全、荣誉和利益的行为的义务；保卫祖国、抵抗侵略,依照法律服兵役和参加民兵组织的义务；依照法律纳税的义务等。

(二)幼儿教师的民事权利与义务

作为中国公民的幼儿教师,除了《宪法》规定的公民的基本权利和义务之外,还依法享有民事权利,应当依法履行民事义务。

1. 民事权利

民事权利是民法所确认主体享有参与民事活动,主张、维护和实现其民事利益的基本权利。② 民事权利根据其是否以财产利益为内容,可分为人身权与财产权。

(1)人身权,是指与主体的人格、身份不可分离且并不直接具有财产利益的权利,包括人格权与身份权。人格权是指作为法律主体必备的,以人格利益为客体并被法律确认和保护的民事权利。包括人格独立、人格尊严、人格平等等一般人格权以及生命权、健康权、身体权、姓名权、名誉权、肖像权、隐私权、婚姻自主权等具体人格权。身份权,是指法律主体基于某种特定的身份或能力而享有的民事权利,包括配偶权、亲属权、监护权、荣誉权等。

(2)财产权,是指民法对主体确认和保护的财产权利,主要包含所有权、用益物权、担保物权和债权。所有权是指所有人在法律规定的范围内,对自己的财产以占有、使用、收益、处分等方式进行全面支配,并排除他人干涉的权利③。用益物权是指以一定范围内的使用、收益为目的而在他人之物上设立的定限物权。④ 包含国有土地使用权、农村土地承包经营权、地役权等。担保物权是以确保特定债权实现为目的,以支配和取得特定财产的交换价值为内容的定限物权,⑤包含抵押权、质押权、留置权。债权是特定当事人之间请求为一定给付的民事法律关系,在该关系中,一方所享有的请求对方为一定给付的权利为债权,该方当事人是债权人；另一方所负有向对方为一定给付的义务为债务,该方当事人为债务人。

2. 民事义务

民事义务是与民事权利相对应的概念,它是民事主体即义务人在权利限定的范围内应为一定行为或不为一定行为的法律约束。⑥ 根据我国法律规定,民事义务包括对未成年子女的抚养教育义务、对年老父母的赡养义务、不披露他人隐私的义务、不干涉他人婚姻自由的义务,

---

① 张光杰.中国法律概论[M].上海:复旦大学出版社,2014:64.
② 张光杰.中国法律概论[M].上海:复旦大学出版社,2014:154.
③ 郭明瑞.民法[M].北京:高等教育出版社,2005:242.
④ 郭明瑞.民法[M].北京:高等教育出版社,2005:243.
⑤ 郭明瑞.民法[M].北京:高等教育出版社,2005:292.
⑥ 郭明瑞.民法[M].北京:高等教育出版社,2005:35.

不侵犯他人财产权的义务,损害赔偿义务等。

二、作为劳动者的幼儿教师

在我国,不享有事业单位编制的,基于聘任而产生的幼儿教师与幼儿园之间属于劳动合同关系,遵循《劳动法》和《劳动合同法》的规定,享有劳动者的权利与义务。享有事业单位编制的幼儿教师与由聘任而产生的教师的管理有所不同。享有事业单位编制的幼儿教师,遵循《事业单位人事管理条例》的规定进行聘任、考核、培训及奖惩等。

(一)幼儿教师的劳动权利与义务

根据《劳动法》和《劳动合同法》规定,幼儿教师享有下列权利:平等就业和选择职业的权利,取得劳动报酬的权利,休息休假的权利,获得劳动安全卫生保护的权利,接受职业技能培训的权利,享受社会保险和福利的权利,申请劳动争议处理的权利以及法律规定的其他劳动权利。

1. 平等就业和选择职业的权利

平等就业和选择职业的权利指有劳动能力的公民有获得职业的权利,并且能够根据自己的能力、爱好、意愿等选择自己的职业,选择用人单位和工作岗位的权利。

2. 取得劳动报酬的权利

劳动者参加劳动,用人单位应当按照合同约定和相关法律规定发放劳动报酬。劳动者的工资不低于当地最低工资标准,工资应当按月支付给劳动者本人,不得克扣或者无故拖欠劳动者的工资;用人单位克扣或者无故拖欠劳动者工资的,以及拒不支付劳动者延长工作时间工资报酬的,应承担相应的法律责任。

3. 休息休假的权利

我国《宪法》规定,劳动者有休息的权利,国家发展劳动者休息和休养的设施,规定职工的工作时间和休假制度。国家实行劳动者每日工作时间不超过八小时、平均每周工作时间不超过四十四小时的工时制度。用人单位应当保证劳动者每周至少休息一日。用人单位由于生产经营需要,经与工会和劳动者协商后可以延长工作时间,一般每日不得超过一小时;因特殊原因需要延长工作时间的,在保障劳动者身体健康的条件下延长工作时间每日不得超过三小时,但是每月不得超过三十六小时,且用人单位应当按照下列标准支付高于劳动者正常工作时间工资的工资报酬:安排劳动者延长工作时间的,支付不低于工资的百分之一百五十的工资报酬;休息日安排劳动者工作又不能安排补休的,支付不低于工资的百分之二百的工资报酬;法定休假日安排劳动者工作的,支付不低于工资的百分之三百的工资报酬。

4. 获得劳动安全卫生保护的权利

这是保证劳动者在劳动中的生命安全和身体健康,是对享受劳动权利的主体切身利益最直接的保护,主要包括防止工伤事故和职业病。用人单位必须建立、健全劳动安全卫生制度,严格执行国家劳动安全卫生规程和标准,对劳动者进行劳动安全卫生教育,防止劳动过程中的事故,减少职业危害。用人单位必须为劳动者提供符合国家规定的劳动安全卫生条件和必要的劳动防护用品,对从事有职业危害作业的劳动者应当定期进行健康检查。

5. 接受职业技能培训的权利

国家通过各种途径,采取各种措施,发展职业培训事业,开发劳动者的职业技能,提高劳动者素质,增强劳动者的就业能力和工作能力。用人单位应当建立职业培训制度,按照国家规定提取和使用职业培训经费,根据本单位实际,有计划地对劳动者进行职业培训。从事技术工种的劳动者,上岗前必须经过培训。国家确定职业分类,对规定的职业制定职业技能标准,实行职业资格证书制度,由经过政府批准的考核鉴定机构负责对劳动者实施职业技能考核鉴定。

6. 享受社会保险和福利的权利

国家发展社会保险事业,建立社会保险制度,设立社会保险基金,使劳动者在年老、患病、工伤、失业、生育等情况下获得帮助和补偿。

7. 申请劳动争议处理的权利

用人单位与劳动者发生劳动争议,当事人可以依法申请调解、仲裁、提起诉讼,也可以协商解决。

(二)劳动争议及其处理

基于聘任制而产生的幼儿教师,与用人单位发生劳动争议,可以依法申请调解、仲裁、提起诉讼,也可协商解决。

1. 协商

用人单位和劳动者就劳动争议平等协商,协商达成一致应当签订书面和解协议。和解协议对双方当事人有约束力,当事人应当履行。

2. 调解

在用人单位内,可以设立劳动争议调解委员会。劳动争议调解委员会由职工代表、用人单位代表和工会代表组成。劳动争议调解委员会主任由工会代表担任。劳动争议发生后,当事人可以向本单位劳动争议调解委员会申请调解,劳动争议经调解达成协议的,当事人应当履行。

3. 仲裁

调解不成,当事人一方要求仲裁的,可以向劳动争议仲裁委员会申请仲裁。当事人一方也可以直接向劳动争议仲裁委员会申请仲裁。劳动争议仲裁委员会由劳动行政部门代表、同级工会代表、用人单位方面的代表组成。劳动争议仲裁委员会主任由劳动行政部门代表担任。提出仲裁要求的一方应当自劳动争议发生之日起六十日内向劳动争议仲裁委员会提出书面申请。仲裁裁决一般应在收到仲裁申请的六十日内作出。对仲裁裁决无异议的,当事人必须履行。对仲裁裁决不服的,可以向人民法院提起诉讼。

4. 诉讼

劳动争议当事人对仲裁裁决不服的,可以自收到仲裁裁决书之日起十五日内向人民法院提起诉讼。一方当事人在法定期限内不起诉又不履行仲裁裁决的,另一方当事人可以申请人民法院强制执行。

三、作为学前教育工作者的幼儿教师

根据我国《教育法》等相关教育法律规范的规定,作为学前教育工作者的幼儿教师,还应遵循我国的教师制度,依法享有教育权利,履行教育义务。

(一)幼儿教师制度

幼儿教师作为一项特殊的职业,应符合特殊的要求。我国《教育法》《教师法》等法律规范设定了包括教师资格制度、教师职务和职称制度、教师任用制度、教师培训和进修制度、教师考核和奖惩制度组成的教师制度。

1. 教师资格制度

《教育法》第三十五条规定"国家实行教师资格、职务、聘任制度,通过考核、奖励、培养和培训,提高教师素质,加强教师队伍建设。"《教师法》第十条规定:"国家实行教师资格制度。中国公民凡遵守宪法和法律,热爱教育事业,具有良好的思想品德,具备本法规定的学历或者经国家教师资格考试合格,有教育教学能力,经认定合格的,可以取得教师资格。"取得幼儿园教师资格,应当具备幼儿师范学校毕业及其以上学历。《幼儿园工作规程》对幼儿教师做了专门规定,幼儿园教师必须具有《教师资格条例》规定的幼儿园教师资格,且幼儿园教职工应当贯彻国家教育方针,具有良好品德,热爱教育事业,尊重和爱护幼儿,具有专业知识和技能以及相应的文化和专业素养,为人师表,忠于职责,身心健康。幼儿园教职工患传染病期间暂停在幼儿园的工作。有犯罪、吸毒记录和精神病史者不得在幼儿园工作。

根据《教师资格条例》的规定,不具备教师法规定的教师资格学历的公民,申请获得教师资格,应当通过国家举办的或者认可的教师资格考试。幼儿教师资格考试每年进行一次。具备《教师法》规定的学历或者经教师资格考试合格的公民,可以依照规定申请认定教师资格。幼儿教师资格,由申请人户籍所在地或者申请人任教学校所在地的县级人民政府教育行政部门认定。认定教师资格,应当由本人提出申请。教育行政部门和受委托的高等学校每年春季、秋季各受理一次教师资格认定申请。申请认定教师资格,应当提交教师资格认定申请表和下列证明或者材料:身份证明;学历证书或者教师资格考试合格证明;教育行政部门或者受委托的高等学校指定的医院出具的体格检查证明;户籍所在地的街道办事处、乡人民政府或者工作单位、所毕业的学校对其思想品德、有无犯罪记录等方面情况的鉴定及证明材料。

教育行政部门在接到公民的幼儿教师资格认定申请后,应当对申请人的条件进行审查;对符合认定条件的,应当在受理期限终止之日起30日内颁发相应的教师资格证书;对不符合认定条件的,应当在受理期限终止之日起30日内将认定结论通知本人。非师范院校毕业或者教师资格考试合格的公民申请认定幼儿园教师资格的,应当进行面试和试讲,考察其教育教学能力;根据实际情况和需要,教育行政部门或者受委托的高等学校可以要求申请人补修教育学、心理学等课程。

《教师法》还规定,受到剥夺政治权利或者故意犯罪受到有期徒刑以上刑事处罚的,不能取得教师资格;已经取得教师资格的,丧失教师资格。有下列情形之一的,由县级以上人民政府教育行政部门撤销其教师资格:弄虚作假、骗取教师资格的;品行不良、侮辱学生,影响恶劣的。被撤销教师资格的,自撤销之日起5年内不得重新申请认定教师资格,其教师资格证书由县级以上人民政府教育行政部门收缴。参加教师资格考试有作弊行为的,其考试成绩作废,3年内不得再次参加教师资格考试。在教师资格认定工作中玩忽职守、徇私舞弊,对教师资格认定工作造成损失的,由教育行政部门依法给予行政处分;构成犯罪的,依法追究刑事责任。

拓展阅读 3-1

2014年7月5日14时34分,宣威市公安局110指挥中心接到宣威市龙场镇五里村一村民报案称,龙场镇五里村五里完小振兴校点几名学生被老师猥亵。接警后,宣威市公安局指挥中心指令刑侦大队和龙场派出所组织民警进行侦办,民警迅速赶往现场依法对案件进行调查取证工作。8日,犯罪嫌疑人吴某(男,汉族,1978年9月出生,宣威市龙场镇五里完小振兴校点教师)因涉嫌猥亵儿童被宣威市公安局刑事拘留。

7月21日,经过工作组调查核实,根据相关规定,涉嫌猥亵儿童的龙场镇五里完小振兴校点教师吴某被公安机关刑事拘留,由教育部门撤销其教师资格,刑事案件正在进一步侦办中;免去龙场镇五里完小校长职务,并处党内严重警告处分;给予龙场镇中心学校校长停职检查处分;给予龙场镇中心学校分管安全的副校长行政警告处分;给予龙场镇中心学校德育专干行政警告处分,责成龙场镇中心学校调整其工作岗位;给予龙场镇中心学校五里完小振兴校点挂钩教师党内警告处分,向龙场镇党委政府写出深刻检查;给予龙场镇五里完小的教导主任党内警告处分。以上处分均在全市范围内进行通报。

2. 教师职务和职称制度

《教师法》第十六条规定:"国家实行教师职务制度,具体办法由国务院规定。"我国目前尚未出台专门的幼儿教师职务制度,幼儿教师职务参照《小学教师职务试行条例》的规定。该《条例》规定,小学教师职务是根据学校的教育教学工作需要设置的工作岗位。小学教师职务设立:小学高级教师、小学一级教师、小学二级教师、小学三级教师。各级教师职务应有定额。小学高级教师为高级职务,小学一级教师为中级职务,小学二级教师和小学三级教师为初级职务。因此,幼儿教师职务也可分为四级:幼儿园高级教师、幼儿园一级教师,幼儿园二级教师,幼儿园三级教师。幼儿园高级教师为高级职务,幼儿园一级教师为中级职务,幼儿园二级和三级教师为初级职务。

《小学教师职务试行条例》还对各级教师的职责、任职条件等做了详细的规定。

3. 教师任用制度

根据《教育法》规定,我国实行教师聘用制度,学校及其他教育机构有聘任教师的权利。《教师法》第十七条规定:"学校和其他教育机构应当逐步实行教师聘任制。教师的聘任应当遵循双方地位平等的原则,由学校和教师签订聘任合同,明确规定双方的权利、义务和责任。实施教师聘任制的步骤、办法由国务院教育行政部门规定。"《幼儿园工作规程》也规定,幼儿园教师实行聘任制。《幼儿园管理条例》第二十三条规定:"幼儿园的教师、医师、保健员、保育员和其他工作人员,由幼儿园园长聘任,也可由举办幼儿园的单位或个人聘任。"

4. 教师培训和进修制度

《教师法》第四章"培养和培训"明确规定,各级人民政府和有关部门应当办好师范教育,并采取措施,鼓励优秀青年进入各级师范学校学习。各级教师进修学校承担培训中小学教师的任务。非师范学校应当承担培养和培训中小学教师的任务。各级师范学校学生享受专业奖学金。各级人民政府教育行政部门、学校主管部门和学校应当制定教师培训规划,对教师进行多种形式的思想政治、业务培训。国家机关、企业事业单位和其他社会组织应当为教师的社会调查和社会实践提供方便,给予协助。各级人民政府应当采取措施,为少数民族地区和边远贫困地区培养、培训教师。

根据《幼儿园管理条例》的规定,各级教育行政部门应当负责监督、评估和指导幼儿园的保育、教育工作,组织培训幼儿园的师资,审定、考核幼儿园教师的资格。《幼儿园工作规程》第四十九条规定:"幼儿园举办者筹措的经费,应当保证保育和教育的需要,有一定比例用于改善办园条件和开展教职工培训。"可见,教育行政部门和幼儿园都应该负责对幼儿教师进行培训。此外,为鼓励和吸引更多优秀人才进入学前教育领域,很多地方都出台了与幼儿教师培养、培训相关的优惠政策。

拓展阅读 3-2

免费定向培养

从 2019 年秋季起,四川省广元市将在川北幼专开展市属公费师范生定向培养工作,计划招收学前教育、小学教育专业学生各 50 名。连续招收三届,共培养乡村小学教师、幼儿教师各 150 名。市属公费师范生将从中考考生中录取,需参加川北幼专组织的面试,学制五年,给予学费、住宿、生活费减免或补助。考生与县区教育部门、培养学校签订协议,无条件到商定的教学岗位工作不低于 5 年,否则将全额退还免缴的相关费用。

为深化教师教育改革,建立教师教育质量保障体系,不断提高幼儿园教师培养培训质量,教育部于 2012 年印发了《幼儿园教师专业标准(试行)》,这是国家对合格幼儿园教师专业素质的基本要求,是幼儿园教师实施保教行为的基本规范,是引领幼儿园教师专业发展的基本准则,是幼儿园教师培养、准入、培训、考核等工作的重要依据。该《标准》提出了"幼儿为本、师德为先、能力为重、终身学习"的基本理念,并从专业理念与师德、专业知识、专业能力三个角度,从职业理解与认识、对幼儿的态度与行为、幼儿保育和教育的态度与行为、个人修养与行为、幼儿发展知识、幼儿保育和教育知识、通识性知识、环境的创设与利用、一日生活的组织与保育、游戏活动的支持与引导、教育活动的计划与实施、激励与评价、沟通与合作、反思与发展等十四个领域提出了对幼儿教师开展培养与培训的具体内容。

5. 教师考核和奖惩制度

根据《教育法》的规定,学校或者其他教育机构应当对教师的政治思想、业务水平、工作态度和工作成绩进行考核。教育行政部门对教师的考核工作进行指导、监督。考核应当客观、公正、准确,充分听取教师本人、其他教师以及学生的意见。教师考核结果是受聘任教、晋升工资、实施奖惩的依据。教师在教育教学、培养人才、科学研究、教学改革、学校建设、社会服务、勤工俭学等方面成绩优异的,由所在学校予以表彰、奖励。国务院和地方各级人民政府及其有关部门对有突出贡献的教师,应当予以表彰、奖励。对有重大贡献的教师,依照国家有关规定授予荣誉称号。国家支持和鼓励社会组织或者个人向依法成立的奖励教师的基金组织捐助资金,对教师进行奖励。可见,对教师的奖励可分为物质奖励和精神奖励。《教育法》还规定,教师有下列情形之一的,由所在学校、其他教育机构或者教育行政部门给予行政处分或者解聘:故意不完成教育教学任务给教育教学工作造成损失的;体罚学生,经教育不改的;品行不良、侮辱学生,影响恶劣的。教师有以上第二、第三项所列情形之一,情节严重,构成犯罪的,依法追究刑事责任。

《幼儿园工作规程》规定,幼儿园园长负责按照有关规定聘任、调配教职工,指导、检查和评估教师以及其他工作人员的工作,并给予奖惩。对认真履行职责、成绩优良的幼儿园教职工,应当按照有关规定给予奖励。对不履行职责的幼儿园教职工,应当视情节轻重,依法依规给予相应处分。

《幼儿园管理条例》第二十六条规定:"凡具备下列条件之一的单位或者个人,由教育行政部门和有关部门予以奖励:改善幼儿园的办园条件成绩显著的;保育、教育工作成绩显著的;幼儿园管理工作成绩显著的。"《幼儿园管理条例》第二十八条规定:"违反本条例,具有下列情形之一的单位或者个人,由教育行政部门对直接责任人员给予警告、罚款的行政处罚,或者由教育行政部门建议有关部门对责任人员给予行政处分:体罚或变相体罚幼儿的;使用有毒、有害物质制作教具、玩具的;克扣、挪用幼儿园经费的;侵占、破坏幼儿园园舍、设备的;干扰幼儿园正常工作秩序的;在幼儿园周围设置有危险、有污染或者影响幼儿园采光的建设和设施的。前款所列情形,情节严重,构成犯罪的,由司法机关依法追究刑事责任。"

(二)幼儿教师的教育权利与义务

《教育法》规定,教师享有如下权利:进行教育教学活动,开展教育教学改革和实验;从事科学研究、学术交流,参加专业的学术团体,在学术活动中充分发表意见;指导学生的学习和发展,评定学生的品行和学业成绩;按时获取工资报酬,享受国家规定的福利待遇以及寒暑假期的带薪休假;对学校教育教学、管理工作和教育行政部门的工作提出意见和建议,通过教职工代表大会或者其他形式,参与学校的民主管理;参加进修或者其他方式的培训。履行以下义务:遵守宪法、法律和职业道德,为人师表;贯彻国家的教育方针,遵守规章制度,执行学校的教学计划,履行教师聘约,完成教育教学工作任务;对学生进行宪法所确定的基本原则的教育和爱国主义、民族团结的教育,法制教育以及思想品德、文化、科学技术教育,组织、带领学生开展有益的社会活动;关心、爱护全体学生,尊重学生人格,促进学生在品德、智力、体质等方面全面发展;制止有害于学生的行为或者其他侵犯学生合法权益的行为,批评和抵制有害于学生健康成长的现象;不断提高思想政治觉悟和教育教学业务水平。

幼儿教师除了享有以上权利,应该履行以上义务之外,还有其根据《幼儿园工作规程》所承担的,在保教活动中的具体职责:

(1)观察了解幼儿,依据国家有关规定,结合本班幼儿的发展水平和兴趣需要,制订和执行教育工作计划,合理安排幼儿一日生活;

(2)创设良好的教育环境,合理组织教育内容,提供丰富的玩具和游戏材料,开展适宜的教育活动;

(3)严格执行幼儿园安全、卫生保健制度,指导并配合保育员管理本班幼儿生活,做好卫生保健工作;

(4)与家长保持经常联系,了解幼儿家庭的教育环境,商讨符合幼儿特点的教育措施,相互配合共同完成教育任务;

(5)参加业务学习和保育教育研究活动;

(6)定期总结评估保教工作实效,接受园长的指导和检查。

第二节 幼儿教师的社会关系

一、幼儿教师与教育行政部门的关系

在我国,国家及地方各级教育行政部门对学前教育事业进行宏观管理,国务院教育行政部门主管全国教师工作,地方教育行政部门是幼儿教师的主管机关。《教师法》第十六条规定:"国家实行教师职务制度,具体办法由国务院规定。"教师的聘任应当遵循双方地位平等的原则,由学校和教师签订聘任合同,明确规定双方的权利、义务和责任。实施教师聘任制的步骤、办法由国务院教育行政部门规定。各级人民政府教育行政部门、学校主管部门和学校应当制定教师培训规划,对教师进行多种形式的思想政治、业务培训。教师享受教龄津贴和其他津贴,具体办法由国务院教育行政部门会同有关部门制定。国务院和地方各级人民政府及其有关部门对有突出贡献的教师,应当予以表彰、奖励。县级以上人民政府教育行政部门负责对幼儿教师资格进行认定,对违法、违规的幼儿教师有权予以处分,同时还对幼儿教师的考核工作进行指导和监督,如《教师法》第三十七条规定:"教师有下列情形之一的,由所在学校、其他教育机构或者教育行政部门给予行政处分或者解聘。(一)故意不完成教育教学任务给教育教学工作造成损失的;(二)体罚学生,经教育不改的;(三)品行不良、侮辱学生,影响恶劣的。"

同时,教育行政部门还对幼儿教师提供保护,教师对学校或者其他教育机构侵犯其合法权益的,或者对学校或者其他教育机构作出的处理不服的,可以向教育行政部门提出申诉,教育行政部门应当在接到申诉的三十日内,作出处理。

拓展阅读 3-3

2019年7月5日,黄石市下陆区金拇指白马山幼儿园一老师体罚幼儿的视频在当地朋友圈传播。视频显示,一名老师撕扯一名男童的耳朵后,又扇其耳光,男童随后自己扇自己的嘴巴。11时5分左右,这名老师又一巴掌将女孩打倒在地,女孩起身后又遭到拉拽、推头。一旁的另一名老师目睹后并未制止。调看视频的家长情绪激动,老师辩称"我性格就是这样,我是直来直去的"。

黄石市下陆区教育局得知情况后迅速赶到幼儿园进行调查,查实幼儿园老师确实有体罚行为,下陆区教育局作出如下处理决定:

(1)责令该幼儿园向涉事幼儿及家长道歉;

(2)对该幼儿园予以降级处理;

(3)对该幼儿园园长和分管副园长分别给予行政处分;

(4)责令下陆区金拇指白马山幼儿园对体罚孩子的教师给予解聘处理,并承担相应的法律后果和赔偿责任。金拇指白马山幼儿园对该老师的相关处理结果须报区教育局备案。

据了解,下陆区公安分局团城山派出所已经接到关于下陆区金拇指白马山幼儿园老师体

罚学生的警情,已经于7月5日到现场进行了调查取证,并传唤了当事老师,7月6日上午该老师已被依法予以行政拘留。

对此,下陆区教育局表示,将吸取此次事件的经验教训,加大对幼儿园和中小学校的管理力度,强化师德教育,不断提高师德水平,举一反三,防止此类事件再次发生。

二、幼儿教师与幼儿园的关系

幼儿教师与幼儿园的关系,基于幼儿园的性质有所不同。享有人事编制的公办幼儿园的老师,与幼儿园之间是行政法律关系,依据《教育法》《教师法》确定双方的基本权利与义务,其具体的聘任、考核、培训、奖励、惩罚等均按照《事业单位人事管理条例》进行。公办幼儿园根据职责任务和工作需要,按照国家有关规定设置岗位。岗位应当具有明确的名称、职责任务、工作标准和任职条件。公办幼儿园拟订岗位设置方案,应当报人事综合管理部门备案。事业单位与工作人员订立的聘用合同,期限一般不低于3年。初次就业的工作人员与事业单位订立的聘用合同期限3年以上的,试用期为12个月。事业单位工作人员在本单位连续工作满10年且距法定退休年龄不足10年,提出订立聘用至退休的合同的,事业单位应当与其订立聘用至退休的合同。公办幼儿园应当根据聘用合同规定的岗位职责任务,全面考核幼儿教师的表现,重点考核工作绩效。考核应当听取服务对象的意见和评价等。

拓展阅读 3-4

为了规范事业单位的人事管理,保障工作人员的合法权益,2014年5月15日,国务院公布了《事业单位人事管理条例》,共10章44条,自2014年7月1日起施行,这是中国第一部系统规范事业单位人事管理的行政法规。

事业单位人事管理条例(节选)

第一章　总则

第一条　为了规范事业单位的人事管理,保障事业单位工作人员的合法权益,建设高素质的事业单位工作人员队伍,促进公共服务发展,制定本条例。

第二条　事业单位人事管理,坚持党管干部、党管人才原则,全面准确贯彻民主、公开、竞争、择优方针。

国家对事业单位工作人员实行分级分类管理。

第三条　中央事业单位人事综合管理部门负责全国事业单位人事综合管理工作。

县级以上地方各级事业单位人事综合管理部门负责本辖区事业单位人事综合管理工作。

事业单位主管部门具体负责所属事业单位人事管理工作。

……

第三章　公开招聘和竞聘上岗

第八条　事业单位新聘用工作人员,应当面向社会公开招聘。但是,国家政策性安置、按照人事管理权限由上级任命、涉密岗位等人员除外。

第九条　事业单位公开招聘工作人员按照下列程序进行:

（一）制定公开招聘方案；
（二）公布招聘岗位、资格条件等招聘信息；
（三）审查应聘人员资格条件；
（四）考试、考察；
（五）体检；
（六）公示拟聘人员名单；
（七）订立聘用合同，办理聘用手续。
……

第五章　考核和培训

第二十条　事业单位应当根据聘用合同规定的岗位职责任务，全面考核工作人员的表现，重点考核工作绩效。考核应当听取服务对象的意见和评价。

第二十一条　考核分为平时考核、年度考核和聘期考核。

年度考核的结果可以分为优秀、合格、基本合格和不合格等档次，聘期考核的结果可以分为合格和不合格等档次。

第二十二条　考核结果作为调整事业单位工作人员岗位、工资以及续订聘用合同的依据。

第二十三条　事业单位应当根据不同岗位的要求，编制工作人员培训计划，对工作人员进行分级分类培训。

工作人员应当按照所在单位的要求，参加岗前培训、在岗培训、转岗培训和为完成特定任务的专项培训。

第二十四条　培训经费按照国家有关规定列支。

第六章　奖励和处分

第二十五条　事业单位工作人员或者集体有下列情形之一的，给予奖励：
（一）长期服务基层，爱岗敬业，表现突出的；
（二）在执行国家重要任务、应对重大突发事件中表现突出的；
（三）在工作中有重大发明创造、技术革新的；
（四）在培养人才、传播先进文化中作出突出贡献的；
（五）有其他突出贡献的。

第二十六条　奖励坚持精神奖励与物质奖励相结合、以精神奖励为主的原则。

第二十七条　奖励分为嘉奖、记功、记大功、授予荣誉称号。

第二十八条　事业单位工作人员有下列行为之一的，给予处分：
（一）损害国家声誉和利益的；
（二）失职渎职的；
（三）利用工作之便谋取不正当利益的；
（四）挥霍、浪费国家资财的；
（五）严重违反职业道德、社会公德的；
（六）其他严重违反纪律的。

第二十九条　处分分为警告、记过、降低岗位等级或者撤职、开除。

受处分的期间为：警告，6个月；记过，12个月；降低岗位等级或者撤职，24个月。

第三十条　给予工作人员处分，应当事实清楚、证据确凿、定性准确、处理恰当、程序合法、手续完备。

第三十一条 工作人员受开除以外的处分,在受处分期间没有再发生违纪行为的,处分期满后,由处分决定单位解除处分并以书面形式通知本人。

……

民办幼儿园与幼儿教师之间,公办幼儿园与其没有事业单位编制的幼儿教师之间的关系属于劳动关系,根据《劳动法》和《劳动合同法》的规定进行调整。幼儿园与幼儿教师之间订立劳动合同,应当遵循合法、公平、平等自愿、协商一致、诚实信用的原则,依法订立的劳动合同具有约束力,幼儿园与幼儿教师应当履行劳动合同约定的义务。幼儿园招用幼儿教师,应当如实告知幼儿教师工作内容、工作条件、工作地点、职业危害、安全生产状况、劳动报酬以及劳动者要求了解的其他情况;幼儿园有权了解幼儿教师与劳动合同直接相关的基本情况,幼儿教师应当如实说明。幼儿园招用劳动者,不得扣押幼儿教师的居民身份证和其他证件,不得要求幼儿教师提供担保或者以其他名义向幼儿教师收取财物。幼儿园与幼儿教师建立劳动关系,应当订立书面劳动合同。已建立劳动关系,未同时订立书面劳动合同的,应当自用工之日起一个月内订立书面劳动合同。幼儿园与幼儿教师在用工前订立劳动合同的,劳动关系自用工之日起建立。幼儿园与幼儿教师签订的劳动合同应该具备以下条款:幼儿园的名称、住所和法定代表人或者主要负责人;幼儿教师的姓名、住址和居民身份证或者其他有效身份证件号码;劳动合同期限;工作内容和工作地点;工作时间和休息休假;劳动报酬;社会保险;劳动保护、劳动条件和职业危害防护;法律、法规规定应当纳入劳动合同的其他事项。劳动合同除上述的必备条款外,用人单位与劳动者可以约定试用期、培训、保守秘密、补充保险和福利待遇等其他事项。此外,幼儿园与幼儿教师之间关于劳动合同的解除、违约责任承担等《劳动法》《劳动合同法》都做了明确规定,在此不再赘述。

 拓展阅读 3-5

劳动法(节选)

……

第二条 在中华人民共和国境内的企业、个体经济组织(以下统称用人单位)和与之形成劳动关系的劳动者,适用本法。

国家机关、事业组织、社会团体和与之建立劳动合同关系的劳动者,依照本法执行。

第三条 劳动者享有平等就业和选择职业的权利、取得劳动报酬的权利、休息休假的权利、获得劳动安全卫生保护的权利、接受职业技能培训的权利、享受社会保险和福利的权利、提请劳动争议处理的权利以及法律规定的其他劳动权利。

劳动者应当完成劳动任务,提高职业技能,执行劳动安全卫生规程,遵守劳动纪律和职业道德。

……

第十九条 劳动合同应当以书面形式订立,并具备以下条款:

(一)劳动合同期限;

（二）工作内容；

（三）劳动保护和劳动条件；

（四）劳动报酬；

（五）劳动纪律；

（六）劳动合同终止的条件；

（七）违反劳动合同的责任。

劳动合同除前款规定的必备条款外，当事人可以协商约定其他内容。

……

第二十四条　经劳动合同当事人协商一致，劳动合同可以解除。

第二十五条　劳动者有下列情形之一的，用人单位可以解除劳动合同：

（一）在试用期间被证明不符合录用条件的；

（二）严重违反劳动纪律或者用人单位规章制度的；

（三）严重失职，营私舞弊，对用人单位利益造成重大损害的；

（四）被依法追究刑事责任的。

第二十六条　有下列情形之一的，用人单位可以解除劳动合同，但是应当提前三十日以书面形式通知劳动者本人：

（一）劳动者患病或者非因工负伤，医疗期满后，不能从事原工作也不能从事由用人单位另行安排的工作的；

（二）劳动者不能胜任工作，经过培训或者调整工作岗位，仍不能胜任工作的；

（三）劳动合同订立时所依据的客观情况发生重大变化，致使原劳动合同无法履行，经当事人协商不能就变更劳动合同达成协议的。

……

第二十九条　劳动者有下列情形之一的，用人单位不得依据本法第二十六条、第二十七条的规定解除劳动合同：

（一）患职业病或者因公负伤并被确认丧失或者部分丧失劳动能力的；

（二）患病或者负伤，在规定的医疗期内的；

（三）女职工在孕期、产期、哺乳期内的；

（四）法律、行政法规规定的其他情形。

……

第三十一条　劳动者解除劳动合同，应当提前三十日以书面形式通知用人单位。

第三十二条　有下列情形之一的，劳动者可以随时通知用人单位解除劳动合同：

（一）在试用期内的；

（二）用人单位以暴力、威胁或者非法限制人身自由的手段强迫劳动的；

（三）用人单位未按照劳动合同约定支付劳动报酬或者提供劳动条件的。

……

第三十六条　国家实行劳动者每日工作时间不超过八小时、平均每周工作时间不超过四十四小时的工时制度。

第三十七条　对实行计件工作的劳动者，用人单位应当根据本法第三十六条规定的工时制度合理确定其劳动定额和计件报酬标准。

第三十八条　用人单位应当保证劳动者每周至少休息一日。

第三十九条　企业因生产特点不能实行本法第三十六条、第三十八条规定的,经劳动行政部门批准,可以实行其他工作和休息办法。

……

第四十四条　有下列情形之一的,用人单位应当按照下列标准支付高于劳动者正常工作时间工资的工资报酬:

(一)安排劳动者延长工作时间的,支付不低于工资的百分之一百五十的工资报酬;

(二)休息日安排劳动者工作又不能安排补休的,支付不低于工资的百分之二百的工资报酬;

(三)法定休假日安排劳动者工作的,支付不低于工资的百分之三百的工资报酬。

第四十五条　国家实行带薪年休假制度。

劳动者连续工作一年以上的,享受带薪年休假。具体办法由国务院规定。

……

三、幼儿教师与幼儿的关系

《教师法》第三条规定:"教师是履行教育教学职责的专业人员,承担教书育人,培养社会主义事业建设者和接班人、提高民族素质的使命。教师应当忠诚于人民的教育事业。"因此,在幼儿教师与幼儿的关系中,幼儿教师是教育者,幼儿是受教育者。根据《幼儿园工作规程》的要求,幼儿教师开展教育活动,应该遵循以下原则:德、智、体、美等方面的教育应当互相渗透,有机结合;遵循幼儿身心发展规律,符合幼儿年龄特点,注重个体差异,因人施教,引导幼儿个性健康发展;面向全体幼儿,热爱幼儿,坚持积极鼓励、启发引导的正面教育;综合组织健康、语言、社会、科学、艺术各领域的教育内容,渗透于幼儿一日生活的各项活动中,充分发挥各种教育手段的交互作用;以游戏为基本活动,寓教育于各项活动之中;创设与教育相适应的良好环境,为幼儿提供活动和表现能力的机会与条件。

具体来讲,幼儿教师应观察和了解幼儿,依据国家有关规定,结合本班幼儿的发展水平和兴趣需要,制订和执行教育工作计划,合理安排幼儿一日生活,创设良好的教育环境,合理组织教育内容,提供丰富的玩具和游戏材料,开展适宜的教育活动;严格执行幼儿园安全、卫生保健制度,指导并配合保育员管理本班幼儿生活,做好卫生保健工作;与家长保持经常联系,了解幼儿家庭的教育环境,商讨符合幼儿特点的教育措施,相互配合共同完成教育任务等。

除此之外,幼儿教师还是在园幼儿的保护者,幼儿教师有义务制止有害于幼儿的行为或者其他侵犯幼儿合法权益的行为,批评和抵制有害于幼儿健康成长的现象。幼儿教师必须具有安全意识,掌握基本急救常识和防范、避险、逃生、自救的基本方法,在紧急情况下应当优先保护幼儿的人身安全。根据《反家庭暴力法》第十四条的规定,幼儿教师在工作中发现幼儿遭受或者疑似遭受家庭暴力的,应当及时向公安机关报案。公安机关应当对报案人的信息予以保密,未依照本法第十四条规定向公安机关报案,造成严重后果的,由上级主管部门或者本单位对直接负责的主管人员和其他直接责任人员依法给予处分。

四、幼儿教师与幼儿家长的关系

近年来,党和政府十分重视家庭教育,多次强调"办好教育事业,家庭、学校、政府、社会都有责任。家庭是人生的第一所学校,家长是孩子的第一任老师,要给孩子讲好'人生第一课',帮助扣好人生第一粒扣子。教育、妇联等部门要统筹协调社会资源支持服务家庭教育。"教育部原部长陈宝生指出,要充分发挥学校在家庭教育中的引领和指导作用。

在对幼儿进行保育与教育方面,幼儿教师与幼儿家长是合作关系。根据《幼儿园工作规程》的规定,幼儿园要面向幼儿家长提供科学育儿指导,为家长提供科学育儿宣传指导,帮助家长创设良好的家庭教育环境,共同担负教育幼儿的任务。幼儿园应当建立幼儿园与家长联系的制度。幼儿园可采取多种形式,指导家长正确了解幼儿园保育和教育的内容、方法,定期召开家长会议,并接待家长的来访和咨询。幼儿园应当认真分析、吸收家长对幼儿园教育与管理工作的意见与建议。具体而言,幼儿教师要与家长保持经常联系,了解幼儿家庭的教育环境,商讨符合幼儿特点的教育措施,相互配合共同完成教育任务。

此外,幼儿教师还应接受家长的监督,幼儿园应当成立家长委员会。家长委员会的主要任务是:对幼儿园重要决策和事关幼儿切身利益的事项提出意见和建议;发挥家长的专业和资源优势,支持幼儿园保育教育工作;帮助家长了解幼儿园工作计划和要求,协助幼儿园开展家庭教育指导和交流。

拓展阅读 3-6

2019年4月3日下午4:30,石龙镇某幼儿园,一名4月1日才入园的幼童,其姨妈在接小孩放学时发现孩子手臂一处有淤青。在没有问清楚原因的情况下,孩子姨妈以及母亲当众对班级一位老师大扇耳光,一路追打,造成该老师头部受伤,头发被扯落,硬膜下及蛛网膜下腔出血。在殴打过程中,该园另一位怀有一个多月身孕的老师,为保护这位老师也被撞倒在地。整个过程中,无辜被打的老师始终处于惊恐遭打的状态。

随后,幼儿园方面报警,公安民警及时到场,制止了家长的暴力行为,并马上展开调查。经查看园内监控录像和问询,证实不存在老师打孩子的情况。根据相关法律法规,公安部门对殴打老师、扰乱教学秩序的两名家长实施行政拘留15天,两名家长赔偿了被打老师的相关伤害和损失,同时公开道歉。

第三节 幼儿教师的职业道德

幼儿园教师是履行幼儿园教育工作职责的专业人员,需要经过严格的培养与培训,具有良好的职业道德。根据《教师法》的规定,幼儿教师的首要义务就是遵守宪法、法律和职业道德,为人师表。教师职业道德,又称"教师道德"或"师德"。是教师在从事教育劳动中所遵循的行为准则和必备的道德品质。它是社会职业道德的有机组成部分,是教师行业特殊的道德要求。它从道义上规定了教师在教育劳动过程中以什么样的思想,感情,态度和作风去待人接物,处理问题,做好工作,为社会尽职尽责。它是教师行业的特殊道德要求,是调整教师与教师,教师与学生,教师与学校领导,教师与学生家长以及教师与社会其他方面关系的行为准则,是一般社会道德在教师职业中的特殊体现。

一、幼儿教师职业道德的内容

(一)《幼儿园教师专业标准(试行)》对幼儿教师职业道德的规定

为促进幼儿园教师专业发展,建设高素质幼儿园教师队伍,根据《中华人民共和国教师法》,教育部2012年颁布出台了《幼儿园教师专业标准(试行)》,该标准的首要指导思想就是"专业导向,师德为先",即幼儿园教师是对幼儿实施保育和教育职责的专业人员,需具有特定的专业素质,具有良好的职业道德与态度、专业的教育知识和技能。《幼儿园教师专业标准(试行)》的"专业理念与师德"方面,对幼儿教师的师德提出了以下具体要求:

(1)贯彻党和国家教育方针政策,遵守教育法律法规。
(2)理解幼儿保教工作的意义,热爱学前教育事业,具有职业理想和敬业精神。
(3)认同幼儿园教师的专业性和独特性,注重自身专业发展。
(4)具有良好职业道德修养,为人师表。
(5)具有团队合作精神,积极开展协作与交流。
(6)关爱幼儿,重视幼儿身心健康,将保护幼儿生命安全放在首位。
(7)尊重幼儿人格,维护幼儿合法权益,平等对待每一位幼儿。不讽刺、挖苦、歧视幼儿,不体罚或变相体罚幼儿。
(8)信任幼儿,尊重个体差异,主动了解和满足有益于幼儿身心发展的不同需求。
(9)重视生活对幼儿健康成长的重要价值,积极创造条件,让幼儿拥有快乐的幼儿园生活。
(10)注重保教结合,培育幼儿良好的意志品质,帮助幼儿养成良好的行为习惯。
(11)注重保护幼儿的好奇心,培养幼儿的想象力,发掘幼儿的兴趣爱好。
(12)重视环境和游戏对幼儿发展的独特作用,创设富有教育意义的环境氛围,将游戏作为幼儿的主要活动。
(13)重视丰富幼儿多方面的直接经验,将探索、交往等实践活动作为幼儿最重要的学习方式。
(14)重视自身日常态度言行对幼儿发展的重要影响与作用。
(15)重视幼儿园、家庭和社区的合作,综合利用各种资源。
(16)富有爱心、责任心、耐心和细心。
(17)乐观向上、热情开朗,有亲和力。
(18)善于自我调节情绪,保持平和心态。
(19)勤于学习,不断进取。
(20)衣着整洁得体,语言规范健康,举止文明礼貌。

(二)《新时代幼儿园教师职业行为十项准则》对幼儿教师职业道德的要求

为深入贯彻习近平新时代中国特色社会主义思想和党的十九大精神,深入贯彻落实全国教育大会精神,扎实推进《中共中央 国务院关于全面深化新时代教师队伍建设改革的意见》的实施,进一步加强师德师风建设,由教育部研究制定并于2018年11月8日印发了《新时代幼儿园教师职业行为十项准则》。

教师是人类灵魂的工程师，是人类文明的传承者。长期以来，广大教师贯彻党的教育方针，教书育人，呕心沥血，默默奉献，为国家发展和民族振兴作出了重大贡献。新时代对广大教师落实立德树人根本任务提出新的更高要求，为进一步增强教师的责任感、使命感、荣誉感，规范职业行为，明确师德底线，引导广大教师努力成为有理想信念、有道德情操、有扎实学识、有仁爱之心的好老师，着力培养德智体美劳全面发展的社会主义建设者和接班人，对幼儿教师职业道德提出新的要求是时代的必然。《新时代幼儿园教师职业行为十项准则》对幼儿教师职业道德提出了以下要求：

（1）坚定政治方向。坚持以习近平新时代中国特色社会主义思想为指导，拥护中国共产党的领导，贯彻党的教育方针；不得在保教活动中及其他场合有损害党中央权威和违背党的路线方针政策的言行。

（2）自觉爱国守法。忠于祖国，忠于人民，恪守宪法原则，遵守法律法规，依法履行教师职责；不得损害国家利益、社会公共利益，或违背社会公序良俗。

（3）传播优秀文化。带头践行社会主义核心价值观，弘扬真善美，传递正能量；不得通过保教活动、论坛、讲座、信息网络及其他渠道发表、转发错误观点，或编造散布虚假信息、不良信息。

（4）潜心培幼育人。落实立德树人根本任务，爱岗敬业，细致耐心；不得在工作期间玩忽职守、消极怠工，或空岗、未经批准找人替班，不得利用职务之便兼职兼薪。

（5）加强安全防范。增强安全意识，加强安全教育，保护幼儿安全，防范事故风险；不得在保教活动中遇突发事件、面临危险时，不顾幼儿安危，擅离职守，自行逃离。

（6）关心爱护幼儿。呵护幼儿健康，保障快乐成长；不得体罚和变相体罚幼儿，不得歧视、侮辱幼儿，严禁猥亵、虐待、伤害幼儿。

（7）遵循幼教规律。循序渐进，寓教于乐；不得采用学校教育方式提前教授小学内容，不得组织有碍幼儿身心健康的活动。

（8）秉持公平诚信。坚持原则，处事公道，光明磊落，为人正直；不得在入园招生、绩效考核、岗位聘用、职称评聘、评优评奖等工作中徇私舞弊、弄虚作假。

（9）坚守廉洁自律。严于律己，清廉从教；不得索要、收受幼儿家长财物或参加由家长付费的宴请、旅游、娱乐休闲等活动，不得推销幼儿读物、社会保险或利用家长资源谋取私利。

（10）规范保教行为。尊重幼儿权益，抵制不良风气；不得组织幼儿参加以营利为目的的表演、竞赛等活动，或泄露幼儿与家长的信息。

二、对幼儿教师违反职业道德的行为及其处理

为规范幼儿园教师职业行为，保障教师、幼儿的合法权益，落实《新时代幼儿园教师职业行为十项准则》等法律法规和制度规范，教育部制定并于2018年11月8日印发了《幼儿园教师违反职业道德行为处理办法》，对幼儿教师违法职业道德的行为及其处理方式进行了明确的规定。

（一）幼儿教师违反职业道德的行为

根据《幼儿园教师违反职业道德行为处理办法》第四条的规定，应予处理的教师违反职业道德行为如下：

(1)在保教活动中及其他场合有损害党中央权威和违背党的路线方针政策的言行。

(2)损害国家利益、社会公共利益,或违背社会公序良俗。

(3)通过保教活动、论坛、讲座、信息网络及其他渠道发表、转发错误观点,或编造散布虚假信息、不良信息。

(4)在工作期间玩忽职守、消极怠工,或空岗、未经批准找人替班,利用职务之便兼职兼薪。

(5)在保教活动中遇突发事件、面临危险时,不顾幼儿安危,擅离职守,自行逃离。

(6)体罚和变相体罚幼儿,歧视、侮辱幼儿,猥亵、虐待、伤害幼儿。

(7)采用学校教育方式提前教授小学内容,组织有碍幼儿身心健康的活动。

(8)在入园招生、绩效考核、岗位聘用、职称评聘、评优评奖等工作中徇私舞弊、弄虚作假。

(9)索要、收受幼儿家长财物或参加由家长付费的宴请、旅游、娱乐休闲等活动,推销幼儿读物、社会保险或利用家长资源谋取私利。

(10)组织幼儿参加以营利为目的的表演、竞赛活动,或泄露幼儿与家长的信息。

(11)其他违反职业道德的行为。

拓展阅读 3-7

教育部公开曝光 6 起违反教师职业行为十项准则典型案例

为进一步加强师德师风建设,教育部 2018 年印发了《新时代高校教师职业行为十项准则》《新时代中小学教师职业行为十项准则》《新时代幼儿园教师职业行为十项准则》。教育部持续加大违反教师职业行为查处力度,于 2019 年 7 月 31 日对近期督促地方和学校查处的 6 起违反教师职业行为十项准则典型案例进行了曝光。这 6 起典型案例分别是:湖南文理学院教师刘某某私自收取并侵占学生费用问题,上海海事大学教师姜某某学术不端问题,扬州大学教师华某某性骚扰学生问题,内蒙古包头市回民中学教师贾某有偿补课问题,广西百色市实验小学教师蒋某某歧视体罚学生、为校外培训机构介绍生源等问题和广东潮州市饶平县华侨中学教师吴某某性骚扰学生问题。

教育部有关负责人指出,这些违规违纪行为,对学生造成了严重伤害,极大损害了教师形象,造成恶劣社会影响。广大教师要引以为戒,自警、自省、自重,做以德修身、以德立学、以德施教、以德育德的楷模。

(二)对幼儿教师违反职业道德行为的处理

1. 对幼儿教师违反职业道德行为的处理方式及程序

根据《幼儿园教师违反职业道德行为处理办法》的第二条、第三条的规定,幼儿教师(包括公办幼儿教师和民办幼儿教师)违反职业道德,将受到处分和其他处理。处分包括警告、记过、降低岗位等级或撤职、开除。警告期限为 6 个月,记过期限为 12 个月,降低岗位等级或撤职期限为 24 个月。是中共党员的,同时给予党纪处分。其他处理包括给予批评教育、诫勉谈话、责令检查、通报批评,以及取消在评奖评优、职务晋升、职称评定、岗位聘用、工资晋级、申报人才计划等方面的资格。取消相关资格的处理执行期限不得少于 24 个月。教师涉嫌违法犯罪的,及时移送司法机关依法处理。

幼儿园及幼儿园主管部门发现教师存在《幼儿园教师违反职业道德行为处理办法》第四条列举行为的，应当及时组织调查核实，视情节轻重给予相应处理。作出处理决定前，应当听取教师的陈述和申辩，调查了解幼儿情况，听取其他教师、家长委员会或者家长代表意见，并告知教师有要求举行听证的权利。对于拟给予降低岗位等级以上的处分，教师要求听证的，拟作出处理决定的部门应当组织听证。

给予教师处理，应当坚持公平公正、教育与惩处相结合的原则；应当与其违反职业道德行为的性质、情节、危害程度相适应；应当事实清楚、证据确凿、定性准确、处理恰当、程序合法、手续完备。

2. 对幼儿教师违反职业道德行为的处理权限

根据《幼儿园教师违反职业道德行为处理办法》的第七条规定，给予幼儿教师处理按照以下权限决定：

（1）警告和记过处分，公办幼儿园教师由所在幼儿园提出建议，幼儿园主管部门决定。民办幼儿园教师由所在幼儿园提出建议，幼儿园举办者作出决定，并报主管部门备案。

（2）降低岗位等级或撤职处分，公办幼儿园由教师所在幼儿园提出建议，幼儿园主管部门决定并报同级人事部门备案。民办幼儿园教师由所在幼儿园提出建议，幼儿园举办者作出决定，并报主管部门备案。

（3）开除处分，公办幼儿园在编教师由所在幼儿园提出建议，幼儿园主管部门决定并报同级人事部门备案。未纳入编制管理的教师由所在幼儿园决定并解除其聘任合同，报主管部门备案。民办幼儿园教师由所在幼儿园提出建议，幼儿园举办者作出决定并解除其聘任合同，报主管部门备案。

（4）给予批评教育、诫勉谈话、责令检查、通报批评，以及取消在评奖评优、职务晋升、职称评定、岗位聘用、工资晋级、申报人才计划等方面资格的其他处理，按照管理权限，由教师所在幼儿园或主管部门视其情节轻重作出决定。

3. 对幼儿教师违反职业道德行为处理结果的执行

处理决定应当书面通知教师本人并载明认定的事实、理由、依据、期限及申诉途径等内容。教师不服处理决定的，可以向幼儿园主管部门申请复核。对复核结果不服的，可以向幼儿园主管部门的上一级行政部门提出申诉。对教师的处理，在期满后根据悔改表现予以延期或解除，处理决定和处理解除决定都应完整存入人事档案及教师管理信息系统。

教师受到处分的，符合《教师资格条例》第十九条规定的，由县级以上教育行政部门依法撤销其教师资格。教师受处分期间暂缓教师资格定期注册。依据《教师法》第十四条规定丧失教师资格的，不能重新取得教师资格。教师受记过以上处分期间不能参加专业技术职务任职资格评审。

教师被依法判处刑罚的，依据《事业单位工作人员处分暂行规定》给予降低岗位等级或者撤职以上处分。其中，被依法判处有期徒刑以上刑罚的，给予开除处分。教师受到剥夺政治权利或者故意犯罪受到有期徒刑以上刑事处罚的，丧失教师资格。

4. 对幼儿教师违反职业道德行为处理的监督

公办幼儿园、民办幼儿园举办者及主管部门不履行或不正确履行师德师风建设管理职责，有下列情形的，上一级行政部门应当视情节轻重采取约谈、诫勉谈话、通报批评、纪律处分和组织处理等方式严肃追究主要负责人、分管负责人和直接责任人的责任：
(1)师德师风长效机制建设、日常教育督导不到位；
(2)师德失范问题排查发现不及时；
(3)对已发现的师德失范行为处置不力、方式不当或拒不处分、拖延处分、推诿隐瞒的；
(4)已作出的师德失范行为处理决定落实不到位，师德失范行为整改不彻底；
(5)多次出现师德失范问题或因师德失范行为引起不良社会影响；
(6)其他应当问责的失职失责情形。
省级教育行政部门应当结合当地实际情况制定实施细则，并报国务院教育行政部门备案。

拓展阅读 3-8

为贯彻落实《新时代幼儿园教师职业行为十项准则》及《幼儿园教师违反职业道德行为处理办法》，明确幼儿园教师违反职业道德行为的具体处理办法，为进一步加强师德师风建设，规范全省幼儿园教师职业行为，健全黑龙江省教师管理机制，黑龙江省教育厅于2019年5月27日向各市(行署)教育局印发了《黑龙江省幼儿园教师违反职业道德行为处理办法实施细则》。

黑龙江省幼儿园教师违反职业道德行为处理办法实施细则

第一条　为进一步规范我省幼儿园教师职业道德行为，保障教师、幼儿的合法权益，维护教师队伍形象，根据《中华人民共和国教育法》《中华人民共和国教师法》《教师资格条例》《新时代幼儿园教师职业行为十项准则》《幼儿园教师违反职业道德行为处理办法》和《事业单位人事管理条例》《事业单位工作人员处分暂行规定》等法律法规和制度规范，结合我省教育实际，制定本实施细则。

第二条　本办法所称幼儿园教师包括公办幼儿园、民办幼儿园的教师。

第三条　本实施细则所称处理包括处分和其他处理。处分包括警告、记过、降低岗位等级或撤职、开除。警告期限为6个月，记过期限为12个月，降低岗位等级或撤职期限为24个月。是中共党员的，同时给予党纪处分。

其他处理包括给予批评教育、诫勉谈话、责令检查、通报批评，以及取消在评奖评优、职务晋升、职称评定、岗位聘用、工资晋级、申报人才计划等方面的资格。取消相关资格的处理执行期限不得少于24个月。

教师涉嫌违法犯罪的，及时移送司法机关依法处理。

第四条　应予处理的教师违反职业道德行为如下：

(一)在保教活动中及其他场合有损害党中央权威和违背党的路线方针政策的言行。

(二)损害国家利益、社会公共利益，或违背社会公序良俗的行为。

(三)通过保教活动、论坛、讲座、信息网络及其他渠道发表、转发错误言论，或编造散布虚假信息、不良信息的行为。

(四)在工作期间玩忽职守、消极怠工，或空岗、未经批准找人替班，利用职务之便兼职兼薪的行为。

(五)在保教活动中遇突发事件、面临危险时，不顾幼儿安危，擅离职守，自行逃离的行为。

(六)体罚和变相体罚幼儿，歧视、侮辱幼儿，猥亵、虐待、伤害幼儿的行为。

（七）采用学校教育方式提前教授小学内容，组织有碍幼儿身心健康的活动。

（八）在入园招生、绩效考核、岗位聘用、职称评聘、评优评奖等工作中徇私舞弊、弄虚作假的行为。

（九）索要、收受幼儿家长财物或参加由家长付费的宴请、旅游、娱乐休闲等活动，推销幼儿读物、社会保险，通过实体店或网络向家长推介任何商品，或利用家长资源谋取私利的行为。

（十）组织幼儿参加以营利为目的的表演、竞赛活动，或泄露幼儿与家长的信息行为。

（十一）其他违反职业道德的行为。

第五条　幼儿园教师违反职业道德受到处分的，按以下办法进行处理：

（一）受到警告处分的，在受处分期间，不得聘用到高于现聘岗位等级的岗位；在作出处分决定的当年，年度考核不能确定为优秀等次。

（二）受到记过处分的，在受处分期间，不得聘用到高于现聘岗位等级的岗位，年度考核不得确定为合格及以上等次。

（三）受到降低岗位等级处分的，自处分决定生效之日起降低一个以上岗位等级聘用，按照事业单位收入分配有关规定确定其工资待遇；在受处分期间，不得聘用到高于受处分后所聘岗位等级的岗位，年度考核不得确定为基本合格及以上等次。

（四）受到开除处分的，自处分决定生效之日起，终止其与学校的关系。

第六条　同时有两种以上需要给予处分的行为的，应当分别确定其处分。应当给予处分种类不同的，执行其中最重的处分；应当给予开除以外多个相同种类处分的，执行该处分，但处分期应当按照一个处分期以上、两个处分期之和以下确定。

在受处分期间受到新的处分的，其处分期为原处分期尚未执行的期限与新处分期限之和，但是最长不得超过48个月。

第七条　教师受到处分的，符合《教师资格条例》第十九条规定的，由县级以上教育行政部门依法撤销其教师资格。

教师受处分期间暂缓教师资格定期注册。依据《中华人民共和国教师法》第十四条规定丧失教师资格的，不能重新取得教师资格。

教师受记过以上处分期间不能参加专业技术职务任职资格评审（考试）。

第八条　教师被依法判处刑罚的，依据《事业单位工作人员处分暂行规定》给予降低岗位等级或者撤职以上处分。其中，被依法判处有期徒刑以上刑罚的，给予开除处分。教师受到剥夺政治权利或者故意犯罪受到有期徒刑以上刑事处罚的，丧失教师资格。

第九条　给予教师处理，应当坚持公平公正、教育与惩处相结合的原则；应当与其违反职业道德行为的性质、情节、危害程度相适应；应当事实清楚、证据确凿、定性准确、处理恰当、程序合法、手续完备。

第十条　给予教师处理按照以下权限决定：

（一）警告和记过处分，公办幼儿园教师由所在幼儿园提出建议，幼儿园主管部门决定。民办幼儿园教师由所在幼儿园提出建议，幼儿园举办者作出决定，并报主管部门备案。

（二）降低岗位等级或撤职处分，公办幼儿园由教师所在幼儿园提出建议，幼儿园主管部门决定并报同级人事部门备案。民办幼儿园教师由所在幼儿园提出建议，幼儿园举办者作出决定，并报主管部门备案。

（三）开除处分，公办幼儿园在编教师由所在幼儿园提出建议，幼儿园主管部门决定并报同级人事部门备案。未纳入编制管理的教师由所在幼儿园决定并解除其聘任合同,报主管部门备案。民办幼儿园教师由所在幼儿园提出建议,幼儿园举办者作出决定并解除其聘任合同,报主管部门备案。

(四)给予批评教育、诫勉谈话、责令检查、通报批评,以及取消在评奖评优、职务晋升、职称评定、岗位聘用、工资晋级、申报人才计划等方面资格的其他处理,按照管理权限,由教师所在幼儿园或主管部门视其情节轻重作出决定。

第十一条 对教师的处理按照以下程序办理:

(一)发现教师存在违反职业道德行为后,所在幼儿园及幼儿园主管部门,应当及时组织调查核实;

(二)收集、查证有关证据材料,并形成书面调查报告;

(三)将调查认定的事实及拟给予处分的依据告知被调查教师,听取其陈述和申辩,调查了解幼儿情况,听取其他教师、家长委员会或者家长代表意见,对其所提出的事实、理由和证据进行复核,记录在案,并告知教师有要求举行听证的权利。被调查的教师提出的事实、理由和证据成立的,应予采信。对于拟给予降低岗位等级以上的处分,教师要求听证的,拟作出处理决定的部门应当组织听证;

(四)按照处理权限,视情节轻重给予相应处理;

(五)处理决定应当书面通知教师本人并载明认定的事实、理由、依据、期限及申诉途径等内容;

(六)将处理决定存入教师档案。

第十二条 教师不服处理决定的,可以自处理决定之日起三十日内向幼儿园主管部门申请复核。对复核结果不服的,可以自接到复核决定之日起三十日内向幼儿园主管部门的上一级行政部门提出申诉。

对教师的处理,在期满后根据悔改表现予以延期或解除,处理决定和处理解除决定都应完整存入人事档案及教师管理信息系统。

第十三条 公办幼儿园、民办幼儿园举办者及主管部门不履行或不正确履行师德师风建设管理职责,有下列情形的,上一级行政部门应当视情节轻重采取约谈、诫勉谈话、通报批评、纪律处分和组织处理等方式严肃追究主要负责人、分管负责人和直接责任人的责任:

(一)师德师风长效机制建设、日常教育督导不到位;

(二)师德失范问题排查发现不及时;

(三)对已发现的师德失范行为处置不力、方式不当或拒不处分、拖延处分、推诿隐瞒的;

(四)已作出的师德失范行为处理决定落实不到位,师德失范行为整改不彻底;

(五)多次出现师德失范问题或因师德失范行为引起不良社会影响;

(六)其他应当问责的失职失责情形。

第十四条 教师在接受调查处理期间,不宜继续履行职责的,可以按照人事管理权限,由所在幼儿园或幼儿园主管部门暂停其职责。

第十五条 处分的解除按照《事业单位工作人员处分暂行规定》的相关规定执行。

第十六条 本实施细则未尽事宜和幼儿园除教师之外的人员违反职业道德行为,参照《事业单位工作人员处分暂行规定》《中国共产党纪律处分条例》执行。

第十七条 本实施细则自公布之日起三十日后施行。

本章作业

一、简答题

(1)简述幼儿教师的权利与义务。

(2)试分析幼儿教师职业道德的内容。

(3)试论述幼儿教师与幼儿的关系。

二、案例分析

女教师李天是某市龙宝幼儿园聘任老师,与幼儿园签订的劳动合同期限是2014年9月至2018年9月。自2016年4月李天因生孩子开始休产假开始,至2016年9月产假结束,幼儿园未发给李天工资。李天休完产假后找园长要求上班,园长要求她等通知。2016年9月底,幼儿园通知李天回校参加招生工作,但该月底,又以生源不佳为由将李天辞退。

(1)案例中,龙宝幼儿园有哪些行为侵害了李天的合法权益?

(2)根据《劳动合同法》第四十二条的规定,劳动者有哪些情形时,用人单位不能单方面解除劳动合同?

第四章 幼儿

> **学习目标**
>
> (1)了解幼儿的身心发展特点。
> (2)理解幼儿的法律地位。
> (3)明确幼儿的权利。
> (4)学会分析如何保护幼儿的权利。

 / 案例导入 /

真实与"谎言"

一天中午吃午饭的时候,轩轩和小宝两个人为了一个座位发生了争执,心急又激动的轩轩表达不清自己的情绪,于是老师先请轩轩搬离了之前的位置。

看到轩轩的情绪还是很激动,我就觉得事情可能没有这么简单。当我问清楚是小宝把轩轩的椅子从桌子下搬出去的时候,我叫来小宝询问情况,小宝一再摇头否定,于是我询问那张桌子旁边的贝贝,发现轩轩说的是事实。

小宝听完直摇头,我便问道:"你有把椅子搬走吗?"小宝低下头不说话。于是我接着说道:"我不是为了生气或者批评你才问你的,我只是想知道真实情况,而且我是相信你才会问你的。"听完我的话小宝点点头说"是我。""谢谢你没有骗我,我只是想知道事情的真相,现在我已经知道了,我相信你也应该知道该怎么做,请你去跟轩轩解决一下问题吧。"小宝点头同意后,就去帮轩轩把椅子放回了原来的位置,自己坐到了另一张桌子上。

思考:在以上案例中,如果老师认为小宝在撒谎,严厉批评小宝,是否合适呢?为什么?

分析:不合适。2岁时大约有20%~25%的孩子说过谎;3岁时大约有50%的孩子说过谎;4岁时大约有90%的孩子说过谎;到7岁时100%的孩子都说过谎。很多时候,我们喜欢用非黑即白思维方式给孩子的行为下定义,但其实这对孩子来说是不公平的。由于大脑的快速发育,2、3岁的孩子可能经常会把想象与现实搞混,才会出现"说谎"的现象。因此,"说谎"行为被称为孩子学会保护自己的第一件武器。所以,小宝这种情况我们不能判定为他在撒谎,因为从小宝的神情中知道,他是因为害怕挨批评所以理所当然地选择了对自己有利的答案来回答,在这样的情况下孩子是顾及不到这个有利的答案是否真实的,所以我们不能随便给孩子贴上"爱说谎"的标签。

第一节　幼儿的身心发展特点

在教育过程中,以学为职责的人被称为受教育者,受教育者首先作为教育的对象存在于教育活动的要素之中。受教育者是教育的对象,其一,在教育过程中,受教育者首先是一个求知的个体。他们从无知到有知,从知之不多到知之较多,需要教师的传授。在教师的引导下,他们可以逐渐认识客观自然和人类自己,逐渐使他们的认识由个体的认识水平过渡到人类总体的认识水平。其二,受教育者也是一个不成熟的个体。在教师的教育下,受教育者逐渐获得品德的完善和行为的养成,逐渐由个体的生物人向本质上的社会人转变。其三,受教育者也是一个缺乏技能的个体。只有在教师的培养训练下,受教育者才能逐渐掌握各种生产和生活技能,实现由消费的个体向生产的社会成员转变。随着世界范围内终身教育和全民教育的实行,教育对象的范围已经扩展到一个人从生命形成(胎教)到死亡的一生和全社会不分种族、性别、宗教、民族和阶级的所有人。其中,学校里的学生是受教育者的主体和代表。

广义的学前教育中,所有为提高自身素质而处于学习状态的幼儿都是学前受教育者;在狭义的学前教育中,受教育者特指学前教师"教"的对象——幼儿。

近些年来,幼儿遭到不正当对待的事件屡屡发生,每一次曝光便引起社会的高度关注与讨论,然而幼儿人身受到侵害、权利受到侵害的事件屡禁不止。究竟应该如何保护儿童,让每个孩子都能被这个世界温柔对待?也是我们现在依然要深思的一个问题。本节主要通过介绍幼儿的身心发展特点,使读者能够对"幼儿"这一群体有进一步的深入了解,并在理解的基础上遵循幼儿的身心发展特点进行教育,促进幼儿身心的健康全面发展。

拓展阅读 4-1

不愿走路的宝宝

3 岁的男孩来诊,家长说他不愿走路,家里人就一直抱着,走一会儿就喊疼让抱,并且在走路的过程中后脚跟严重往外翻。这个 3 岁男孩的发育正常吗?

分析:儿童行走动作的发展,要经历爬行、站立和行走三个阶段。7 个月,试着爬行,主要依靠膝盖和大腿的移动。8 个月,匍匐爬行,腹部贴地,用腹部手臂带动身体和两腿前进;扶着能站立。10 个月,用手和膝盖爬行。身体不着地,手臂和腿交替移动,能扶着东西自己站起。12 个月,能扶着行走。14 个月,能独自站立。15 个月,能独自行走。18 个月,跑步不稳,容易摔倒。2 岁,行走自如,能大步稳跑,会踢皮球,能自己上楼下楼。2 岁半,能双脚跳,会用单脚站立片刻(2 秒钟左右),能踮着脚,用脚尖走几步,能从椅子上跳下。3 岁,能单脚站立,会踮着脚走,跑步稳当,会骑三轮脚踏车。

从案例中男孩的表现与生长发育指标对应来看,处于 3 岁的孩子不仅能走路并且能够稳当的跑步,所以案例中的男孩明显足部发育异常。从家长的描述与身体评估,发现孩子脚部载距突向下生长,两脚的相同位置都是红色,因为每走一步,载距突都和地面摩擦碰撞,已经磨红了。难怪孩子不愿意走路,载距突的骨头和地面硬碰硬,孩子脚痛。继续评估发现前足也有问题,右脚前足内翻度数比较大,长短腿出现了,右腿长,头部以下脊柱已经出现了两个侧弯,属于严重的"旋前足"。通过进一步了解发现孩子长期穿的鞋都太软,中足完全没有控制,后跟也没支撑,原本孩子就有足部问题,长期的穿着没法获得生长发育需要的支持。所以家长一定要充分掌握幼儿的发展特点与规律,创造适宜幼儿发展的环境,充分促进幼儿的身心健康发展。

幼儿阶段是身心发展的黄金时期,其身心发展有明显的特征,具体表现在以下五个方面:身体发育、语言发展、思维发展、社会交往、个性发展。

一、幼儿期是身体发展的关键期

这个时期是幼儿身体迅速发展的时期。每年身高增长 4~7.5 厘米,骨骼生长日益坚硬;大肌肉较为发达,小肌肉开始发展;脑重量不断增加;大脑皮质达到相当成熟的程度。

这一时期幼儿的身高、体重、营养、神经、动作技能等方面获得长足进步。在人的生长发育过程中,0~6 岁幼儿的发育有两个规律,一个是头尾律,一个是正侧律。在胎儿时期,头颅最先发育。出生时,头围已达到成人头围的 65%。出生以后,头颅继续快速发育,然后是躯干,最后才是四肢。这种从头部到下肢的发育规律称为头尾律。从"二抬四翻六会坐,七滚八爬周会走"的动作发育程序来看,也能发现这一规律。所谓正侧律是指从人体中部到人体边缘的发展。婴儿开始拿东西时是满把抓,然后是几个指头拿东西,后来可以用两个指头拿,最后能用指尖拿东西,这就是发育的正侧律。从出生到发育成熟,人体各部分的增长规律:头颅增长一倍,躯干增长两倍,上肢增长三倍,下肢增长四倍。经过这样的增长,新生儿从一个巨大的头颅、较长的躯干、短小的四肢的不均衡体型发育为一个较小的头颅、较短的躯干、较长的四肢,体型较为均衡的成人。

二、幼儿期是语言发展的重要时期

儿童心理研究与长期的教育实践已经证明,幼儿期是语言发展的一个非常重要和关键的时期。在这一时期,婴幼儿的大脑发育迅速,听觉器官与发音器官相应成熟,正确发出全部语音的条件已经具备并且能分辨成人的语言,这为幼儿的语言发展提供了生理基础。在这一时期,婴幼儿由咿呀学语到能够掌握各类词,词汇量迅速增长,词类范围也逐步扩大,逐渐明确词义并有一定的概括性,对词义理解也逐步加深,逐步掌握各种语法结构,能用清楚的、连贯的语言表达自己的愿望和要求,并可自由地与他人交谈。连贯性口头语言的表达能力逐步提高,大班幼儿普遍能够完整地复述较长的故事,能看图编故事,还能围绕一个主题编故事。

孩子从出生到掌握语言,一般需要 3~4 年的时间,而语言发育的关键期是 2~4 岁。9 个月到 24 个月(2 岁)是理解语言的关键期,2~4 岁是表达语言的关键发育期。此时学习语言效果最佳,而且获得的语言习惯最容易长期保持下去。

语言发育第一期:单词句阶段,在孩子 12 个月到 18 个月之间。这个时期的幼儿往往会用一个简单的词汇代替和表达完整句子所包含的意义,会用手势、表情等辅助表达自己的意愿。

语言发育第二期:多词句阶段,在孩子 18 个月到 24 个月之间。由于这个时期的幼儿对周围的环境有了更深刻的理解认识,孩子的词汇量迅速增加,可以运用两个或者三个不相关联的简单词汇代替表达完整的句子。

语言发育第三期:简单句阶段,24个月到36个月之间。这时期的孩子词汇量明显增多,会表述逻辑性较强、含有主语谓语的简单句。

三、幼儿期是思维发展的关键期

思维是高级的认识活动,是智力的核心。幼儿的思维在实践活动中产生,使他们的整个心理活动发生了巨大的变化。思维的产生,不仅意味着儿童的认识过程已基本形成,同时也引起原有的低级认识的质变:知觉不再单纯反映事物的外部特征,也开始反映事物的意义和事物之间的关系,成为"理解性的知觉",即思维指导下的知觉;记忆的理解性增强了,有意性也出现了;情绪情感逐渐深刻,意志行动产生了,儿童的心理开始具有系统性。

在这一时期,思维是从自我中心、不可逆性到去自我中心化、可逆性,从外部到内部,从形象思维到抽象思维,从依靠外界事物的操作到抽象逻辑思维的运算,从借助实物表征、无意记忆到有意记忆、推理、判断,从低级到高级思维等发展过渡。孩子在特定年龄段,会专注于环境中的某一项特征,拒绝接受其他特征,会对某种行为产生强烈的兴趣,并不厌其烦地重复,直到出现另一种感兴趣的行为为止,这就是孩子思维发展的关键期。两岁半到三岁是从直接行动思维到具体形象思维发展的关键期,五岁半到六岁是从具体形象思维到抽象逻辑思维发展的关键期。抓住关键期适时引导,可以带来事半功倍的教育效果。

四、幼儿期是社会交往开始形成的时期

这一时期,幼儿从自我意识的产生到逐步区分自我与他人,再到理解他人的情绪、意图、信念等,推断和预测他人的行为和心理状态发展。2~3岁是幼儿自我意识的敏感期,通过"打人"表达自己的不同意、不满意或说出"不,不要"等来体现和感受自我的力量。到2岁半开始通过占有食物、玩具来获得支配物品的满足感。然后,孩子开始学会交换食物,再到交换玩具,但孩子没有等价交换的意识。这便是最初的一对一社交。4~5岁,孩子发现,在社交关系中,真正的朋友建立在志趣相投、彼此关爱、相互理解和相互倾听的基础上。5岁以后孩子结束了一对一的交往,开始进入三四人一组的交往。在选择朋友上有了明显的志趣倾向,结束了以交换为目的的交友方式。他们开始表达爱意,消除孤独,也开始出现从心理上对别人的控制和反控制,出现了情感上的依赖和沟通,这奠定了孩子的社交人际智能基础。

五、幼儿期是个性开始形成的时期

个性就是个别性、个人性,就是一个人在思想、性格、品质、意志、情感、态度等方面不同于其他人的特质,这个特质表现于外就是人的言语方式、行为方式和情感方式等,任何人都是有个性的,是一种个性化的存在,个性化是人的存在方式。著名教育家乌申那斯基说:"一个人即使活到80岁也能看到他5岁时的样子。"幼儿时期是一个人性格形成的关键时期,良好的性格培养对幼儿来说尤为重要,幼儿开始形成自己最初的个性倾向,并会在一生中都保留其痕迹,因而在人的个性发展中具有重要作用。

幼儿出现了兴趣、爱好的个别差异,也出现了一定能力上的差异,初步形成了对人、对事、对自己、对集体的一些比较稳定的态度,也出现了最初的比较明显的心理倾向,这表明幼儿开始形成最初的个性。在幼儿个性形成中起重要作用的是自我意识,特别是道德意识的发展。自我意识反映了幼儿对自己在社会关系系统中的地位的理解,反映了幼儿对自己实际行动的

可能性的评价和对自己的注意。自我意识使幼儿逐渐形成独特的个性。

 拓展阅读 4-2

教育部关于印发《3-6岁儿童学习与发展指南》的通知

教基二〔2012〕4号

各省、自治区、直辖市教育厅(教委),新疆生产建设兵团教育局:

为深入贯彻教育规划纲要,落实《国务院关于当前发展学前教育的若干意见》(国发〔2010〕41号),帮助广大幼儿园教师和家长了解3-6岁幼儿学习与发展的基本规律和特点,全面提高科学保教水平,我部组织专家研究制定了《3-6岁儿童学习与发展指南》(以下简称《指南》)。《指南》广泛征求了各方面的意见,经教育部学前教育专家指导委员会审议通过。现予印发,并就《指南》贯彻落实的有关工作通知如下:

1. 开展全员培训。各地要把《指南》作为当前幼儿园教职工、学前教育教研人员和管理干部业务培训的主要内容。省级和地市级教育行政部门要重点做好幼教干部、教研人员和骨干教师培训,区县一级要组织全员培训。要全面理解和准确把握《指南》的精神实质,切实把先进的教育理念和科学的教育方法落实到幼儿园保教工作的各个环节。要创新培训方式,提高培训的针对性和实效性。

2. 建设一批实验区。地方各级教育行政部门要认真抓好贯彻落实《指南》的实验和经验推广工作。要结合本地实际确定一批实验区,省一级抓好一个地(市),地市一级抓好1~2个县(区)。要组建专家团队,有效整合资源,针对《指南》实施过程中的困难和问题,为实验区提供专业支持。

3. 抓好幼小衔接。地方各级教育行政部门要制定相关配套政策,采取有效措施,严禁幼儿园提前学习小学教育内容,严禁小学举办各种形式的入学选拔考试,严禁小学一年级以任何理由压缩课程或加快课程进度。积极探索幼儿园和小学的双向衔接,为《指南》的全面贯彻落实创造条件。

4. 加强社会宣传。要充分发挥学前教育教科研机构和幼儿园的专业优势,发挥各种大众传媒的作用,组织开展形式多样的宣传活动。要以深入浅出的语言,喜闻乐见的形式,广泛宣传《指南》的教育理念和教育方法,提高广大家长的科学育儿能力,实现家园共育。5. 加强组织领导。各地要高度重视《指南》的贯彻落实,切实解决好必要的条件保障。要特别重视《指南》在农村幼儿园的贯彻落实工作,通过专家巡回指导、城乡幼儿园帮扶结对等形式,加大对农村幼儿园的扶持力度。

我部将适时组织开展相关培训、试点经验交流等活动。各地实施《指南》的情况、实施过程中的好做法、好经验以及有关困难,问题请及时报我部基础教育二司。

教育部

2012年10月9日

第二节 幼儿的法律地位

幼儿的法律地位是幼儿获得权利、行使权利的基础,是幼儿在法律上所享有的权利能力和行为能力,并以此在具体的法律关系中所取得的主体资格。本节主要探讨学前教育受教育者法律地位的含义、类别,旨在使读者对幼儿的法律地位有一般性的认识。

 拓展阅读 4-3

幼儿园老师殴打女童案件

2010年9月8日两岁半的女孩小莹(化名)和同班小朋友小梦(化名)因为抢板凳发生争执,两个小朋友互相抓了对方一下,小梦胳膊上留下一道痕迹。之后,小梦的妈妈——幼儿园大班的陈老师当着全班小朋友的面,打了小莹十多分钟。在场的其他一位老师也一起打了小莹。8日下午,小莹的妈妈唐女士确认校长在学校之后,于16时多赶到学校。调看监控视频后,唐女士感到十分震惊,发现孩子被小梦的妈妈暴打。9月10日下午,唐女士向当地派出所报警,同时希望学校给一个说法。

分析:身体权是指自然人保持其身体组织完整并支配其肢体、器官和其他身体组织,保护自己的身体不受他人违法侵犯的权利;健康权为自然人享有保持生理机能正常及其健康状况不受侵犯的权利。其内容主要包括健康保持权和特定情形下的健康利益支配权。常见侵犯身体权与健康权的行为:非法拘禁、非法搜查、殴打、体罚、非法买卖器官等。上述事件就是幼儿园中典型的教师侵犯幼儿身体权、健康权的案件。

通过后续取证发现,视频显示,在小梦的妈妈陈老师查看小梦"伤势"的同时,一位拿扫帚的阿姨(唐女士说,她是幼儿园的生活老师苗老师)在向小梦的妈妈比画着什么,并用手指向了站在教室中部的小莹。随后,陈老师冲到小莹面前,多次拍打小莹手臂,嘴里不停地说着什么。再次查看小梦手臂"伤势"之后,陈老师又多次用手指戳小莹的头、推打小莹。不解气的陈老师,又将小莹从教室中部位置拽到墙角,小莹踉踉跄跄还没有站稳,小梦妈妈接着用手推了她一把,小莹重重地摔在靠在墙边的床上。其间,小莹不断哭泣。教室中,不下十位小朋友在旁观看,一位老师从头到尾没有出来制止。生活老师苗老师也参与了打人。张园长表示,打人老师已停职反省。

如果老师的行为对孩子造成了轻伤,家属可报案要求老师承担刑事责任;如果没有构成轻伤,属于民事侵权,应该由幼儿园承担民事责任,家长可要求公安机关对打人老师进行治安处罚。幼儿园的老师应当持证上岗,学校在管理用人方面存在明显的纰漏。教育单位可对幼儿园进行处罚。

一、幼儿法律地位的含义

学前教育受教育者的法律地位是指幼儿以其权利能力和行为能力在具体法律关系中取得

的一种主体资格。

近些年来,幼儿遭受不公正对待的事件屡屡发生,每一次曝光都受到了社会各界高度关注。国务院就幼儿园侵害事件发出紧急通知:"发现一起,查处一起"。针对幼儿园侵害事件,国务院通知要求,各地要按照《中华人民共和国未成年人保护法》简称《未成年人保护法》《教师法》《幼儿园管理条例》《幼儿园工作规程》和《幼儿园办园行为督导评估办法》有关要求,立即组织开展幼儿园办园行为专项督导检查,重点检查师德师风建设情况,及时发现问题进行整改。对幼儿园伤害幼儿等恶性事件,坚决发现一起,查处一起,坚决防止幼儿园伤害幼儿事件的发生,切实保障幼儿安全健康。

二、幼儿法律地位的类别

一般而言,幼儿具有三种不同的法律地位,并由此产生不同的权利能力和行为能力。

1. 作为公民的幼儿

幼儿,同样应获得作为公民的一切基本权利。公民的基本权利是公民依照宪法规定在政治、人身、经济、社会、文化等方面享有的主要权利,也叫宪法权利。它是公民最主要的,也是必不可少的权利。

根据《宪法》规定,我国公民享有的基本权利大致可以分为以下几类:公民的平等权;公民的政治权利和自由;公民的宗教信仰自由;公民的人身自由;公民的批评、建议、申诉、控告权等;公民的社会经济权利;公民的教育、科学、文化权利和自由;其他方面的权利。

2. 作为幼儿的幼儿

《未成年人保护法》第二条规定:"本法所称未成年人是指未满十八周岁的公民。"学前教育中的幼儿主要指的是不满六周岁(或七周岁)的幼儿。

我国《民法总则》第二十七条规定:"父母是未成年子女的监护人。未成年人的父母已经死亡或者没有监护能力的,由下列有监护能力的人按顺序担任监护人:祖父母、外祖父母;兄、姐;其他愿意担任监护人的个人或者组织,但是须经未成年人住所地的居民委员会、村民委员会或者民政部门同意。"

3. 作为受教育者的幼儿

《教育法》第二条明确规定:"在中华人民共和国境内的各级各类教育,适用本法。"在托幼机构接受养育教育的幼儿同样享有"受教育者"的法律地位。

根据《教育法》第四十三条规定,受教育者享有下列权利:

(1)参加教育教学计划安排的各种活动,使用教育教学设施、设备、图书资料;

(2)按照国家有关规定获得奖学金、贷学金、助学金;

(3)在学业成绩和品行上获得公正评价,完成规定的学业后获得相应的学业证书、学位证书;

(4)对学校给予的处分不服向有关部门提出申诉,对学校、教师侵犯其人身权、财产权等合法权益,提出申诉或者依法提起诉讼;

(5)法律、法规规定的其他权利。

根据《教育法》第四十四条规定,受教育者应当履行下列义务:

(1)遵守法律、法规;

(2)遵守学生行为规范,尊敬师长,养成良好的思想品德和行为习惯;
(3)努力学习,完成规定的学习任务;
(4)遵守所在学校或者其他教育机构的管理制度。

 拓展阅读4-4

幼儿园与幼儿的法律关系的探讨

关于幼儿园与幼儿的法律关系,目前大致有三种观点:监护关系;准行政法律关系;教育、管理和保护关系。

第一种观点,所谓监护是为保护无民事行为能力和限制民事行为能力人的人身和财产权而由特定公民或组织对其予以监督、管理和保护的制度。

《民法通则》第二十七条规定:"幼儿的父母是幼儿的监护人。"据此,幼儿的父母是当然的监护人,其监护人资格从幼儿出生之时起当然取得,不必经任何程序。

如果幼儿的父母死亡或者失去监护能力,则应按下列顺序确定其中有监护能力的人担任监护人:祖父母、外祖父母;兄、姐;关系密切的其他亲属、朋友愿意承担监护责任,经幼儿所在单位或幼儿住所地的居民委员会、村民委员会同意的。

不存在上述规定的监护人的,由幼儿的父母的所在单位或者幼儿住所地的居民委员会、村民委员会或者民政部门担任监护人。担任幼儿的监护人,其监护的职责主要有以下几项:

(1)保护幼儿的人身、财产及其他合法权益;
(2)管理幼儿的财产;
(3)代理幼儿参加各类民事活动;
(4)教育和照顾幼儿;
(5)在幼儿的权利受到侵害或发生争议时,代理其进行诉讼。

根据上述法律规定来看,把幼儿园确定为幼儿的监护人并承担相应的监护责任,是没有法律依据的。监护责任是基于亲权产生的一种法定的职责;而幼儿园对幼儿的教育职责是基于教养机构的设置产生的一种工作职责。

不少人认为,父母作为监护人,把自己的孩子放进幼儿园,那么幼儿在幼儿园的时间内,幼儿园就是暂时或临时的监护人,在这段时间内应尽到监护人的全部职责。这种观点同样是无法律依据的,最高人民法院《关于贯彻执行〈中华人民共和国民法通则〉若干问题的意见(试行)》第二十二条规定:"监护人可以将监护职责部分或全部委托给他人。因被监护人的侵权行为需要承担民事责任的,应当由监护人承担,但另有约定的除外;被委托人确有过错的,负连带责任。"由此可见,幼儿园不能成为暂时或临时的监护人,因为幼儿的父母并没有明确将监护职责委托给幼儿园,事实上幼儿园也不可能接受这种委托。

第二种观点认为,幼儿园与幼儿之间是准行政法律关系。准行政法律关系并不是一个很规范、很确切的法律概念,其内涵和外延均十分模糊。这一观点的提出,是部分学者基于行政法律关系的概念和特点,同幼儿园和幼儿之间的关系有某些地方的吻合或相似。但毕竟不是相同,幼儿园不是行政机关,不能成为行政法律关系的主体,而幼儿园的主管机构或上级机构是教育局,属于行政机关,故而用准行政法律关系来表示,这种表达未免有些牵强附会。

行政法律关系是指行政法律规范所确认和调整的,具有行政法上权利和义务内容的社会关系。国家行政机关在行使行政职权的过程中,必然要对内外发生各种关系,这些关系涉及范围广泛、内容复杂,但通称为行政关系。这些行政关系凡经行政法律规范确认和调整,具有行政法上的权利和义务内容的,就形成了行政法律关系,它是行政法律规范确认和调整一定范围行政关系的结果。

通过上述的分析可以推断,用准行政法律关系来确定幼儿园与幼儿的法律关系是不确切的;同时,用这种关系也难以解决幼儿园与幼儿之间诸多的实际纠纷。这种论点,在理论上站不住脚,在实践中也难以把握。

第三种观点,是可以找到法律依据的。这种观点把幼儿园与幼儿的关系归纳为教育、管理和保护关系。

《幼儿园管理条例》第三条规定:"幼儿园的保育和教育工作应当促进幼儿在体、智、德、美诸方面和谐发展。"第十三条规定:"幼儿园应当贯彻保育与教育相结合的原则。"第十九条规定:"幼儿园应当建立安全防护制度,严禁在幼儿园内设置威胁幼儿安全的危险建筑物和设施,严禁使用有毒、有害物质制作教具、玩具。"《未成年人保护法》第二十六条规定:"幼儿园应当做好保育、教育工作,遵循幼儿身心发展规律,实施启蒙教育,促进幼儿在体质、智力、品德等方面和谐发展。"以上法律法规足以说明幼儿园与幼儿的关系为教育、管理和保护关系。

既然幼儿园与幼儿是一种教育、管理和保护关系,而不是监护关系,那么幼儿在幼儿园发生伤害事故,应如何进行赔偿呢?最高人民法院《关于贯彻执行〈中华人民共和国民法通则〉若干问题的意见(试行)》第160条进行了明确具体的规定:"在幼儿园、学校生活、学习的无民事行为能力人或者在精神病院治疗的精神病人,受到伤害或者给他人造成损害,单位有过错的,可以责令这些单位适当给予赔偿。"这一司法解释明确指出,幼儿园在赔偿问题上实行的是"过错原则",即有过错应适当赔偿,没有过错就不予赔偿。在司法实践中,法院也是以此为依据裁决的。

拓展阅读 4-5

中华人民共和国宪法(节选)

第二章 公民的基本权利和义务

第三十三条 凡具有中华人民共和国国籍的人都是中华人民共和国公民。中华人民共和国公民在法律面前一律平等。国家尊重和保障人权。任何公民享有宪法和法律规定的权利,同时必须履行宪法和法律规定的义务。

第三十四条 中华人民共和国年满十八周岁的公民,不分民族、种族、性别、职业、家庭出身、宗教信仰、教育程度、财产状况、居住期限,都有选举权和被选举权;但是依照法律被剥夺政治权利的人除外。

第三十五条 中华人民共和国公民有言论、出版、集会、结社、游行、示威的自由。

第三十六条 中华人民共和国公民有宗教信仰自由。任何国家机关、社会团体和个人不得强制公民信仰宗教或者不信仰宗教,不得歧视信仰宗教的公民和不信仰宗教的公民。国家保护正常的宗教活动。任何人不得利用宗教进行破坏社会秩序、损害公民身体健康、妨碍国家教育制度的活动。宗教团体和宗教事务不受外国势力的支配。

第三十七条　中华人民共和国公民的人身自由不受侵犯。任何公民,非经人民检察院批准或者决定或者人民法院决定,并由公安机关执行,不受逮捕。禁止非法拘禁和以其他方法非法剥夺或者限制公民的人身自由,禁止非法搜查公民的身体。

第三十八条　中华人民共和国公民的人格尊严不受侵犯。禁止用任何方法对公民进行侮辱、诽谤和诬告陷害。

第三十九条　中华人民共和国公民的住宅不受侵犯。禁止非法搜查或者非法侵入公民的住宅。

第四十条　中华人民共和国公民的通信自由和通信秘密受法律的保护。除因国家安全或者追查刑事犯罪的需要,由公安机关或者检察机关依照法律规定的程序对通信进行检查外,任何组织或者个人不得以任何理由侵犯公民的通信自由和通信秘密。

第四十一条　中华人民共和国公民对于任何国家机关和国家工作人员,有提出批评和建议的权利;对于任何国家机关和国家工作人员的违法失职行为,有向有关国家机关提出申诉、控告或者检举的权利,但是不得捏造或者歪曲事实进行诬告陷害。对于公民的申诉、控告或者检举,有关国家机关必须查清事实,负责处理。任何人不得压制和打击报复。由于国家机关和国家工作人员侵犯公民权利而受到损失的人,有依照法律规定取得赔偿的权利。

第四十二条　中华人民共和国公民有劳动的权利和义务。国家通过各种途径,创造劳动就业条件,加强劳动保护,改善劳动条件,并在发展生产的基础上,提高劳动报酬和福利待遇。劳动是一切有劳动能力的公民的光荣职责。国有企业和城乡集体经济组织的劳动者都应当以国家主人翁的态度对待自己的劳动。国家提倡社会主义劳动竞赛,奖励劳动模范和先进工作者。国家提倡公民从事义务劳动。

国家对就业前的公民进行必要的劳动就业训练。

第四十三条　中华人民共和国劳动者有休息的权利。国家发展劳动者休息和休养的设施,规定职工的工作时间和休假制度。

第四十四条　国家依照法律规定实行企业事业组织的职工和国家机关工作人员的退休制度。退休人员的生活受到国家和社会的保障。

第四十五条　中华人民共和国公民在年老、疾病或者丧失劳动能力的情况下,有从国家和社会获得物质帮助的权利。国家发展为公民享受这些权利所需要的社会保险、社会救济和医疗卫生事业。国家和社会保障残废军人的生活,抚恤烈士家属,优待军人家属。国家和社会帮助安排盲、聋、哑和其他有残疾的公民的劳动、生活和教育。

第四十六条　中华人民共和国公民有受教育的权利和义务。国家培养青年、少年、儿童在品德、智力、体质等方面全面发展。

第四十七条　中华人民共和国公民有进行科学研究、文学艺术创作和其他文化活动的自由。国家对于从事教育、科学、技术、文学、艺术和其他文化事业的公民的有益于人民的创造性工作,给以鼓励和帮助。

第四十八条　中华人民共和国妇女在政治的、经济的、文化的、社会的和家庭的生活等各方面享有同男子平等的权利。国家保护妇女的权利和利益,实行男女同工同酬,培养和选拔妇女干部。

第四十九条　婚姻、家庭、母亲和儿童受国家的保护。夫妻双方有实行计划生育的义务。父母有抚养教育未成年子女的义务,成年子女有赡养扶助父母的义务。

禁止破坏婚姻自由,禁止虐待老人、妇女和儿童。

第五十条　中华人民共和国保护华侨的正当的权利和利益,保护归侨和侨眷的合法的权利和利益。

第五十一条　中华人民共和国公民在行使自由和权利的时候,不得损害国家的、社会的、集体的利益和其他公民的合法的自由和权利。

第五十二条　中华人民共和国公民有维护国家统一和全国各民族团结的义务。

第五十三条　中华人民共和国公民必须遵守宪法和法律,保守国家秘密,爱护公共财产,遵守劳动纪律,遵守公共秩序,尊重社会公德。

第五十四条　中华人民共和国公民有维护祖国的安全、荣誉和利益的义务,不得有危害祖国的安全、荣誉和利益的行为。

第五十五条　保卫祖国、抵抗侵略是中华人民共和国每一个公民的神圣职责。
依照法律服兵役和参加民兵组织是中华人民共和国公民的光荣义务。

第五十六条　中华人民共和国公民有依照法律纳税的义务。

第三节　幼儿的权利

近些年来,幼儿遭受人身侵害的事件屡屡发生,幼儿教师、幼儿家长必须明确幼儿的权利,依法办事,尊重幼儿的各项权利,才能使学前教育工作日益完善,真正做到尊重、爱护幼儿,促进幼儿的全面发展,与现代教育相适应。本节主要阐述幼儿的基本权利。

  拓展阅读 4-6

重庆幼儿园发生恶性砍人事件

2018年10月26日上午9时30分许,幼儿园组织幼儿做完早操返回教室途中,遭遇巴南区人刘某(女)持刀行凶,导致14名儿童受伤,其中7人轻伤、6人重伤、1人危重。

2018年10月27日,重庆市巴南区人民检察院以涉嫌故意杀人罪对犯罪嫌疑人刘某依法批准逮捕。该案正在进一步侦办中。

分析:生命权是以自然人的生命维持和安全利益为内容的人格权。生命权是自然人的一项根本的人格权,它在维护自然人的生命安全的同时,也成为自然人享有其他人格权的前提和基础。公民的各项人格权均以公民的生存为前提,一旦公民的生命权遭到侵害而丧失生命,则其他人格权也不复存在。常见侵犯生命权的行为是故意杀人和过失杀人。案例中幼儿园发生的这起案件就是故意杀人,所以刘某以涉嫌故意杀人罪被逮捕,案件在进一步侦办中,最终刘某会受到法律的制裁,为自己的行为付出代价。

综合我国《宪法》及其他相关法律，幼儿的基本权利可归纳为以下几种：

一、人身权

人身权又称非财产权利，是指不直接具有财产的内容，与主体人身不可分离的权利。人身权是幼儿权利中最基本、最重要的一项权利。因为人身权的正常享有与否，关系到幼儿公民能否进行正常的学习、工作和生活。

一般而言，幼儿的人身权包括生命健康权、姓名权、肖像权、名誉权、荣誉权、隐私权等。

(一)生命健康权

生命健康权是人身权的最基本权利。生命健康权，是指自然人享有维持生命、维护生命安全利益、生理机能正常、维护健康利益的权利。生命是自然人的最高人格利益，是其他人格权和人格利益的基础。健康以身体为物质载体，破坏身体完整性，通常会导致对健康的损害。侵害生命健康权的应给予受害人或其家属以财产和精神赔偿。

关于生命权的内容，较有代表性的主张有以下几种。其一认为生命权的内容包括自卫权和请求权。自卫权是指自己的生命面对正在进行的危害或即将发生危险时，有权依法采取相应的措施自卫，或者采取紧急避险措施以防范危险。请求权是指当自然人的生命遭到不法侵害时，其本人或亲属有权要求司法机关追究加害人的法律责任。其二认为，生命权的基本内容是生命维持和安全利益。其三认为，生命权包括享有维护生命利益权、积极防卫权以及有限支配权。其四则从宪法学意义上阐释生命权，认为传统生命权的目的在于抵制剥夺个人的生命，现代生命权的意义有了社会权的属性。

民法学界通说认为，生命权的内容包括生命享有权、生命利益支配权、生命维护权和生命权请求权。生命享有权是权利人有权享有生命利益，维护自己的生命延续而享受生命、享受生活的权利。生命利益支配权是指生命权人可以在有限的范围内支配自己的生命。譬如，尽管法律反对人们轻率地放弃生命，但是法律并不禁止人们为崇高的目的而献身。生命维护权是指自然人维护生命安全的权利。权利人有权防止非法侵害，当有危及生命安全的危险和行为发生时，生命权人为维护生命安全，可以采取相应的防卫或避险措施，保护自己。生命权请求权是指生命权人可以依法请求司法机关消除生命危险的权利。

健康权的学说界定有三种：其一，健康利益说，健康权是权利人享有健康利益的权利；其二，身体机能完全性说，健康权是权利人以保持身体内部机能的完全性为内容的权利；其三，生理机能和良好心理状态说，健康权是自然人以其身体的生理机能的完善性和保持持续、稳定、良好的心理状态为内容的权利。

学界通说认为，健康权的内容包括两个方面。其一，健康享有权。权利人享有保持其身心健康的权利。权利人对于自己的身体健康状况，譬如各器官、系统发育、功能发挥等如常，保持劳动能力等，依法享有权利。并且，权利人也有权发展其健康，譬如通过锻炼、健身等增强体力提高健康水平的权利和获得医疗、接受医治的权力。其二，健康支配权。囿于健康权是人身属性的权利，权利人对健康权的支配是有限的。只有在法律允许的范围内，不违反法律和公序良俗、不损害自己健康的情况下，权利人才得以对自己的健康利益进行支配。譬如《民法典各分编·人格权编(草案)》第787、789条规定的无偿捐献器官、从事临床实验的权利，就是健康支配权的内容体现。但是这些权利是受到限制的，譬如只能进行无偿捐献，而不能就细胞、器官进行买卖；从事人体基因、胚胎等有关医学活动和科研活动的须符合伦理道德。

幼儿生命健康权主要包括幼儿的生命健康、人身安全、人身自由等方面的内容。幼儿的生命健康权应受到法律的保护。我国《民法总则》第一百一十条规定:"自然人享有生命权、身体权、健康权、姓名权、肖像权、名誉权、荣誉权、隐私权、婚姻自主权等权利。法人、非法人组织享有名称权、名誉权、荣誉权等权利。"《最高人民法院关于确定民事侵权精神损害赔偿责任若干问题的解释》第一条规定:"自然人因下列人格权利遭受非法侵害,向人民法院起诉请求赔偿精神损害的,人民法院应当依法予以受理:生命权、健康权、身体权;姓名权、肖像权、名誉权、荣誉权;人格尊严权、人身自由权。违反社会公共利益、社会公德侵害他人隐私或者其他人格利益,受害人以侵权为由向人民法院起诉请求赔偿精神损害的,人民法院应当依法予以受理。"

(二)姓名权

姓名权是公民依法享有的决定、使用、改变自己姓名的权利。法律规定,对于干涉、盗用、假冒他人姓名的行为应追究行为人的民事责任。法人的名称权是法人依法享有的决定、使用、改变自己的名称,并排除他人干涉、盗用、假冒的权利。法律规定,企业法人、个体工商户、个人合伙有使用、依法转让自己名称的权利。

《户口登记条例》第十八条规定:"公民变更姓名,依照下列规定办理:未满十八周岁的人需要变更姓名的时候,由本人或者父母、收养人向户口登记机关申请变更登记;十八周岁以上的人需要变更姓名的时候,由本人向户口登记机关申请变更登记。"

姓名权的主要法律特征有以下几种:

第一,姓名权的主体只能是自然人,法人不享有姓名权。只有自然人人格的文字标识才叫作姓名,因而自然人才享有姓名权。法人人格的文字标识是名称,享有的是名称权。

第二,姓名权的客体是自然人对自己人格的文字标识的专有权。姓名权的核心问题就是专有权,他人不得享有、使用,只能是权利人自己享有和使用。专有的客体,就是自然人的人格文字标识,不仅包括正式的登记姓名,而且也包括笔名、艺名、别号等。

第三,姓名权的基本义务是不得非法干涉、使用他人的姓名。姓名权是绝对权,除了姓名权享有者之外,任何人都是义务主体,都负有不得侵害其姓名权的义务。

(三)肖像权

肖像权就是自然人所享有的对自己的肖像上所体现的人格利益为内容的一种人格权。肖像权是人格权的一种,是自然人对于肖像的制作权和使用权。法律上的肖像为自然人人格的组成部分,肖像所体现的精神特征从某种程度上可以转化或派生出公民的物质利益。法律保护公民的肖像,是基于肖像上多方面体现了公民的精神利益、人格利益。根据我国法律规定,肖像权是公民的基本权利,未经本人同意,任何人不得擅自使用、侮辱其肖像。警方有权保留使用权。如果受害者的肖像被擅自使用,可先协商,如拒不撤销,可依法进行起诉,申请司法保护,维护自己的合法权益。

肖像权的内容包括:公民有权拥有自己的肖像,拥有对肖像的制作专有权和使用专有权;公民有权禁止他人非法使用自己的肖像权或对肖像权进行损害、玷污。

1. 肖像制作专有权

就摄影而言,通过照相机将自然人外貌形象固定在胶片或其他物质载体上,使自然人的形象转化为肖像。

肖像制作专有权的内容包括:一是肖像权人可以根据自己的需要或他人、社会的需要,有权决定自我制作肖像或由他人制作自己的肖像,他人均不得干涉;二是肖像权人有权禁止他人未经自己的同意或授权,擅自制作自己的肖像。非法制作他人的肖像,构成侵权行为。

在理解"肖像制作专有权"时,我们经常以为只要不公开肖像权人的肖像,就不构成侵权行为,这是对法律的一种误解。严格意义上的理解应当是:是否侵害肖像制作专有权,取决于制作人在制作时是否取得了肖像权人的许可,未经许可进行制作的,即使是以私藏为目的,没有侵害肖像权人直接的利益,也同样构成侵害肖像制作专有权。对摄影人来说,只要拿着照相机对准自然人进行肖像摄影,如果肖像权人不同意而强行拍照,就是一种侵权行为。

2. 肖像使用专有权

肖像一旦固定在一定的物质载体上(制作出来),就可以被人们支配、利用。尽管肖像的利用价值有普遍的意义,但享有使用专有权的只能是肖像权人。肖像使用专有权的基本内容如下:

(1)自然人有权以任何方式使用自己的肖像,并通过使用取得精神上的满足和财产上的收益,他人不得干涉(但不得违反法律和公序良俗)。

(2)自然人有权允许他人使用自己的肖像,并决定从中获得报酬(这需要与使用人平等协商,签订肖像使用合同)。

(3)自然人有权禁止他人非法使用自己的肖像。

3. 肖像利益维护权

肖像利益是公民专有的人格利益,他人不得干涉和侵犯。肖像利益维护权的内容包括:公民有权禁止他人未经自己允许制作自己的肖像;公民有权禁止他人未经允许使用自己的肖像;公民有权禁止他人对自己的肖像进行毁损、玷污、丑化和歪曲。一般原则是公民对自己形象的再现权,即有权同意或者不同意在客观物质媒介上和空间里再现自己的形象的权利;公民有权使用自己的肖像、有权允许他人使用自己的肖像、有权禁止他人使用自己的肖像的权利。

肖像权是幼儿所享有的在自己的肖像上所体现的以人格利益为内容的权利,也就是幼儿就自己肖像上的利益所享有的权利。我国《民法通则》第一百条规定:"公民享有肖像权,未经本人同意,不得以营利为目的使用公民的肖像。"幼儿肖像权的具体内涵有四个方面:第一,幼儿拥有自己的肖像,并有权通过对肖像的利用取得精神上、财产上的利益;第二,经幼儿监护人的书面同意,允许他人使用幼儿的肖像,并有权取得适当的报酬;第三,未经幼儿监护人的书面同意,任何人不得以营利为目的使用幼儿的肖像;第四,幼儿及其监护人有权禁止他人非法毁损、侮辱、玷污幼儿的肖像。

(四)名誉权

名誉,是指人们对于公民或法人的品德、才干、声望、信誉和形象等各方面的综合评价。名誉权是人格权的一种。这些被维护的名誉是指具有人格尊严的名声,是人格的重要内容,受法律的保护。所谓名誉权,是人们依法享有的对自己所获得的客观社会评价、排除他人侵害的权利。任何个人、媒体,不得发布捏造虚假信息、刊登诽谤新闻,否则构成名誉权侵害。如果是真实事件发布,则不构成名誉权侵害。

名誉权指公民或法人享有的就其自身特性所表现出来的社会价值而获得社会公正评价的权利。任何人对公民和法人的名誉不得损害。凡败坏他人名誉,损害他人形象的行为,都是对名誉权的侵犯,行为人应负法律责任。公民的名誉权受到侵害,有权要求停止侵害,恢复名誉,消除影响,赔礼道歉。

我国《民法总则》第一百一十条明确规定了自然人享有名誉权。它为人们自尊、自爱的安全利益提供法律保障。名誉权主要表现为名誉利益支配权和名誉维护权。我们有权利用自己良好的声誉获得更多的利益,有权维护自己的名誉免遭不正当的贬低,有权在名誉权受侵害时依法追究侵权人的法律责任。另外《民法总则》规定,法人、非法人组织也享有名誉权。

(五)荣誉权

荣誉权,是指公民、法人所享有的,因自己的突出贡献或特殊劳动成果而获得的光荣称号或其他荣誉的权利。其特征有二:其一,荣誉权的客体是荣誉的本身及荣誉本身所包含的利益;其二,荣誉权既是一种既得权,也是一种期待权。荣誉既得权表现为荣誉权人对其已经取得的荣誉及其利益的独占权,其他任何人都对这一权利客体负有不得侵犯的法定义务。荣誉期待权,即荣誉既得权主体在符合法定条件时,组织没有授予其荣誉,可以向组织主张应获得的荣誉的权利。荣誉期待权指向的对象也是荣誉,因此不影响荣誉权客体的一致性。任何个人、媒体不得发布捏造虚假信息、刊登诽谤新闻,否则构成荣誉权侵犯。如果是真实新闻事件发布,或辱骂对方,则不构成荣誉权侵犯。

幼儿的荣誉权指幼儿对自己在社会生活中所获得的社会评价依法享有的不可侵犯的权利。在生活中,每个公民都有荣誉权。我国《民法通则》第一百零二条规定:"公民、法人享有荣誉权,禁止非法剥夺公民、法人的荣誉称号。"作为幼儿,也同样享有荣誉权。

(六)隐私权

隐私权是指自然人享有的私人生活安宁与私人信息秘密依法受到保护,不被他人非法侵扰、知悉、收集、利用和公开的一种人格权,而且权利主体对他人在何种程度上可以介入自己的私生活,对自己的隐私是否向他人公开以及公开的人群范围和程度等具有决定权。隐私权是一种基本人格权利。幼儿同样依法享有维护自身的合法隐私权,不能因为幼儿缺乏权利意识,成人就有剥夺幼儿此项权利的理由。

《宪法》第三十八条规定:"中华人民共和国公民的人格尊严不受侵犯。禁止用任何方法对公民进行侮辱、诽谤和诬告陷害。"

《刑法》第二百四十五条规定:"非法搜查他人身体、住宅,或者非法侵入他人住宅的,处三年以下有期徒刑或者拘役。司法工作人员滥用职权,犯前款罪的,从重处罚。"第二百四十六条规定:"以暴力或者其他方法公然侮辱他人或者捏造事实诽谤他人,情节严重的,处三年以下有期徒刑、拘役、管制或者剥夺政治权利。"第二百五十二条规定:"隐匿、毁弃或者非法开拆他人信件,侵犯公民通信自由权利,情节严重的,处一年以下有期徒刑或者拘役。"第二百五十三条规定:"邮政工作人员私自开拆或者隐匿、毁弃邮件、电报的,处二年以下有期徒刑或者拘役。"

《未成年人保护法》第三十九条规定:"任何组织或者个人不得披露未成年人的个人隐私。对未成年人的信件、日记、电子邮件,任何组织或者个人不得隐匿、毁弃;除因追查犯罪的需要,由公安机关或者人民检察院依法进行检查,或者对无行为能力的未成年人的信件、日记、电子邮件由其父母或者其他监护人代为开拆、查阅外,任何组织或者个人不得开拆、查阅。"

二、财产权

财产权,是指以财产利益为内容,直接体现财产利益的民事权利。财产权是可以以金钱计算价值的,一般具有可让与性,受到侵害时需以财产方式予以救济。财产权既包括物权、债权、继承权,也包括知识产权中的财产权利;是以物质财富为对象,直接与经济利益相联系的民事权利,如所有权、继承权等简称产权。

财产权是人身权的对称,它具有物质财富的内容,一般可以货币进行计算。财产权包括以所有权为主的物权、准物权、债权、知识产权等。在婚姻、劳动等法律关系中,也有与财物相联系的权利,如家庭成员间要求抚养费、赡养费的权利,夫妻间的财产权,以及基于劳动关系领取劳动报酬、退休金、抚恤金的权利等。

财产所有权,是指所有人依法对其财产享有占有、使用、收益、处分的权利。幼儿年龄虽小,但任何人不得随意剥夺、侵犯其财产权。

《民法总则》第二十七条规定:"父母是未成年子女的监护人。"第三十五条规定:"监护人应当按照最有利于被监护人的原则履行监护职责。监护人除为维护被监护人利益外,不得处分被监护人的财产。未成年人的监护人履行监护职责,在作出与被监护人利益有关的决定时,应当根据被监护人的年龄和智力状况,尊重被监护人的真实意愿。"

三、受教育权

受教育权是幼儿的一项基本权利。《教育法》第九条规定:"中华人民共和国公民有受教育的权利和义务。公民不分民族、种族、性别、职业、财产状况、宗教信仰等,依法享有平等的受教育机会。"这些规定确定了幼儿受教育权利的平等性。幼儿受教育机会平等原则一般包括受教育起点上的机会平等、受教育过程上的机会平等和受教育结果上的机会平等三个方面。

受教育起点上的机会平等,是指幼儿在入学机会上享有平等的权利。受教育过程上的机会平等,是指幼儿进入幼儿园以后,幼儿园应该让每个幼儿都能参加教育教学计划内安排的各种活动,使用各种教学设备、玩具等,每个幼儿都是平等的。受教育结果上的机会平等,是指幼儿在接受教育后,有获得学校和社会公正评价的平等权利。这种平等主要体现为学业成绩和品行评价上的平等,进一步是求学机会上的平等、就业机会上的平等。

拓展阅读 4-7

儿童权利宣言

(《儿童权利宣言》于1959年11月20日获得联合国大会通过。《宣言》明确了各国儿童应当享有的各项基本权利,包括10条原则,规定了儿童应享有健康成长和发展、受教育的权利。《宣言》还指出儿童在任何情况下都应首先受到保护和救济,不应受到任何形式的忽视、虐待和剥削。联合国大会发布这一宣言的目的是希望儿童能够享有《宣言》中说明的各项权利和自由,享有幸福的童年,并号召所有父母和其他个人以及各类组织、各国政府按照《宣言》的原则逐步采取立法和其他措施,以儿童利益最大化为原则,保障儿童的权益。)

兹鉴于联合国人民曾于宪章中重申其对基本人权及人格尊严与价值之信念,并决心促成大自由中之社会进步和较善之民生;

复鉴于联合国曾于世界人权宣言中宣布人人皆有权享受该宣言所载一切权利与自由,不因种族、肤色、性别、语言、宗教、政见或他种意见、族国或家世、财产、出身或其他身份等而分轩轾；

复鉴于儿童因其身心尚未成熟，于出生前及出生后均需特别保障与照料，包括适当之法律保护在内；

复鉴于此种特别保障之需要业经一九二四年日内瓦儿童权利宣言载明，并经世界人权宣言及办理儿童福利各专门机构与国际组织之规章予以承认；

复鉴于人类对于儿童负有尽其所能善为培育之义务。

大会爰于此，

颁布儿童权利宣言，以期儿童能有愉快之童年，并为其自身利益及社会利益而享受本宣言中所载之权利与自由，同时促请父母、男女个人以及志愿组织、地方当局与国家政府，依据下列原则逐渐采取立法及其他措施以承认并竭力维护此等权利：

原则一

儿童应享有本宣言所载之一切权利。所有儿童，绝无例外，一律有权享受此等权利，不因其本人或其家庭之种族、肤色、性别、语言、宗教、政见或他种意见、族国或家世、财产、出身或其他身份而有所轩轾或歧视。

原则二

儿童应享受特别保护，并应以法律及其他方法予儿童以机会与便利，使其能在自由与尊严之情境中获得身体、心智、道德、精神、社会各方面之健全与正常发展。为达此目的，制定法律时，应以儿童之最大利益为首要考虑。

原则三

儿童出生时应即有权取得姓名及国籍。

原则四

儿童应享受社会安全之利益，儿童应有权在健康中生长发展；为此目的，应予儿童及其母亲以特别之照料与保护，包括出生前和出生后之适当照料在内。儿童应有获得适当之营养、居住、娱乐及医药之权利。

原则五

儿童在身体、心智或社会方面有缺陷者，应按其个别情形，予以所需之特殊矫治、教育及照料。

原则六

儿童需要爱与了解，以利其人格充分及和谐发展。凡属可能，儿童应在其父母照料及负责之情形下成长，无论如何，应在慈爱及道德与物质安全之气氛中成长；幼龄儿童除特殊情形外不应使其与母亲分离。社会及政府当局对无家庭之儿童或无适当赡养之儿童，负有特别照料之义务。对于人口众多家庭儿童之赡养，宜由国家及其他方面拨款辅助之。

原则七

儿童有受教育之权，至少在初等阶段应为免费强迫制。儿童所受之教育应足以促进其一般陶冶并使其能在同等机会之下发展其能力、其个人判断力、其道德及社会责任心而成为社会有用分子。

负儿童教育与辅导责任者应以儿童之最大利益为其指导原则；此种责任首应由父母负之。

儿童应有游戏娱乐之充分机会，此种游戏与娱乐之目标应与教育之目标相同；社会与政府当局应尽力促进此项权利之享受。

原则八

儿童在一切情形之下应在最先受保护与救济之列。

原则九

儿童应加保护，使不受一切形式之漠视、虐待与剥削。儿童不得以之为任何方式之贩卖对象。

儿童在未达最低适当年龄前不准雇用；无论如何，不得令其或许其从事任何妨碍其健康或教育，或阻碍其身心或道德发展之职业或工作。

原则十

儿童应加保护，使不受可能养成种族、宗教及其他各种歧视之习俗之熏染。儿童之抚育应陶冶其了解、容忍、各国人民间友谊、和平与博爱之精神，并使其充分明了所具精力与才干悉应为人类而服务。

一九五九年十一月二十日
第八四一次全体会议

第四节　幼儿权利的保护

儿童的基本权利有：生存权、发展权、受保护权、参与权等，如何保护他们的基本权利是一个值得全社会思考的问题。当前，我国的法制建设正在不断发展，教育法律法规体系也正处在不断充实、完善之中。本节主要阐述幼儿权利保护的举措，使幼儿的权利得到切实的保护。

 拓展阅读 4-8

天津教师针扎幼儿事件

2018年10月22日，滨海新区大港金色摇篮幼儿园一名家长到区教委反映，其孩子在幼儿园被老师用针扎伤。接到举报后，滨海新区区委、区政府和市公安局高度重视，立即责成公安、教育等相关部门连夜开展调查，依法依规严办快办。经初步查明，该幼儿园教师赵某（女，24岁，天津市宝坻区人）因幼儿不按时睡觉、上课捣乱等原因，遂采取针扎方式进行"管教"。

10月23日，天津滨海新区官方通报，犯罪嫌疑人赵某已被刑事拘留，幼儿园负责人被控制，案件正在进一步调查中。10月30日，天津市滨海新区大港人民检察院对赵某等5名幼教人员以涉嫌虐待被监护人罪依法批准逮捕。

幼儿作为弱势群体，其合法权益极易被侵犯，要使幼儿的权利真正得到体现，必须设立一个权利保护体系，让全社会动员起来，抵制侵犯幼儿权利的行为，切实保护幼儿的合法权益。

一、家庭保护幼儿合法权益的举措

父母或者其他监护人应当创造良好、和睦的家庭环境，依法履行对幼儿的监护职责和抚养义务。禁止对幼儿实施家庭暴力,禁止虐待、遗弃幼儿,禁止溺婴和其他残害幼儿的行为。

(1)关注幼儿的生理、心理状况和行为习惯,以健康的思想、良好的品行和适当的方法教育和影响幼儿,引导幼儿进行有益身心健康的活动。

(2)学习家庭教育知识,正确履行监护职责,抚养教育幼儿。

(3)尊重幼儿受教育的权利,必须使适龄幼儿依法入学接受并完成义务教育。

(4)教育孩子遵纪守法,尊敬师长;要求幼儿讲真话、讲实话、不说谎话、不骗人。

二、幼儿园保护幼儿合法权益的举措

幼儿园应当全面贯彻国家的教育方针,实施素质教育,提高教育质量,注重培养未成年学生独立思考能力、创新能力和实践能力,促进未成年学生全面发展。

(1)幼儿园应当尊重幼儿受教育的权利,关心、爱护幼儿,根据幼儿身心发展的特点,对他们进行社会生活指导、心理健康辅导。

(2)幼儿园的教职员工应当尊重幼儿的人格尊严,不得对幼儿实施体罚、变相体罚或者其他侮辱人格尊严的行为。

(3)幼儿园应当建立安全制度,加强对幼儿的安全教育,采取措施保障幼儿的人身安全。幼儿园不得在危及幼儿人身安全、健康的校舍和其他设施、场所中进行教育教学活动。

(4)幼儿园应当根据需要,制定应对各种灾害、传染性疾病、食物中毒、意外伤害等突发事件的预案,配备相应设施并进行必要的演练,增强幼儿的自我保护意识和能力。

(5)幼儿教师应为人师表,以自身良好的言行影响和教育学生。对调皮、不听话的幼儿应当耐心教育,不得放任不管或任意剥夺其参加各项活动的权利。

(6)幼儿园应与家长密切联系,并对家长进行家庭教育的指导、共同探讨教育幼儿的有效方法。

三、社会保护幼儿合法权益的举措

全社会应当树立尊重、保护、教育幼儿的良好风尚,关心、爱护幼儿。国家鼓励社会团体、企业事业组织以及其他组织和个人,开展多种形式的有利于幼儿健康成长的社会活动。

(1)各级人民政府应当建立和改善适合幼儿文化生活需要的活动场所和设施,鼓励社会力量兴办适合幼儿的活动场所,并加强管理。

(2)爱国主义教育基地、图书馆、青少年宫、儿童活动中心应当对幼儿免费开放;博物馆、纪念馆、科技馆、展览馆、美术馆、文化馆以及影剧院、体育场馆、动物园、公园等场所,应当按照有关规定对幼儿免费或者优惠开放。

(3)国家鼓励新闻、出版、信息产业、广播、电影、电视、文艺等单位和作家、艺术家、科学家以及其他公民,创作或者提供有利于幼儿健康成长的作品。出版、制作和传播专门以幼儿为对象的内容健康的图书、报刊、音像制品、电子出版物以及网络信息等,国家给予扶持。国家鼓励科研机构和科技团体对幼儿开展科学知识普及活动。生产、销售用于幼儿的食品、药品、玩具、用具和游乐设施等,应当符合国家标准或者行业标准,不得有害于幼儿的安全和健康;需要标明注意事项的,应当在显著位置标明。

(4)幼儿园和公共场所发生突发事件时,应当优先救护幼儿。

(5)禁止拐卖、绑架、虐待幼儿,禁止对幼儿实施性侵害。禁止胁迫、诱骗、利用幼儿乞讨或者组织幼儿进行有害其身心健康的表演等活动。

(6)公安机关应当采取有力措施,依法维护校园周边的治安和交通秩序,预防和制止侵害幼儿合法权益的违法犯罪行为。任何组织或者个人不得扰乱教学秩序,不得侵占、破坏幼儿园的场地、房屋和设施。

(7)卫生部门和学校应当对幼儿进行卫生保健和营养指导,提供必要的卫生保健条件,做好疾病预防工作。卫生部门应当做好对儿童的预防接种工作,国家免疫规划项目的预防接种实行免费;积极防治儿童常见病、多发病,加强对传染病防治工作的监督管理,加强对幼儿园卫生保健的业务指导和监督检查。

(8)地方各级人民政府应当积极发展托幼事业,办好托儿所、幼儿园,支持社会组织和个人依法兴办哺乳室、托儿所、幼儿园。各级人民政府和有关部门应当采取多种形式,培养和训练幼儿园的保教人员,提高其职业道德素质和业务能力。

(9)居民委员会、村民委员会应当协助有关部门教育和挽救违法犯罪的幼儿,预防和制止侵害幼儿合法权益的违法犯罪行为。

四、司法保护幼儿合法权益的举措

(1)公安机关、人民检察院、人民法院以及司法行政部门,应当依法履行职责,在司法活动中保护幼儿的合法权益。

(2)幼儿的合法权益受到侵害,依法向人民法院提起诉讼的,人民法院应当依法及时审理,并适应幼儿生理、心理特点和健康成长的需要,保障幼儿的合法权益。在司法活动中对需要法律援助或者司法救助的幼儿,法律援助机构或者人民法院应当给予帮助,依法为其提供法律援助或者司法救助。

(3)人民法院审理离婚案件,涉及未成年子女抚养问题的,应当听取有表达意愿能力的未成年子女的意见,根据保障子女权益的原则和双方具体情况依法处理。父母或者其他监护人不履行监护职责或者侵害被监护的幼儿的合法权益,经教育不改的,人民法院可以根据有关人员或者有关单位的申请,撤销其监护人的资格,依法另行指定监护人。被撤销监护资格的父母应当依法继续负担抚养费用。

(4)公安机关、人民检察院、人民法院办理幼儿犯罪案件和涉及幼儿权益保护案件,应当照顾幼儿身心发展特点,尊重他们的人格尊严,保障他们的合法权益,并根据需要设立专门机构或者指定专人办理。

(5)公安机关、人民检察院、人民法院办理幼儿遭受性侵害的刑事案件,应当保护被害人的名誉。

 拓展阅读 4-9

中华人民共和国未成年人保护法

(1991年9月4日第七届全国人民代表大会常务委员会第二十一次会议通过,2006年12月29日第十届全国人民代表大会常务委员会第二十五次会议第一次修订,根据2012年10月26日第十一届全国人民代表大会常务委员会第二十九次会议《关于修改〈中华人民共和国未

成年人保护法〉的决定》修正,2020年10月17日第十三届全国人民代表大会常务委员会第二十二次会议第二次修订)

第一章　总则

第一条　为了保护未成年人身心健康,保障未成年人合法权益,促进未成年人德智体美劳全面发展,培养有理想、有道德、有文化、有纪律的社会主义建设者和接班人,培养担当民族复兴大任的时代新人,根据宪法,制定本法。

第二条　本法所称未成年人是指未满十八周岁的公民。

第三条　国家保障未成年人的生存权、发展权、受保护权、参与权等权利。

未成年人依法平等地享有各项权利,不因本人及其父母或者其他监护人的民族、种族、性别、户籍、职业、宗教信仰、教育程度、家庭状况、身心健康状况等受到歧视。

第四条　保护未成年人,应当坚持最有利于未成年人的原则。处理涉及未成年人事项,应当符合下列要求:

(一)给予未成年人特殊、优先保护;

(二)尊重未成年人人格尊严;

(三)保护未成年人隐私权和个人信息;

(四)适应未成年人身心健康发展的规律和特点;

(五)听取未成年人的意见;

(六)保护与教育相结合。

第五条　国家、社会、学校和家庭应当对未成年人进行理想教育、道德教育、科学教育、文化教育、法治教育、国家安全教育、健康教育、劳动教育,加强爱国主义、集体主义和中国特色社会主义的教育,培养爱祖国、爱人民、爱劳动、爱科学、爱社会主义的公德,抵制资本主义、封建主义和其他腐朽思想的侵蚀,引导未成年人树立和践行社会主义核心价值观。

第六条　保护未成年人,是国家机关、武装力量、政党、人民团体、企业事业单位、社会组织、城乡基层群众性自治组织、未成年人的监护人以及其他成年人的共同责任。

国家、社会、学校和家庭应当教育和帮助未成年人维护自身合法权益,增强自我保护的意识和能力。

第七条　未成年人的父母或者其他监护人依法对未成年人承担监护职责。

国家采取措施指导、支持、帮助和监督未成年人的父母或者其他监护人履行监护职责。

第八条　县级以上人民政府应当将未成年人保护工作纳入国民经济和社会发展规划,相关经费纳入本级政府预算。

第九条　县级以上人民政府应当建立未成年人保护工作协调机制,统筹、协调、督促和指导有关部门在各自职责范围内做好未成年人保护工作。协调机制具体工作由县级以上人民政府民政部门承担,省级人民政府也可以根据本地实际情况确定由其他有关部门承担。

第十条　共产主义青年团、妇女联合会、工会、残疾人联合会、关心下一代工作委员会、青年联合会、学生联合会、少年先锋队以及其他人民团体、有关社会组织,应当协助各级人民政府及其有关部门、人民检察院、人民法院做好未成年人保护工作,维护未成年人合法权益。

第十一条　任何组织或者个人发现不利于未成年人身心健康或者侵犯未成年人合法权益的情形,都有权劝阻、制止或者向公安、民政、教育等有关部门提出检举、控告。

国家机关、居民委员会、村民委员会、密切接触未成年人的单位及其工作人员,在工作中发现未成年人身心健康受到侵害、疑似受到侵害或者面临其他危险情形的，应当立即向公安、民政、教育等有关部门报告。

有关部门接到涉及未成年人的检举、控告或者报告，应当依法及时受理、处置，并以适当方式将处理结果告知相关单位和人员。

第十二条 国家鼓励和支持未成年人保护方面的科学研究，建设相关学科、设置相关专业，加强人才培养。

第十三条 国家建立健全未成年人统计调查制度，开展未成年人健康、受教育等状况的统计、调查和分析，发布未成年人保护的有关信息。

第十四条 国家对保护未成年人有显著成绩的组织和个人给予表彰和奖励。

第二章 家庭保护

第十五条 未成年人的父母或者其他监护人应当学习家庭教育知识，接受家庭教育指导，创造良好、和睦、文明的家庭环境。

共同生活的其他成年家庭成员应当协助未成年人的父母或者其他监护人抚养、教育和保护未成年人。

第十六条 未成年人的父母或者其他监护人应当履行下列监护职责：

（一）为未成年人提供生活、健康、安全等方面的保障；

（二）关注未成年人的生理、心理状况和情感需求；

（三）教育和引导未成年人遵纪守法、勤俭节约，养成良好的思想品德和行为习惯；

（四）对未成年人进行安全教育，提高未成年人的自我保护意识和能力；

（五）尊重未成年人受教育的权利，保障适龄未成年人依法接受并完成义务教育；

（六）保障未成年人休息、娱乐和体育锻炼的时间，引导未成年人进行有益身心健康的活动；

（七）妥善管理和保护未成年人的财产；

（八）依法代理未成年人实施民事法律行为；

（九）预防和制止未成年人的不良行为和违法犯罪行为，并进行合理管教；

（十）其他应当履行的监护职责。

第十七条 未成年人的父母或者其他监护人不得实施下列行为：

（一）虐待、遗弃、非法送养未成年人或者对未成年人实施家庭暴力；

（二）放任、教唆或者利用未成年人实施违法犯罪行为；

（三）放任、唆使未成年人参与邪教、迷信活动或者接受恐怖主义、分裂主义、极端主义等侵害；

（四）放任、唆使未成年人吸烟（含电子烟，下同）、饮酒、赌博、流浪乞讨或者欺凌他人；

（五）放任或者迫使应当接受义务教育的未成年人失学、辍学；

（六）放任未成年人沉迷网络，接触危害或者可能影响其身心健康的图书、报刊、电影、广播电视节目、音像制品、电子出版物和网络信息等；

（七）放任未成年人进入营业性娱乐场所、酒吧、互联网上网服务营业场所等不适宜未成年人活动的场所；

（八）允许或者迫使未成年人从事国家规定以外的劳动；

（九）允许、迫使未成年人结婚或者为未成年人订立婚约；

（十）违法处分、侵吞未成年人的财产或者利用未成年人牟取不正当利益；

（十一）其他侵犯未成年人身心健康、财产权益或者不依法履行未成年人保护义务的行为。

第十八条　未成年人的父母或者其他监护人应当为未成年人提供安全的家庭生活环境，及时排除引发触电、烫伤、跌落等伤害的安全隐患；采取配备儿童安全座椅、教育未成年人遵守交通规则等措施，防止未成年人受到交通事故的伤害；提高户外安全保护意识，避免未成年人发生溺水、动物伤害等事故。

第十九条　未成年人的父母或者其他监护人应当根据未成年人的年龄和智力发展状况，在作出与未成年人权益有关的决定前，听取未成年人的意见，充分考虑其真实意愿。

第二十条　未成年人的父母或者其他监护人发现未成年人身心健康受到侵害、疑似受到侵害或者其他合法权益受到侵犯的，应当及时了解情况并采取保护措施；情况严重的，应当立即向公安、民政、教育等部门报告。

第二十一条　未成年人的父母或者其他监护人不得使未满八周岁或者由于身体、心理原因需要特别照顾的未成年人处于无人看护状态，或者将其交由无民事行为能力、限制民事行为能力、患有严重传染性疾病或者其他不适宜的人员临时照护。

未成年人的父母或者其他监护人不得使未满十六周岁的未成年人脱离监护单独生活。

第二十二条　未成年人的父母或者其他监护人因外出务工等原因在一定期限内不能完全履行监护职责的，应当委托具有照护能力的完全民事行为能力人代为照护；无正当理由的，不得委托他人代为照护。

未成年人的父母或者其他监护人在确定被委托人时，应当综合考虑其道德品质、家庭状况、身心健康状况、与未成年人生活情感上的联系等情况，并听取有表达意愿能力未成年人的意见。

具有下列情形之一的，不得作为被委托人：

（一）曾实施性侵害、虐待、遗弃、拐卖、暴力伤害等违法犯罪行为；

（二）有吸毒、酗酒、赌博等恶习；

（三）曾拒不履行或者长期怠于履行监护、照护职责；

（四）其他不适宜担任被委托人的情形。

第二十三条　未成年人的父母或者其他监护人应当及时将委托照护情况书面告知未成年人所在学校、幼儿园和实际居住地的居民委员会、村民委员会，加强和未成年人所在学校、幼儿园的沟通；与未成年人、被委托人至少每周联系和交流一次，了解未成年人的生活、学习、心理等情况，并给予未成年人亲情关爱。

未成年人的父母或者其他监护人接到被委托人、居民委员会、村民委员会、学校、幼儿园等关于未成年人心理、行为异常的通知后，应当及时采取干预措施。

第二十四条　未成年人的父母离婚时，应当妥善处理未成年子女的抚养、教育、探望、财产等事宜，听取有表达意愿能力未成年人的意见。不得以抢夺、藏匿未成年子女等方式争夺抚养权。

未成年人的父母离婚后，不直接抚养未成年子女的一方应当依照协议、人民法院判决或者调解确定的时间和方式，在不影响未成年人学习、生活的情况下探望未成年子女，直接抚养的一方应当配合，但被人民法院依法中止探望权的除外。

第三章　学校保护

第二十五条　学校应当全面贯彻国家教育方针，坚持立德树人，实施素质教育，提高教育质量，注重培养未成年学生认知能力、合作能力、创新能力和实践能力，促进未成年学生全面发展。

学校应当建立未成年学生保护工作制度，健全学生行为规范，培养未成年学生遵纪守法的良好行为习惯。

第二十六条　幼儿园应当做好保育、教育工作，遵循幼儿身心发展规律，实施启蒙教育，促进幼儿在体质、智力、品德等方面和谐发展。

第二十七条　学校、幼儿园的教职员工应当尊重未成年人人格尊严，不得对未成年人实施体罚、变相体罚或者其他侮辱人格尊严的行为。

第二十八条　学校应当保障未成年学生受教育的权利，不得违反国家规定开除、变相开除未成年学生。

学校应当对尚未完成义务教育的辍学未成年学生进行登记并劝返复学；劝返无效的，应当及时向教育行政部门书面报告。

第二十九条　学校应当关心、爱护未成年学生，不得因家庭、身体、心理、学习能力等情况歧视学生。对家庭困难、身心有障碍的学生，应当提供关爱；对行为异常、学习有困难的学生，应当耐心帮助。

学校应当配合政府有关部门建立留守未成年学生、困境未成年学生的信息档案，开展关爱帮扶工作。

第三十条　学校应当根据未成年学生身心发展特点，进行社会生活指导、心理健康辅导、青春期教育和生命教育。

第三十一条　学校应当组织未成年学生参加与其年龄相适应的日常生活劳动、生产劳动和服务性劳动，帮助未成年学生掌握必要的劳动知识和技能，养成良好的劳动习惯。

第三十二条　学校、幼儿园应当开展勤俭节约、反对浪费、珍惜粮食、文明饮食等宣传教育活动，帮助未成年人树立浪费可耻、节约为荣的意识，养成文明健康、绿色环保的生活习惯。

第三十三条　学校应当与未成年学生的父母或者其他监护人互相配合，合理安排未成年学生的学习时间，保障其休息、娱乐和体育锻炼的时间。

学校不得占用国家法定节假日、休息日及寒暑假期，组织义务教育阶段的未成年学生集体补课，加重其学习负担。

幼儿园、校外培训机构不得对学龄前未成年人进行小学课程教育。

第三十四条　学校、幼儿园应当提供必要的卫生保健条件，协助卫生健康部门做好在校、在园未成年人的卫生保健工作。

第三十五条　学校、幼儿园应当建立安全管理制度，对未成年人进行安全教育，完善安保设施，配备安保人员，保障未成年人在校、在园期间的人身和财产安全。

学校、幼儿园不得在危及未成年人人身安全、身心健康的校舍和其他设施、场所中进行教育教学活动。

学校、幼儿园安排未成年人参加文化娱乐、社会实践等集体活动，应当保护未成年人的身心健康，防止发生人身伤害事故。

第三十六条　使用校车的学校、幼儿园应当建立健全校车安全管理制度，配备安全管理人员，定期对校车进行安全检查，对校车驾驶人进行安全教育，并向未成年人讲解校车安全乘坐知识,培养未成年人校车安全事故应急处理技能。

第三十七条　学校、幼儿园应当根据需要,制定应对自然灾害、事故灾难、公共卫生事件等突发事件和意外伤害的预案,配备相应设施并定期进行必要的演练。

未成年人在校内、园内或者本校、本园组织的校外、园外活动中发生人身伤害事故的,学校、幼儿园应当立即救护,妥善处理,及时通知未成年人的父母或者其他监护人,并向有关部门报告。

第三十八条　学校、幼儿园不得安排未成年人参加商业性活动,不得向未成年人及其父母或者其他监护人推销或者要求其购买指定的商品和服务。

学校、幼儿园不得与校外培训机构合作为未成年人提供有偿课程辅导。

第三十九条　学校应当建立学生欺凌防控工作制度,对教职员工、学生等开展防治学生欺凌的教育和培训。

学校对学生欺凌行为应当立即制止,通知实施欺凌和被欺凌未成年学生的父母或者其他监护人参与欺凌行为的认定和处理;对相关未成年学生及时给予心理辅导、教育和引导;对相关未成年学生的父母或者其他监护人给予必要的家庭教育指导。

对实施欺凌的未成年学生,学校应当根据欺凌行为的性质和程度,依法加强管教。对严重的欺凌行为,学校不得隐瞒,应当及时向公安机关、教育行政部门报告,并配合相关部门依法处理。

第四十条　学校、幼儿园应当建立预防性侵害、性骚扰未成年人工作制度。对性侵害、性骚扰未成年人等违法犯罪行为,学校、幼儿园不得隐瞒,应当及时向公安机关、教育行政部门报告,并配合相关部门依法处理。

学校、幼儿园应当对未成年人开展适合其年龄的性教育,提高未成年人防范性侵害、性骚扰的自我保护意识和能力。对遭受性侵害、性骚扰的未成年人,学校、幼儿园应当及时采取相关的保护措施。

第四十一条　婴幼儿照护服务机构、早期教育服务机构、校外培训机构、校外托管机构等应当参照本章有关规定,根据不同年龄阶段未成年人的成长特点和规律,做好未成年人保护工作。

第四章　社会保护

第四十二条　全社会应当树立关心、爱护未成年人的良好风尚。

国家鼓励、支持和引导人民团体、企业事业单位、社会组织以及其他组织和个人,开展有利于未成年人健康成长的社会活动和服务。

第四十三条　居民委员会、村民委员会应当设置专人专岗负责未成年人保护工作,协助政府有关部门宣传未成年人保护方面的法律法规,指导、帮助和监督未成年人的父母或者其他监护人依法履行监护职责,建立留守未成年人、困境未成年人的信息档案并给予关爱帮扶。

居民委员会、村民委员会应当协助政府有关部门监督未成年人委托照护情况,发现被委托人缺乏照护能力、怠于履行照护职责等情况,应当及时向政府有关部门报告,并告知未成年人的父母或者其他监护人,帮助、督促被委托人履行照护职责。

第四十四条　爱国主义教育基地、图书馆、青少年宫、儿童活动中心、儿童之家应当对未成年人免费开放;博物馆、纪念馆、科技馆、展览馆、美术馆、文化馆、社区公益性互联网上网服务场所以及影剧院、体育场馆、动物园、植物园、公园等场所,应当按照有关规定对未成年人免费或者优惠开放。

国家鼓励爱国主义教育基地、博物馆、科技馆、美术馆等公共场馆开设未成年人专场,为未成年人提供有针对性的服务。

国家鼓励国家机关、企业事业单位、部队等开发自身教育资源,设立未成年人开放日,为未成年人主题教育、社会实践、职业体验等提供支持。

国家鼓励科研机构和科技类社会组织对未成年人开展科学普及活动。

第四十五条　城市公共交通以及公路、铁路、水路、航空客运等应当按照有关规定对未成年人实施免费或者优惠票价。

第四十六条　国家鼓励大型公共场所、公共交通工具、旅游景区景点等设置母婴室、婴儿护理台以及方便幼儿使用的坐便器、洗手台等卫生设施,为未成年人提供便利。

第四十七条　任何组织或者个人不得违反有关规定,限制未成年人应当享有的照顾或者优惠。

第四十八条　国家鼓励创作、出版、制作和传播有利于未成年人健康成长的图书、报刊、电影、广播电视节目、舞台艺术作品、音像制品、电子出版物和网络信息等。

第四十九条　新闻媒体应当加强未成年人保护方面的宣传,对侵犯未成年人合法权益的行为进行舆论监督。新闻媒体采访报道涉及未成年人事件应当客观、审慎和适度,不得侵犯未成年人的名誉、隐私和其他合法权益。

第五十条　禁止制作、复制、出版、发布、传播含有宣扬淫秽、色情、暴力、邪教、迷信、赌博、引诱自杀、恐怖主义、分裂主义、极端主义等危害未成年人身心健康内容的图书、报刊、电影、广播电视节目、舞台艺术作品、音像制品、电子出版物和网络信息等。

第五十一条　任何组织或者个人出版、发布、传播的图书、报刊、电影、广播电视节目、舞台艺术作品、音像制品、电子出版物或者网络信息,包含可能影响未成年人身心健康内容的,应当以显著方式作出提示。

第五十二条　禁止制作、复制、发布、传播或者持有有关未成年人的淫秽色情物品和网络信息。

第五十三条　任何组织或者个人不得刊登、播放、张贴或者散发含有危害未成年人身心健康内容的广告;不得在学校、幼儿园播放、张贴或者散发商业广告;不得利用校服、教材等发布或者变相发布商业广告。

第五十四条　禁止拐卖、绑架、虐待、非法收养未成年人,禁止对未成年人实施性侵害、性骚扰。

禁止胁迫、引诱、教唆未成年人参加黑社会性质组织或者从事违法犯罪活动。

禁止胁迫、诱骗、利用未成年人乞讨。

第五十五条　生产、销售用于未成年人的食品、药品、玩具、用具和游戏游艺设备、游乐设施等,应当符合国家或者行业标准,不得危害未成年人的人身安全和身心健康。上述产品的生产者应当在显著位置标明注意事项,未标明注意事项的不得销售。

第五十六条　未成年人集中活动的公共场所应当符合国家或者行业安全标准,并采取相应安全保护措施。对可能存在安全风险的设施,应当定期进行维护,在显著位置设置安全警示标志并标明适龄范围和注意事项;必要时应当安排专门人员看管。

大型的商场、超市、医院、图书馆、博物馆、科技馆、游乐场、车站、码头、机场、旅游景区景点等场所运营单位应当设置搜寻走失未成年人的安全警报系统。场所运营单位接到求助后,应当立即启动安全警报系统,组织人员进行搜寻并向公安机关报告。

公共场所发生突发事件时,应当优先救护未成年人。

第五十七条　旅馆、宾馆、酒店等住宿经营者接待未成年人入住,或者接待未成年人和成年人共同入住时,应当询问父母或者其他监护人的联系方式、入住人员的身份关系等有关情况;发现有违法犯罪嫌疑的,应当立即向公安机关报告,并及时联系未成年人的父母或者其他监护人。

第五十八条　学校、幼儿园周边不得设置营业性娱乐场所、酒吧、互联网上网服务营业场所等不适宜未成年人活动的场所。营业性歌舞娱乐场所、酒吧、互联网上网服务营业场所等不适宜未成年人活动场所的经营者,不得允许未成年人进入;游艺娱乐场所设置的电子游戏设备,除国家法定节假日外,不得向未成年人提供。经营者应当在显著位置设置未成年人禁入、限入标志;对难以判明是否是未成年人的,应当要求其出示身份证件。

第五十九条　学校、幼儿园周边不得设置烟、酒、彩票销售网点。禁止向未成年人销售烟、酒、彩票或者兑付彩票奖金。烟、酒和彩票经营者应当在显著位置设置不向未成年人销售烟、酒或者彩票的标志;对难以判明是否是未成年人的,应当要求其出示身份证件。

任何人不得在学校、幼儿园和其他未成年人集中活动的公共场所吸烟、饮酒。

第六十条　禁止向未成年人提供、销售管制刀具或者其他可能致人严重伤害的器具等物品。经营者难以判明购买者是否是未成年人的,应当要求其出示身份证件。

第六十一条　任何组织或者个人不得招用未满十六周岁未成年人,国家另有规定的除外。

营业性娱乐场所、酒吧、互联网上网服务营业场所等不适宜未成年人活动的场所不得招用已满十六周岁的未成年人。

招用已满十六周岁未成年人的单位和个人应当执行国家在工种、劳动时间、劳动强度和保护措施等方面的规定,不得安排其从事过重、有毒、有害等危害未成年人身心健康的劳动或者危险作业。

任何组织或者个人不得组织未成年人进行危害其身心健康的表演等活动。经未成年人的父母或者其他监护人同意,未成年人参与演出、节目制作等活动,活动组织方应当根据国家有关规定,保障未成年人合法权益。

第六十二条　密切接触未成年人的单位招聘工作人员时,应当向公安机关、人民检察院查询应聘者是否具有性侵害、虐待、拐卖、暴力伤害等违法犯罪记录;发现其具有前述行为记录的,不得录用。

密切接触未成年人的单位应当每年定期对工作人员是否具有上述违法犯罪记录进行查询。通过查询或者其他方式发现其工作人员具有上述行为的,应当及时解聘。

第六十三条　任何组织或者个人不得隐匿、毁弃、非法删除未成年人的信件、日记、电子邮件或者其他网络通信内容。

除下列情形外,任何组织或者个人不得开拆、查阅未成年人的信件、日记、电子邮件或者其他网络通信内容:

(一)无民事行为能力未成年人的父母或者其他监护人代未成年人开拆、查阅;

(二)因国家安全或者追查刑事犯罪依法进行检查;

(三)紧急情况下为了保护未成年人本人的人身安全。

第五章　网络保护

第六十四条　国家、社会、学校和家庭应当加强未成年人网络素养宣传教育，培养和提高未成年人的网络素养，增强未成年人科学、文明、安全、合理使用网络的意识和能力，保障未成年人在网络空间的合法权益。

第六十五条　国家鼓励和支持有利于未成年人健康成长的网络内容的创作与传播，鼓励和支持专门以未成年人为服务对象、适合未成年人身心健康特点的网络技术、产品、服务的研发、生产和使用。

第六十六条　网信部门及其他有关部门应当加强对未成年人网络保护工作的监督检查，依法惩处利用网络从事危害未成年人身心健康的活动，为未成年人提供安全、健康的网络环境。

第六十七条　网信部门会同公安、文化和旅游、新闻出版、电影、广播电视等部门根据保护不同年龄阶段未成年人的需要，确定可能影响未成年人身心健康网络信息的种类、范围和判断标准。

第六十八条　新闻出版、教育、卫生健康、文化和旅游、网信等部门应当定期开展预防未成年人沉迷网络的宣传教育，监督网络产品和服务提供者履行预防未成年人沉迷网络的义务，指导家庭、学校、社会组织互相配合，采取科学、合理的方式对未成年人沉迷网络进行预防和干预。

任何组织或者个人不得以侵害未成年人身心健康的方式对未成年人沉迷网络进行干预。

第六十九条　学校、社区、图书馆、文化馆、青少年宫等场所为未成年人提供的互联网上网服务设施，应当安装未成年人网络保护软件或者采取其他安全保护技术措施。

智能终端产品的制造者、销售者应当在产品上安装未成年人网络保护软件，或者以显著方式告知用户未成年人网络保护软件的安装渠道和方法。

第七十条　学校应当合理使用网络开展教学活动。未经学校允许，未成年学生不得将手机等智能终端产品带入课堂，带入学校的应当统一管理。

学校发现未成年学生沉迷网络的，应当及时告知其父母或者其他监护人，共同对未成年学生进行教育和引导，帮助其恢复正常的学习生活。

第七十一条　未成年人的父母或者其他监护人应当提高网络素养，规范自身使用网络的行为，加强对未成年人使用网络行为的引导和监督。

未成年人的父母或者其他监护人应当通过在智能终端产品上安装未成年人网络保护软件、选择适合未成年人的服务模式和管理功能等方式，避免未成年人接触危害或者可能影响其身心健康的网络信息，合理安排未成年人使用网络的时间，有效预防未成年人沉迷网络。

第七十二条　信息处理者通过网络处理未成年人个人信息的，应当遵循合法、正当和必要的原则。处理不满十四周岁未成年人个人信息的，应当征得未成年人的父母或者其他监护人同意，但法律、行政法规另有规定的除外。

未成年人、父母或者其他监护人要求信息处理者更正、删除未成年人个人信息的，信息处理者应当及时采取措施予以更正、删除，但法律、行政法规另有规定的除外。

第七十三条　网络服务提供者发现未成年人通过网络发布私密信息的，应当及时提示，并采取必要的保护措施。

第七十四条　网络产品和服务提供者不得向未成年人提供诱导其沉迷的产品和服务。

网络游戏、网络直播、网络音视频、网络社交等网络服务提供者应当针对未成年人使用其服务设置相应的时间管理、权限管理、消费管理等功能。

以未成年人为服务对象的在线教育网络产品和服务，不得插入网络游戏链接，不得推送广告等与教学无关的信息。

第七十五条　网络游戏经依法审批后方可运营。

国家建立统一的未成年人网络游戏电子身份认证系统。网络游戏服务提供者应当要求未成年人以真实身份信息注册并登录网络游戏。

网络游戏服务提供者应当按照国家有关规定和标准，对游戏产品进行分类，作出适龄提示，并采取技术措施，不得让未成年人接触不适宜的游戏或者游戏功能。

网络游戏服务提供者不得在每日二十二时至次日八时向未成年人提供网络游戏服务。

第七十六条　网络直播服务提供者不得为未满十六周岁的未成年人提供网络直播发布者账号注册服务；为年满十六周岁的未成年人提供网络直播发布者账号注册服务时，应当对其身份信息进行认证，并征得其父母或者其他监护人同意。

第七十七条　任何组织或者个人不得通过网络以文字、图片、音视频等形式，对未成年人实施侮辱、诽谤、威胁或者恶意损害形象等网络欺凌行为。

遭受网络欺凌的未成年人及其父母或者其他监护人有权通知网络服务提供者采取删除、屏蔽、断开链接等措施。网络服务提供者接到通知后，应当及时采取必要的措施制止网络欺凌行为，防止信息扩散。

第七十八条　网络产品和服务提供者应当建立便捷、合理、有效的投诉和举报渠道，公开投诉、举报方式等信息，及时受理并处理涉及未成年人的投诉、举报。

第七十九条　任何组织或者个人发现网络产品、服务含有危害未成年人身心健康的信息，有权向网络产品和服务提供者或者网信、公安等部门投诉、举报。

第八十条　网络服务提供者发现用户发布、传播可能影响未成年人身心健康的信息且未作显著提示的，应当作出提示或者通知用户予以提示；未作出提示的，不得传输相关信息。

网络服务提供者发现用户发布、传播含有危害未成年人身心健康内容的信息的，应当立即停止传输相关信息，采取删除、屏蔽、断开链接等处置措施，保存有关记录，并向网信、公安等部门报告。

网络服务提供者发现用户利用其网络服务对未成年人实施违法犯罪行为的，应当立即停止向该用户提供网络服务，保存有关记录，并向公安机关报告。

第六章　政府保护

第八十一条　县级以上人民政府承担未成年人保护协调机制具体工作的职能部门应当明确相关内设机构或者专门人员，负责承担未成年人保护工作。

乡镇人民政府和街道办事处应当设立未成年人保护工作站或者指定专门人员，及时办理未成年人相关事务；支持、指导居民委员会、村民委员会设立专人专岗，做好未成年人保护工作。

第八十二条　各级人民政府应当将家庭教育指导服务纳入城乡公共服务体系，开展家庭教育知识宣传，鼓励和支持有关人民团体、企业事业单位、社会组织开展家庭教育指导服务。

第八十三条　各级人民政府应当保障未成年人受教育的权利，并采取措施保障留守未成年人、困境未成年人、残疾未成年人接受义务教育。

对尚未完成义务教育的辍学未成年学生,教育行政部门应当责令父母或者其他监护人将其送入学校接受义务教育。

第八十四条　各级人民政府应当发展托育、学前教育事业,办好婴幼儿照护服务机构、幼儿园,支持社会力量依法兴办母婴室、婴幼儿照护服务机构、幼儿园。

县级以上地方人民政府及其有关部门应当培养和培训婴幼儿照护服务机构、幼儿园的保教人员,提高其职业道德素质和业务能力。

第八十五条　各级人民政府应当发展职业教育,保障未成年人接受职业教育或者职业技能培训,鼓励和支持人民团体、企业事业单位、社会组织为未成年人提供职业技能培训服务。

第八十六条　各级人民政府应当保障具有接受普通教育能力、能适应校园生活的残疾未成年人就近在普通学校、幼儿园接受教育;保障不具有接受普通教育能力的残疾未成年人在特殊教育学校、幼儿园接受学前教育、义务教育和职业教育。

各级人民政府应当保障特殊教育学校、幼儿园的办学、办园条件,鼓励和支持社会力量举办特殊教育学校、幼儿园。

第八十七条　地方人民政府及其有关部门应当保障校园安全,监督、指导学校、幼儿园等单位落实校园安全责任,建立突发事件的报告、处置和协调机制。

第八十八条　公安机关和其他有关部门应当依法维护校园周边的治安和交通秩序,设置监控设备和交通安全设施,预防和制止侵害未成年人的违法犯罪行为。

第八十九条　地方人民政府应当建立和改善适合未成年人的活动场所和设施,支持公益性未成年人活动场所和设施的建设和运行,鼓励社会力量兴办适合未成年人的活动场所和设施,并加强管理。

地方人民政府应当采取措施,鼓励和支持学校在国家法定节假日、休息日及寒暑假期将文化体育设施对未成年人免费或者优惠开放。

地方人民政府应当采取措施,防止任何组织或者个人侵占、破坏学校、幼儿园、婴幼儿照护服务机构等未成年人活动场所的场地、房屋和设施。

第九十条　各级人民政府及其有关部门应当对未成年人进行卫生保健和营养指导,提供卫生保健服务。

卫生健康部门应当依法对未成年人的疫苗预防接种进行规范,防治未成年人常见病、多发病,加强传染病防治和监督管理,做好伤害预防和干预,指导和监督学校、幼儿园、婴幼儿照护服务机构开展卫生保健工作。

教育行政部门应当加强未成年人的心理健康教育,建立未成年人心理问题的早期发现和及时干预机制。卫生健康部门应当做好未成年人心理治疗、心理危机干预以及精神障碍早期识别和诊断治疗等工作。

第九十一条　各级人民政府及其有关部门对困境未成年人实施分类保障,采取措施满足其生活、教育、安全、医疗康复、住房等方面的基本需要。

第九十二条　具有下列情形之一的,民政部门应当依法对未成年人进行临时监护:

(一)未成年人流浪乞讨或者身份不明,暂时查找不到父母或者其他监护人;

(二)监护人下落不明且无其他人可以担任监护人;

(三)监护人因自身客观原因或者因发生自然灾害、事故灾难、公共卫生事件等突发事件不能履行监护职责,导致未成年人监护缺失;

（四）监护人拒绝或者怠于履行监护职责，导致未成年人处于无人照料的状态；

（五）监护人教唆、利用未成年人实施违法犯罪行为，未成年人需要被带离安置；

（六）未成年人遭受监护人严重伤害或者面临人身安全威胁，需要被紧急安置；

（七）法律规定的其他情形。

第九十三条　对临时监护的未成年人，民政部门可以采取委托亲属抚养、家庭寄养等方式进行安置，也可以交由未成年人救助保护机构或者儿童福利机构进行收留、抚养。

临时监护期间，经民政部门评估，监护人重新具备履行监护职责条件的，民政部门可以将未成年人送回监护人抚养。

第九十四条　具有下列情形之一的，民政部门应当依法对未成年人进行长期监护：

（一）查找不到未成年人的父母或者其他监护人；

（二）监护人死亡或者被宣告死亡且无其他人可以担任监护人；

（三）监护人丧失监护能力且无其他人可以担任监护人；

（四）人民法院判决撤销监护人资格并指定由民政部门担任监护人；

（五）法律规定的其他情形。

第九十五条　民政部门进行收养评估后，可以依法将其长期监护的未成年人交由符合条件的申请人收养。收养关系成立后，民政部门与未成年人的监护关系终止。

第九十六条　民政部门承担临时监护或者长期监护职责的，财政、教育、卫生健康、公安等部门应当根据各自职责予以配合。

县级以上人民政府及其民政部门应当根据需要设立未成年人救助保护机构、儿童福利机构，负责收留、抚养由民政部门监护的未成年人。

第九十七条　县级以上人民政府应当开通全国统一的未成年人保护热线，及时受理、转介侵犯未成年人合法权益的投诉、举报；鼓励和支持人民团体、企业事业单位、社会组织参与建设未成年人保护服务平台、服务热线、服务站点，提供未成年人保护方面的咨询、帮助。

第九十八条　国家建立性侵害、虐待、拐卖、暴力伤害等违法犯罪人员信息查询系统，向密切接触未成年人的单位提供免费查询服务。

第九十九条　地方人民政府应当培育、引导和规范有关社会组织、社会工作者参与未成年人保护工作，开展家庭教育指导服务，为未成年人的心理辅导、康复救助、监护及收养评估等提供专业服务。

第七章　司法保护

第一百条　公安机关、人民检察院、人民法院和司法行政部门应当依法履行职责，保障未成年人合法权益。

第一百零一条　公安机关、人民检察院、人民法院和司法行政部门应当确定专门机构或者指定专门人员，负责办理涉及未成年人案件。办理涉及未成年人案件的人员应当经过专门培训，熟悉未成年人身心特点。专门机构或者专门人员中，应当有女性工作人员。

公安机关、人民检察院、人民法院和司法行政部门应当对上述机构和人员实行与未成年人保护工作相适应的评价考核标准。

第一百零二条　公安机关、人民检察院、人民法院和司法行政部门办理涉及未成年人案件，应当考虑未成年人身心特点和健康成长的需要，使用未成年人能够理解的语言和表达方式，听取未成年人的意见。

第一百零三条　公安机关、人民检察院、人民法院、司法行政部门以及其他组织和个人不得披露有关案件中未成年人的姓名、影像、住所、就读学校以及其他可能识别出其身份的信息，但查找失踪、被拐卖未成年人等情形除外。

第一百零四条　对需要法律援助或者司法救助的未成年人，法律援助机构或者公安机关、人民检察院、人民法院和司法行政部门应当给予帮助，依法为其提供法律援助或者司法救助。

法律援助机构应当指派熟悉未成年人身心特点的律师为未成年人提供法律援助服务。

法律援助机构和律师协会应当对办理未成年人法律援助案件的律师进行指导和培训。

第一百零五条　人民检察院通过行使检察权，对涉及未成年人的诉讼活动等依法进行监督。

第一百零六条　未成年人合法权益受到侵犯，相关组织和个人未代为提起诉讼的，人民检察院可以督促、支持其提起诉讼；涉及公共利益的，人民检察院有权提起公益诉讼。

第一百零七条　人民法院审理继承案件，应当依法保护未成年人的继承权和受遗赠权。

人民法院审理离婚案件，涉及未成年子女抚养问题的，应当尊重已满八周岁未成年子女的真实意愿，根据双方具体情况，按照最有利于未成年子女的原则依法处理。

第一百零八条　未成年人的父母或者其他监护人不依法履行监护职责或者严重侵犯被监护的未成年人合法权益的，人民法院可以根据有关人员或者单位的申请，依法作出人身安全保护令或者撤销监护人资格。

被撤销监护人资格的父母或者其他监护人应当依法继续负担抚养费用。

第一百零九条　人民法院审理离婚、抚养、收养、监护、探望等案件涉及未成年人的，可以自行或者委托社会组织对未成年人的相关情况进行社会调查。

第一百一十条　公安机关、人民检察院、人民法院讯问未成年犯罪嫌疑人、被告人，询问未成年被害人、证人，应当依法通知其法定代理人或者其成年亲属、所在学校的代表等合适成年人到场，并采取适当方式，在适当场所进行，保障未成年人的名誉权、隐私权和其他合法权益。

人民法院开庭审理涉及未成年人案件，未成年被害人、证人一般不出庭作证；必须出庭的，应当采取保护其隐私的技术手段和心理干预等保护措施。

第一百一十一条　公安机关、人民检察院、人民法院应当与其他有关政府部门、人民团体、社会组织互相配合，对遭受性侵害或者暴力伤害的未成年被害人及其家庭实施必要的心理干预、经济救助、法律援助、转学安置等保护措施。

第一百一十二条　公安机关、人民检察院、人民法院办理未成年人遭受性侵害或者暴力伤害案件，在询问未成年被害人、证人时，应当采取同步录音录像等措施，尽量一次完成；未成年被害人、证人是女性的，应当由女性工作人员进行。

第一百一十三条　对违法犯罪的未成年人，实行教育、感化、挽救的方针，坚持教育为主、惩罚为辅的原则。

对违法犯罪的未成年人依法处罚后，在升学、就业等方面不得歧视。

第一百一十四条　公安机关、人民检察院、人民法院和司法行政部门发现有关单位未尽到未成年人教育、管理、救助、看护等保护职责的，应当向该单位提出建议。被建议单位应当在一个月内作出书面回复。

第一百一十五条　公安机关、人民检察院、人民法院和司法行政部门应当结合实际，根据涉及未成年人案件的特点，开展未成年人法治宣传教育工作。

第一百一十六条 国家鼓励和支持社会组织、社会工作者参与涉及未成年人案件中未成年人的心理干预、法律援助、社会调查、社会观护、教育矫治、社区矫正等工作。

第八章　法律责任

第一百一十七条 违反本法第十一条第二款规定,未履行报告义务造成严重后果的,由上级主管部门或者所在单位对直接负责的主管人员和其他直接责任人员依法给予处分。

第一百一十八条 未成年人的父母或者其他监护人不依法履行监护职责或者侵犯未成年人合法权益的,由其居住地的居民委员会、村民委员会予以劝诫、制止;情节严重的,居民委员会、村民委员会应当及时向公安机关报告。

公安机关接到报告或者公安机关、人民检察院、人民法院在办理案件过程中发现未成年人的父母或者其他监护人存在上述情形的,应当予以训诫,并可以责令其接受家庭教育指导。

第一百一十九条 学校、幼儿园、婴幼儿照护服务等机构及其教职员工违反本法第二十七条、第二十八条、第三十九条规定的,由公安、教育、卫生健康、市场监督管理等部门按照职责分工责令改正;拒不改正或者情节严重的,对直接负责的主管人员和其他直接责任人员依法给予处分。

第一百二十条 违反本法第四十四条、第四十五条、第四十七条规定,未给予未成年人免费或者优惠待遇的,由市场监督管理、文化和旅游、交通运输等部门按照职责分工责令限期改正,给予警告;拒不改正的,处一万元以上十万元以下罚款。

第一百二十一条 违反本法第五十条、第五十一条规定的,由新闻出版、广播电视、电影、网信等部门按照职责分工责令限期改正,给予警告,没收违法所得,可以并处十万元以下罚款;拒不改正或者情节严重的,责令暂停相关业务、停产停业或者吊销营业执照、吊销相关许可证,违法所得一百万元以上的,并处违法所得一倍以上十倍以下的罚款,没有违法所得或者违法所得不足一百万元的,并处十万元以上一百万元以下罚款。

第一百二十二条 场所运营单位违反本法第五十六条第二款规定、住宿经营者违反本法第五十七条规定的,由市场监督管理、应急管理、公安等部门按照职责分工责令限期改正,给予警告;拒不改正或者造成严重后果的,责令停业整顿或者吊销营业执照、吊销相关许可证,并处一万元以上十万元以下罚款。

第一百二十三条 相关经营者违反本法第五十八条、第五十九条第一款、第六十条规定的,由文化和旅游、市场监督管理、烟草专卖、公安等部门按照职责分工责令限期改正,给予警告,没收违法所得,可以并处五万元以下罚款;拒不改正或者情节严重的,责令停业整顿或者吊销营业执照、吊销相关许可证,可以并处五万元以上五十万元以下罚款。

第一百二十四条 违反本法第五十九条第二款规定,在学校、幼儿园和其他未成年人集中活动的公共场所吸烟、饮酒的,由卫生健康、教育、市场监督管理等部门按照职责分工责令改正,给予警告,可以并处五百元以下罚款;场所管理者未及时制止的,由卫生健康、教育、市场监督管理等部门按照职责分工给予警告,并处一万元以下罚款。

第一百二十五条 违反本法第六十一条规定的,由文化和旅游、人力资源和社会保障、市场监督管理等部门按照职责分工责令限期改正,给予警告,没收违法所得,可以并处十万元以下罚款;拒不改正或者情节严重的,责令停产停业或者吊销营业执照、吊销相关许可证,并处十万元以上一百万元以下罚款。

第一百二十六条 密切接触未成年人的单位违反本法第六十二条规定,未履行查询义务,或者招用、继续聘用具有相关违法犯罪记录人员的,由教育、人力资源和社会保障、市场监督管理等部门按照职责分工责令限期改正,给予警告,并处五万元以下罚款;拒不改正或者造成严重后果的,责令停业整顿或者吊销营业执照、吊销相关许可证,并处五万元以上五十万元以下罚款,对直接负责的主管人员和其他直接责任人员依法给予处分。

第一百二十七条　信息处理者违反本法第七十二条规定,或者网络产品和服务提供者违反本法第七十三条、第七十四条、第七十五条、第七十六条、第七十七条、第八十条规定的,由公安、网信、电信、新闻出版、广播电视、文化和旅游等有关部门按照职责分工责令改正,给予警告,没收违法所得,违法所得一百万元以上的,并处违法所得一倍以上十倍以下罚款,没有违法所得或者违法所得不足一百万元的,并处十万元以上一百万元以下罚款,对直接负责的主管人员和其他责任人员处一万元以上十万元以下罚款;拒不改正或者情节严重的,并可以责令暂停相关业务、停业整顿、关闭网站、吊销营业执照或者吊销相关许可证。

第一百二十八条　国家机关工作人员玩忽职守、滥用职权、徇私舞弊,损害未成年人合法权益的,依法给予处分。

第一百二十九条　违反本法规定,侵犯未成年人合法权益,造成人身、财产或者其他损害的,依法承担民事责任。

违反本法规定,构成违反治安管理行为的,依法给予治安管理处罚;构成犯罪的,依法追究刑事责任。

第九章　附则

第一百三十条　本法中下列用语的含义:

(一)密切接触未成年人的单位,是指学校、幼儿园等教育机构;校外培训机构;未成年人救助保护机构、儿童福利机构等未成年人安置、救助机构;婴幼儿照护服务机构、早期教育服务机构;校外托管、临时看护机构;家政服务机构;为未成年人提供医疗服务的医疗机构;其他对未成年人负有教育、培训、监护、救助、看护、医疗等职责的企业事业单位、社会组织等。

(二)学校,是指普通中小学、特殊教育学校、中等职业学校、专门学校。

(三)学生欺凌,是指发生在学生之间,一方蓄意或者恶意通过肢体、语言及网络等手段实施欺压、侮辱,造成另一方人身伤害、财产损失或者精神损害的行为。

第一百三十一条　对中国境内未满十八周岁的外国人、无国籍人,依照本法有关规定予以保护。

第一百三十二条　本法自 2021 年 6 月 1 日起施行。

本章作业

一、简答题

(1)学前教育受教育者的一般权利有哪些?我们如何保障幼儿的这些权利?

(2)幼儿园是幼儿的监护人吗?为什么?

二、案例分析

(1)某幼儿园为了突出自己的办园"特色",力求开设多种课程,随意将一些尚未定论或不适合幼儿的教育研究课题以课程和学习的形式应用于幼儿园教育活动中,该幼儿园课程体系庞大,课程内容过多,教育目标过高。特别是该园几乎每学年为幼儿更换一套教材及辅助读物或练习册,甚至还不时地推荐参考读物。该园采取"幼儿教育小学化"的做法,要求教师每月要教会幼儿多少个字,背会多少首诗,并以此作为考核幼儿教师教学成绩的唯一标准。

分析:请分析一下该幼儿园的做法对不对?为什么?

(2)春游的时节到了,某幼儿园中班组织幼儿到公园进行春游活动,在活动中一名幼儿自行跑到公园小侧铁门边玩,不慎将手指夹到铁门缝里,致使右手食指第二、三骨节骨裂。事后幼儿因害怕和疼痛大声哭泣,当班教师因不知情而未带幼儿及时医治,只进行了简单地处理,接园时通知家长孩子受伤之事,家长带孩子进行医治时,方知孩子手指骨裂,在医治中共花去医疗费等各种费用几千元。家长找幼儿园理论时,幼儿园以不清楚事发情况及教师无主观责任为由拒绝家长提出的三万元经济赔偿要求,并强调幼儿园无责任。

分析:此次事故幼儿园是否应该承担责任?为什么?

第五章 学前教育政策与法规的实施

学习目标

(1) 掌握学前教育政策与法规的实施机构。
(2) 掌握学前教育政策与法规的实施手段。
(3) 理解学前教育政策与法规的实施途径。
(4) 了解学前教育政策与法规的实施效果。

 / 案 例 导 入 /

非法幼儿园造成的惨剧责任在谁?

2017年7月12日,晋州市桃源镇周头村一非法幼儿园(天宝幼儿园)上午9点从邻村赵兰庄接幼儿上学,到达幼儿园后,将其中一名两岁半幼儿(女)遗忘在车内,直至下午4点打开车门才发现该幼儿。该幼儿被送往晋州市人民医院抢救,后经抢救无效死亡。经查,天宝幼儿园为未经注册审批的非法幼儿园。

思考:哪些机构会参与处理此类事故?他们在处理这些事故中分别扮演什么角色?

第一节 学前教育政策与法规的实施机构

在学前教育法制的运行过程中,学前教育政策与法规的实施是最关键、最重要的环节。教育立法最终无非是为了保证各项所规定的行为规范能够在教育活动中得到切实的遵守。从这一意义上说,"有法不依"比"无法可依"对教育法制建设的危害更大。因此,教育法规的实施问题已成为教育法制建设中亟待解决的重大课题。在学前教育领域,政策法规的实施问题同样至关重要。为此,我们必须做好学前教育政策与法规的实施工作,并通过宣传、教育等手段提高公民遵守法律法规的意识。

一、学前教育政策与法规实施的含义

学前教育政策与法规的实施,是指教育政策与法规在教育实践过程中的具体运用和实行。

学前教育政策与法规作为教育实践活动的行为规范,是对教育法律关系主体之间实际行为的概括。

二、学前教育政策与法规实施机构的分类及其职责

教育政策与法规的实施机构主要指教育法律关系主体。教育法律关系主体概括起来主要有三种:一是国家机关;二是机构和组织;三是自然人。同样的,学前教育政策与法规实施的机构也主要包括这三种,国家机关主要包括国家权力机关、国家行政机关和国家司法机关,机构和组织层面主要指托儿所和幼儿园,自然人层面主要指幼儿园中的教职工。

(一)国家机关

1. 国家权力机关

国家权力机关,是指代表统治阶级行使统治权力的机关。在实行立法、行政、司法三权分立原则的国家中,议会是唯一的立法机关。议会与行使行政权的总统和行使司法权的法院处于制约与平衡的地位。在实行议会制的国家,议会有权控制内阁(行政机关),一般不能干预司法。

在我国,国家权力机关指全国人民代表大会和地方各级人民代表大会。在学前教育政策与法规的实施过程中,全国、各地方各级人大常委会主要扮演监督的角色,需对宪法、教育法律、行政教育法规、地方性教育法规的实施情况进行监督;对教育行政机关的教育政策执行情况进行监督;对国家教育行政部门工作人员职能履行进行监督。

2. 国家行政机关

国家行政机关又叫国家管理机关,指统治者运用国家权力,通过强制和非强制手段对国家事务进行组织和管理的机关。根据《幼儿园管理条例》第六条规定:"国家教育委员会主管全国的幼儿园管理工作;地方各级人民政府的教育行政部门,主管本行政辖区内的幼儿园管理工作。"明确了教育行政部门是实施学前教育政策与法规的主要机构。教育部要依法作出教育行政行为,负责对全国学前教育事业进行宏观决策和领导;而地方教育厅和教育局则依法管理本地区的教育工作,认真贯彻教育部颁布的各项行政法规,同时结合本地区的特点,制定符合本地区的教育规章和制度。此外,卫生部门负责拟订有关幼儿园卫生保健方面的法规和规章制度,监督和指导幼儿园卫生保健业务工作。

3. 国家司法机关

国家司法机关是行使司法权的国家机关,是国家机构的基本组成部分,是依法成立的行使相关国家职权的司法组织,包括法院、检察院及有关功能部门。在中国,国家司法机关主要指法院和检察院。

最高人民法院是中华人民共和国最高审判机关,负责审理各类案件,制定司法解释,监督地方各级人民法院和专门人民法院的审判工作,并依照法律确定的职责范围,管理全国法院的司法行政工作。

最高人民检察院是最高检察机关,主要任务是领导地方各级人民检察院和专门人民检察院依法履行法律监督职能,保证国家法律的统一和正确实施。其主要职责如下:

(1)对全国人民代表大会和全国人民代表大会常务委员会负责并报告工作,接受全国人民代表大会及其常务委员会的监督。

(2)依法向全国人民代表大会和全国人民代表大会常务委员会提出议案。

(3)领导地方各级人民检察院和专门人民检察院的工作。确定检察工作方针,部署检察工作任务。

(4)依法对贪污案、贿赂案、侵犯公民民主权利案、渎职案以及认为需要自己依法直接受理的其他刑事案件进行侦查。领导地方各级人民检察院和专门人民检察院的侦查工作。

(5)对重大刑事犯罪案件依法审查批捕、提起公诉。领导地方各级人民检察院和专门人民检察院对刑事犯罪案件的审查批捕、起诉工作。

(6)领导地方各级人民检察院和专门人民检察院开展民事、经济审判和行政诉讼活动的法律监督工作。

(7)对地方各级人民检察院和监所派出检察院依法对执行机关执行刑罚的活动和监管活动是否合法实行监督。

(8)对各级人民法院已经发生法律效力、确有错误的判决和裁定,依法向最高人民法院提起抗诉。

(9)对地方各级人民检察院和专门人民检察院在行使检察权作出的决定进行审查,纠正错误决定。

(10)受理公民控告、申诉和检举。

(11)对国家机关工作人员职务犯罪预防工作进行研究并提出职务犯罪的预防对策和检察建议;负责职务犯罪的法制宣传工作;负责全国检察机关对检察环节中其他社会治安综合治理工作的指导。

(12)受理对贪污、贿赂等犯罪的举报,并领导全国检察机关的举报工作。

(13)提出全国检察机关体制改革规划的意见,经主管部门批准后,组织实施;规划和指导全国检察机关的检察技术工作和物证检验、鉴定、审核工作。

(14)对于检察工作中具体应用法律的问题进行司法解释。

(15)制定有关检察工作的条例、细则和规定。

(16)负责检察机关的思想政治工作和队伍建设。领导地方各级人民检察院和专门人民检察院依法管理检察官的工作。制定书记员管理办法。

(17)协同地方党委管理和考核省、自治区、直辖市人民检察院和专门人民检察院的检察长、副检察长,提请全国人民代表大会常务委员会批准或不批准省、自治区、直辖市人民检察院检察长的任免;提请全国人民代表大会常务委员会决定任免专门人民检察院的检察长;建议全国人民代表大会常务委员会撤换下级人民检察院的检察长、副检察长和检察委员会委员。

(18)协同主管部门管理人民检察院的机构设置和人员编制。

(19)组织指导检察系统干部教育培训工作,规划和指导检察系统的培训基地及师资队伍建设等工作。

(20)规划和指导全国检察机关的计划财务装备工作。

(21)组织检察机关对外交流,开展有关国际司法协助;审批与港、澳、台地区间的个案协查工作。

(22)管理机关干部和直属事业单位的领导干部;审批院直属事业单位的工作计划和发展规划。

(23)负责其他应当由最高人民检察院承办的事项。

在学前教育政策与法规的实施过程中,国家司法机关主要扮演制裁和处罚的角色,依靠各项法律法规对教育侵权案件进行解决,依法保护受害人,处罚侵犯他人教育权利的不法行为。

(二)幼儿园

幼儿园是我国针对3～6岁儿童组织保育和教育活动的公共教育机构。根据《教育法》《幼儿园管理条例》《社会力量办学条例》等相关法律规范,在我国境内设立的幼儿园及其他早期教育机构,必须具有组织机构与章程;有合格的园长、教师、保育、医务人员;有与保育、教育的要求相适应的园舍和设施等;有必要的办园资金和稳定的经费来源。依法设立的幼儿园及其他早期教育机构在依法享有权利的同时,应当认真履行法律规定的义务;遵守法律、法规;贯彻国家的教育方针,执行国家的教学标准,保证教学质量;维护受教育者、教师及其他职工的合法权益;遵照国家有关规定收取费用并公开收费项目。

(三)幼儿园教职工

幼儿园教职工主要指园长、教师、保育员与医务人员。在学前教育政策与法规的实施过程中,幼儿园教职工是各项政策与法规执行中最直接、具体的执行者。《教育法》《幼儿园管理条例》中已明确了园长、教师和其他工作者的权利和义务。园长应带头遵守学前教育的各项规章制度,依法作出教育行政行为;幼儿园教师和保育员在具体的工作中也应该遵循国家各项教育法规,不做法律规范所制止的行为。

 拓展阅读 5-1

学生伤害事故处理办法(节选)

第一章 总则

第一条 为积极预防、妥善处理在校学生伤害事故,保护学生、学校的合法权益,根据《中华人民共和国教育法》《中华人民共和国未成年人保护法》和其他相关法律、行政法规及有关规定,制定本办法。

第二条 在学校实施的教育教学活动或者学校组织的校外活动中,以及在学校负有管理责任的校舍、场地、其他教育教学设施、生活设施内发生的,造成在校学生人身损害后果的事故的处理,适用本办法。

第三条 学生伤害事故应当遵循依法、客观公正、合理适当的原则,及时、妥善地处理。

第四条 学校的举办者应当提供符合安全标准的校舍、场地、其他教育教学设施和生活设施。教育行政部门应当加强学校安全工作,指导学校落实预防学生伤害事故的措施,指导、协助学校妥善处理学生伤害事故,维护学校正常的教育教学秩序。

第五条 学校应当对在校学生进行必要的安全教育和自护自救教育;应当按照规定,建立健全安全制度,采取相应的管理措施,预防和消除教育教学环境中存在的安全隐患;当发生伤害事故时,应当及时采取措施救助受伤害学生。

学校对学生进行安全教育、管理和保护,应当针对学生年龄、认知能力和法律行为能力的不同,采用相应的内容和预防措施。

第六条 学生应当遵守学校的规章制度和纪律;在不同的受教育阶段,应当根据自身的年龄、认知能力和法律行为能力,避免和消除相应的危险。

第七条 未成年学生的父母或者其他监护人(以下称为监护人)应当依法履行监护职责,配合学校对学生进行安全教育、管理和保护工作。学校对未成年学生不承担监护职责,但法律有规定的或者学校依法接受委托承担相应监护职责的情形除外。

第二章 事故与责任

第八条 学生伤害事故的责任,应当根据相关当事人的行为与损害后果之间的因果关系依法确定。

因学校、学生或者其他相关当事人的过错造成的学生伤害事故,相关当事人应当根据其行为过错程度的比例及其与损害后果之间的因果关系承担相应的责任。当事人的行为是损害后果发生的主要原因,应当承担主要责任;当事人的行为是损害后果发生的非主要原因,承担相应的责任。

第九条 因下列情形之一造成的学生伤害事故,学校应当依法承担相应的责任:

(一)学校的校舍、场地、其他公共设施,以及学校提供给学生使用的学具、教育教学和生活设施、设备不符合国家规定的标准,或者有明显不安全因素的;

(二)学校的安全保卫、消防、设施设备管理等安全管理制度有明显疏漏,或者管理混乱,存在重大安全隐患,而未及时采取措施的;

(三)学校向学生提供的药品、食品、饮用水等不符合国家或者行业的有关标准、要求的;

(四)学校组织学生参加教育教学活动或者校外活动,未对学生进行相应的安全教育,并未在可预见的范围内采取必要的安全措施的;

(五)学校知道教师或者其他工作人员患有不适宜担任教育教学工作的疾病,但未采取必要措施的;

(六)学校违反有关规定,组织或者安排未成年学生从事不宜未成年人参加的劳动、体育运动或者其他活动的;

(七)学生有特异体质或者特定疾病,不宜参加某种教育教学活动,学校知道或者应当知道,但未予以必要的注意的;

(八)学生在校期间突发疾病或者受到伤害,学校发现,但未根据实际情况及时采取相应措施,导致不良后果加重的;

(九)学校教师或者其他工作人员体罚或者变相体罚学生,或者在履行职责过程中违反工作要求、操作规程、职业道德或者其他有关规定的;

(十)学校教师或者其他工作人员在负有组织、管理未成年学生的职责期间,发现学生行为具有危险性,但未进行必要的管理、告诫或者制止的;

(十一)对未成年学生擅自离校等与学生人身安全直接相关的信息,学校发现或者知道,但未及时告知未成年学生的监护人,导致未成年学生因脱离监护人的保护而发生伤害的;

(十二)学校有未依法履行职责的其他情形的。

第十条 学生或者未成年学生监护人由于过错,有下列情形之一,造成学生伤害事故,应当依法承担相应的责任:

(一)学生违反法律法规的规定,违反社会公共行为准则、学校的规章制度或者纪律,实施按其年龄和认知能力应当知道具有危险或者可能危及他人的行为的;

(二)学生行为具有危险性,学校、教师已经告诫、纠正,但学生不听劝阻、拒不改正的;

(三)学生或者其监护人知道学生有特异体质,或者患有特定疾病,但未告知学校的;

(四)未成年学生的身体状况、行为、情绪等有异常情况,监护人知道或者已被学校告知,但未履行相应监护职责的;

(五)学生或者未成年学生监护人有其他过错的。

第十一条 学校安排学生参加活动,因提供场地、设备、交通工具、食品及其他消费与服务的经营者,或者学校以外的活动组织者的过错造成的学生伤害事故,有过错的当事人应当依法承担相应的责任。

第十二条 因下列情形之一造成的学生伤害事故,学校已履行了相应职责,行为并无不当的,无法律责任:

(一)地震、雷击、台风、洪水等不可抗的自然因素造成的;

(二)来自学校外部的突发性、偶发性侵害造成的;

(三)学生有特异体质、特定疾病或者异常心理状态,学校不知道或者难于知道的;

(四)学生自杀、自伤的;

(五)在对抗性或者具有风险性的体育竞赛活动中发生意外伤害的;

(六)其他意外因素造成的。

第十三条 下列情形下发生的造成学生人身损害后果的事故,学校行为并无不当的,不承担事故责任;事故责任应当按有关法律法规或者其他有关规定认定:

(一)在学生自行上学、放学、返校、离校途中发生的;

(二)在学生自行外出或者擅自离校期间发生的;

(三)在放学后、节假日或者假期等学校工作时间以外,学生自行滞留学校或者自行到校发生的;

(四)其他在学校管理职责范围外发生的。

第十四条 因学校教师或者其他工作人员与其职务无关的个人行为,或者因学生、教师及其他个人故意实施的违法犯罪行为,造成学生人身损害的,由致害人依法承担相应的责任。

第三章 事故处理程序

第十五条 发生学生伤害事故,学校应当及时救助受伤害学生,并应当及时告知未成年学生的监护人;有条件的,应当采取紧急救援等方式救助。

第十六条 发生学生伤害事故,情形严重的,学校应当及时向主管教育行政部门及有关部门报告;属于重大伤亡事故的,教育行政部门应当按照有关规定及时向同级人民政府和上一级教育行政部门报告。

第十七条 学校的主管教育行政部门应学校要求或者认为必要,可以指导、协助学校进行事故的处理工作,尽快恢复学校正常的教育教学秩序。

第十八条 发生学生伤害事故,学校与受伤害学生或者学生家长可以通过协商方式解决;双方自愿,可以书面请求主管教育行政部门进行调解。成年学生或者未成年学生的监护人也可以依法直接提起诉讼。

第十九条 教育行政部门收到调解申请,认为必要的,可以指定专门人员进行调解,并应当在受理申请之日起60日内完成调解。

第二十条 经教育行政部门调解,双方就事故处理达成一致意见的,应当在调解人员的见证下签订调解协议,结束调解;在调解期限内,双方不能达成一致意见,或者调解过程中一方提起诉讼,人民法院已经受理的,应当终止调解。调解结束或者终止,教育行政部门应当书面通知当事人。

第二十一条　对经调解达成的协议,一方当事人不履行或者反悔的,双方可以依法提起诉讼。

第二十二条　事故处理结束,学校应当将事故处理结果书面报告主管的教育行政部门;重大伤亡事故的处理结果,学校主管的教育行政部门应当向同级人民政府和上一级教育行政部门报告。

第四章　事故损害的赔偿

第二十三条　对发生学生伤害事故负有责任的组织或者个人,应当按照法律法规的有关规定,承担相应的损害赔偿责任。

第二十四条　学生伤害事故赔偿的范围与标准,按照有关行政法规、地方性法规或者最高人民法院司法解释中的有关规定确定。

教育行政部门进行调解时,认为学校有责任的,可以依照有关法律法规及国家有关规定,提出相应的调解方案。

第二十五条　对受伤害学生的伤残程度存在争议的,可以委托当地具有相应鉴定资格的医院或者有关机构,依据国家规定的人体伤残标准进行鉴定。

第二十六条　学校对学生伤害事故负有责任的,根据责任大小,适当予以经济赔偿,但不承担解决户口、住房、就业等与救助受伤害学生、赔偿相应经济损失无直接关系的其他事项。

学校无责任的,如果有条件,可以根据实际情况,本着自愿和可能的原则,对受伤害学生给予适当的帮助。

第二十七条　因学校教师或者其他工作人员在履行职务中的故意或者重大过失造成的学生伤害事故,学校予以赔偿后,可以向有关责任人员追偿。

第二十八条　未成年学生对学生伤害事故负有责任的,由其监护人依法承担相应的赔偿责任。

学生的行为侵害学校教师及其他工作人员以及其他组织、个人的合法权益,造成损失的,成年学生或者未成年学生的监护人应当依法予以赔偿。

第二十九条　根据双方达成的协议、经调解形成的协议或者人民法院的生效判决,应当由学校负担的赔偿金,学校应当负责筹措;学校无力完全筹措的,由学校的主管部门或者举办者协助筹措。

第三十条　县级以上人民政府教育行政部门或者学校举办者有条件的,可以通过设立学生伤害赔偿准备金等多种形式,依法筹措伤害赔偿金。

第三十一条　学校有条件的,应当依据保险法的有关规定,参加学校责任保险。

教育行政部门可以根据实际情况,鼓励中小学参加学校责任保险。

提倡学生自愿参加意外伤害保险。在尊重学生意愿的前提下,学校可以为学生参加意外伤害保险创造便利条件,但不得从中收取任何费用。

第五章　事故责任者的处理

第三十二条　发生学生伤害事故,学校负有责任且情节严重的,教育行政部门应当根据有关规定,对学校的直接负责的主管人员和其他直接责任人员,分别给予相应的行政处分;有关责任人的行为触犯刑律的,应当移送司法机关依法追究刑事责任。

第三十三条 学校管理混乱,存在重大安全隐患的,主管的教育行政部门或者其他有关部门应当责令其限期整顿;对情节严重或者拒不改正的,应当依据法律法规的有关规定,给予相应的行政处罚。

第三十四条 教育行政部门未履行相应职责,对学生伤害事故的发生负有责任的,由有关部门对直接负责的主管人员和其他直接责任人员分别给予相应的行政处分;有关责任人的行为触犯刑律的,应当移送司法机关依法追究刑事责任。

第三十五条 违反学校纪律,对造成学生伤害事故负有责任的学生,学校可以给予相应的处分;触犯刑律的,由司法机关依法追究刑事责任。

第三十六条 受伤害学生的监护人、亲属或者其他有关人员,在事故处理过程中无理取闹,扰乱学校正常教育教学秩序,或者侵犯学校、学校教师或者其他工作人员的合法权益的,学校应当报告公安机关依法处理;造成损失的,可以依法要求赔偿。

第二节 学前教育政策与法规的实施手段

 拓展阅读 5-2

重庆幼儿教师体罚学生

市民伍先生的女儿今年四岁,最近这几天,孩子一直吵闹着不上幼儿园。一询问,孩子告诉大人,有老师对她进行了体罚,于是伍先生来到幼儿园了解情况。伍先生的女儿就读于渝中区白象街童乐幼儿园,在向园方说明情况后,伍先生调取了孩子所在班级的监控录像。幼儿园的监控画面显示,一名年轻女教师给孩子分发了作业本后,对着伍先生女儿的头部反复进行了拍打,还一边拉扯孩子的头发一边训斥。尽管孩子哭了,老师也没有停下来……而遭遇这名年轻女教师体罚的,远不止伍先生女儿一个孩子。课堂上,这位老师还反复用力敲打了另外三名同学的头部,看到挨打的孩子一直哭,这位老师又上前动手敲打。

思考:我们可以运用哪些学前教育政策与法规来解决上述案例问题?

学前教育政策与法规的实施手段,主要包括两种:一是学前教育政策与法规的适用,二是学前教育政策与法规的遵守。

一、学前教育政策与法规的适用

学前教育政策与法规的适用是教育法规实施的一种重要的形式,指的是国家有关行政机关及其工作人员,在现实生活中实施教育法规的活动,是有关行政机关及其工作人员按照法定职权和程序所采取的直接影响公民、社会组织或其他社会力量有关教育的权利与义务,或对其教育权利与义务的行使和履行进行监督的行政行为。主要适用于以下几种情况:

(1)教育法律关系主体在行使法定权利、履行义务的过程中,需要取得专门的国家机关支持时。如教育行政机关为推动农村学前教育的发展,按照《国家中长期教育改革和发展规划纲要(2010—2020年)》和《国务院关于当前发展学前教育的若干意见》的相关规定,有权利要求政府增长财政拨款比例,保证农村学前教育事业经费的来源和基础建设的投资。

(2)重要的教育行为和教育事实的产生及存在,必须由主管机关监督确认和检验其合法性。如举办一所新幼儿园,必须按照《幼儿园管理条例》第九至十二条的相关规定,并经由教育主管部门监督确认和检验后方可正式成立。

(3)教育法律关系主体在相互关系中发生争执时。如幼儿园或者其他教育机构侵犯了教师的合法权益,或者教师对幼儿园或其他教育机构作出的处理不服的,可按照《教师法》第三十九条规定,向教育行政部门提出申诉,教育行政部门应当在接到申诉的三十日内,作出处理。

(4)教育法律关系主体的行为违反了教育法规。如教育工作者不尊重幼儿的人格尊严,对幼儿实施体罚、变相体罚或者其他侮辱人格尊严的行为,应当按照《未成年人保护法》第一百一十九条严肃处理;情节严重的,由其所在单位或者上级机关给予行政处分;构成犯罪的,依法追究刑事责任。

(5)对于在教育活动中作出重大贡献的组织或个人给予奖励时。如园长或幼儿教师在工作中成绩优秀、贡献卓著的,可按照原国家教委的相关规定,对优秀园长和教师给予表彰和奖励。

二、学前教育政策与法规的遵守

学前教育政策与法规的遵守,指的是学前教育法律关系的主体按照教育法规的要求去参与和从事教育活动。教育法规遵守的主体包括一切的人或组织。《宪法》第五条规定:"一切国家机关和武装力量、各政党和各社会团体、各企业事业组织都必须遵守宪法和法律。一切违反宪法和法律的行为,必须予以追究。"这说明,在学前教育政策与法规的遵守中,不应该有例外。主要适用于以下几种情况:

1. 行使教育法规规定的权利

根据《幼儿园管理条例》和《教育法》等有关法律法规,凡经合法手续设立的幼儿园,都具有以下基本权利:按照章程自主管理权;组织实施保育教育活动权;招收新生权;学籍管理权;聘任并管理教师及其他职工权;对本单位设施和经费的管理和使用权;拒绝对保教活动的非法干涉权;法律法规规定的其他合法权益等。

2. 履行教育法规规定的义务

根据《幼儿园管理条例》和《教育法》等有关法律法规,幼儿园必须履行以下基本义务:贯彻国家的教育方针,执行国家保育教育标准,保证保育教育质量;维护受教育者、教师及其他职工的合法权益;使幼儿监护人及时了解幼儿的发展状况;遵守国家有关规定收取费用并公开收费项目等。

3. 遵守教育法规规定的禁令

学前教育政策与法规的若干规范中,规定了一些义务人必须抑制的行为,即要求义务人不做某种行为。义务人按照教育法规的要求,不做禁止的行为,也是遵守教育法规的表现。如根据《义务教育法》第二十九条规定："教师应当尊重学生的人格,不得歧视学生,不得对学生实施体罚、变相体罚或者其他侮辱人格尊严的行为,不得侵犯学生合法权益。"幼儿园教师和保育员需严格遵守这条禁令,禁止对幼儿进行体罚或变相体罚。

三、学前教育政策与法规的实施原则

学前教育政策与法规的实施原则,是指在教育法规实施的过程中应该遵循的基本行为准则。学前教育政策与法规的实施作为实现依法治教的重要手段,必须遵循教育性、效力性、民主性、平等性的原则。

1. 教育性原则

教育法规的实施有其特殊性,即它与其他法规相比,其强制性显然要低得多。这是因为教育工作是一项培养人的工作,其中出现的问题大多是比较轻微的违法行为。另外,对于违反教育法规规定的违法和犯罪行为,一般都按照刑法等法规来惩处。因此,在教育法规的实施过程中,应该坚持以教育为主,行政、司法强制为辅,使教育法律关系的主体自觉做到学法、知法、守法。

2. 效力性原则

这一原则是指实施教育法规时,要明确把握各项教育法规的适用范围。包括其形式效力、时间效力、空间效力和对人的效力。

教育法规的形式效力是指母法与子法、上位法与下位法的层级效力关系。根据《立法法》规定的原则,宪法具有最高的法律效力,宪法以下一层是教育基本法、教育单行法、教育行政法规、地方性教育法规和教育规章,后者不能与前者相抵触,法律效力也依次降低。

教育法规的时间效力是指其生效、终止生效的时间。一般来讲,法律中会明确规定生效的时间。还有一些教育法规没有明确规定实施时间,但按照惯例,自公布之日起或文到之日起生效,即采用法规公布时间和法规到达时间并用的原则。法规终止生效时间指的是法规被废止的时间。法规的废止大致有以下几种情况:

(1)新的法规文件取代原有的法规文件,同时在法规中明确宣布原有法规文件废止。

(2)国家机关颁布专门的决定命令,宣布修改或废除某个法规或某些条款。从宣布之日起或从该决定、命令所规定的时间起,原有法规或原条款即终止生效。

(3)某一法规制定时即规定该法的生效期限,或规定在特定条件下适用。如果期限已到,或者特定条件已不存在,该项法规便自然终止生效。

空间效力,也称为地域效力,是指教育法规适用的地域范围。根据我国立法的原则,凡是中央国家机关制定的教育法规、教育行政法规和其他规范性文件,除非有特殊规定,一经公布施行,就在我国的全部领域内发生效力。地方性教育法规只适用于其管辖的行政区域。

对人的效力是指教育法规规定使用对象的规定。例如,《义务教育法》《教育法》等对所有公民或组织发生效力,而《幼儿园管理条例》等教育行政法规只适用于幼儿园。

3. 民主性原则

我们建设的是社会主义民主法制。它意味着,在教育法规的实施过程中,还必须充分考虑教育法规在民主方面的要求,即充分体现公开、公正、透明。

一方面,学前教育政策与法规已经制定,需向社会公开宣传和解释,以便在实施过程中接

受社会的广泛监督。对违反教育法规的人和事的处理,程序要合法,要具有一定的透明度,不能搞暗箱操作。另一方面,要完善申诉制度、辩护制度和回避制度,使教育法律关系的主体能够充分申诉理由,维护自己的权益并避免在教育法规实施过程中出现徇私舞弊的情况。

4. 平等性原则

我国《宪法》第三十三条规定:"中华人民共和国公民在法律面前一律平等。"在教育法规实施过程中,必须遵循平等性原则。这一原则具体体现为:任何公民都平等地享有教育法律规定的权利;任何公民都必须平等地履行教育法律规定的义务;教育为公民提供平等的竞争机会,任何人不得有超越教育法规限定的教育特权;公民关于教育方面的权益受到侵害时,一律平等地受到法律规范的保护;对公民违反教育法规的行为,必须平等地追究法律责任,依法给予同等制裁。

第三节 学前教育政策与法规的实施途径

学前教育政策与法规的实施是各项法律规范的要求在学前教育领域得以实现的活动。它具体包括执法、司法、守法、监督和违法制裁五种实施途径。

一、执法

执法,亦称法律执行,是指国家行政机关依照法定职权和法定程序,行使行政管理职权、履行职责、贯彻和实施法律的活动。

我国《教育法》第十五条规定:"国务院教育行政部门主管全国教育工作,统筹规划、协调管理全国的教育事业。县级以上各级人民政府其他有关部门在各自的职责范围内,负责有关的教育工作。"也就是说,教育部是执法的具体部门,它要依法作出教育行政行为,对全国的教育事业作出宏观的决策和领导,贯彻学前教育的各项法规政策。县级以上地方各级人民政府教育行政部门依法管理本行政区域内的教育工作,不仅要贯彻学前教育的各项政策与法规,教育行为法律化,而且要根据所在地区的特点,以教育部制定的法规为依据,制定符合本地区的教育规章和制度。

行政执法的主体,在依法行使教育职权的同时,还要依法履行义务。增加幼儿教育的投入,保证国家举办的幼儿园教育经费的稳定来源是国务院和各级人民政府依法履行的主要义务。《关于幼儿教育改革与发展的指导意见》规定,各级人民政府要加大对幼儿教育的投入,做到逐年增长。县级以上人民政府安排的财政性幼儿教育经费要保障公办幼儿园正常运转,保证教职工工资按时足额发放,保证示范性幼儿园建设和师资培训等业务活动正常进行,扶持和发展农村及老少边穷地区的幼儿教育事业。幼儿教育经费要专款专项,任何部门不得截留、挤占和挪用。乡(镇)人民政府的财政预算也要安排发展幼儿教育的经费。同时还规定,地方各级人民政府要制定优惠政策,保证幼儿园的公用事业费(煤、水、电、供热、房租等费用)按中小学的标准收缴。新建、改建、扩建幼儿园按照中小学校建设减免费用的有关规定减免相关费用。

拓展阅读 5-3

河南省城镇小区配套幼儿园和无证幼儿园专项治理工作方案(节选)

为深入贯彻落实《中共中央国务院关于学前教育深化改革规范发展的若干意见》,保障我省学前教育事业健康有序发展,根据《国务院办公厅关于开展城镇小区配套幼儿园治理工作的通知》(国办发〔2019〕3号)、《河南省幼儿园管理暂行办法(试行)》和《河南省城镇小区配套幼儿园建设管理办法》要求,制定本方案。

……

二、工作原则

(一)规划引领,标本兼治

各地要有针对性地完善学前教育资源建设规划,做到科学布局、有序建设、按需配置学前教育资源。要在开展专项治理工作的同时,通过实施薄弱幼儿园达标升级工程、公办幼儿园建设项目和扶持普惠性民办幼儿园发展项目等,着力增加普惠性资源,改善办园条件。要落实家庭经济困难儿童入园资助政策,不断提高学前教育公共服务水平。

(二)政府主导,部门联动

城镇小区配套幼儿园和无证幼儿园专项治理工作牵涉面广、工作量大,面临的矛盾错综复杂。要按照属地管理原则,由县(市、区)政府负责,充分发挥乡镇政府和街道办事处作用,整合教育、住房城乡建设、公安等相关部门力量,明确分工,落实责任,协同开展治理工作。

(三)因地制宜,分类治理

各地要根据有关法律、法规和当地学前教育发展实际,在前期摸底排查的基础上,按照"一事一议""一园一案"的原则,对存在问题的城镇小区配套幼儿园逐一整改;按照"准入一批、整改一批、整合一批、取缔一批"的要求,妥善清理整顿无证幼儿园。专项治理过程中要坚持依法行政和说服教育相结合,避免造成不稳定因素。

(四)改革创新,简化流程

在办理审批和相关许可的过程中,各地要结合"放管服"改革,实施全链条管理,建立多部门联合核查机制和一站式服务窗口,简化工作流程。

三、工作任务

(一)城镇小区配套幼儿园治理工作任务

1.解决规划不到位问题

严格遵循《中华人民共和国城乡规划法》《城市居住区规划设计标准》(GB50180)和《河南省城镇小区配套幼儿园建设管理办法》,落实城镇小区配建幼儿园规划要求,老城区(棚户区)改造、新城开发和城镇小区建设、易地扶贫搬迁应将配套幼儿园纳入公共管理和公共服务设施建设规划,并按照相关标准和规范予以建设。

对已建成城镇小区未规划配套幼儿园的,县(市、区)政府要根据国家和省配建标准,通过补建、改建、就近新建、置换、购置等方式予以解决。教育部门负责根据实际居住人口状况,提出已建成城镇小区实际需配套幼儿园的学位、建设规模需求,会同自然资源部门研究确定具体位置;自然资源部门负责依据控制性详细规划对需要补建、改建、新建的城镇小区配套幼儿园项目进行审查,对符合控制性详细规划要求的,按程序办理相关规划许可手续,按规定划拨建设用地。

对正在建设的城镇小区,其建设规模达到规定配建标准但未规划幼儿园的,县(市、区)政府要建立责任倒查机制,抓紧查明问题原因,及时制定补救措施,从规划、土地、建设等方面着手,明确责任主体,责令限期整改。分期建设的住宅小区,配套幼儿园要与首期项目同步规划、建设并满足使用条件。对规模不足5000人的零星住宅或组团开发区域,县(市、区)政府必须在周边区域统筹配建幼儿园,具体工作由自然资源、教育、住房城乡建设部门共同负责。

对已规划幼儿园但原规划不能满足实际需要的城镇小区,县(市、区)政府要通过依法调整规划、扩增配建幼儿园规模予以解决;对历史形成的一定城镇区域内幼儿园短缺问题,由县(市、区)政府组织教育、自然资源、住房城乡建设等相关部门,在合适的地点统筹规划建设规模适当、功能完备的幼儿园,确保提供普惠学位。

2. 解决建设不到位问题

对有幼儿园完整配建规划但未按要求开工建设或未列为首期建设项目的,住房城乡建设部门要约谈开发建设单位,责成其限期按标准完成配建;对少建的,责成其通过改扩建、补建等方式予以解决;对在幼儿园建设用地上进行其他项目建设的,依法依规予以处置。配套幼儿园要与首期项目同步验收,对未按有关技术标准、规范建设的,建设单位不得组织竣工验收;竣工验收不合格的,在整改到位前,住房城乡建设部门不予办理房地产开发项目竣工验收备案。对违反规划要求和建设条件且不按时落实整改要求的开发建设单位,住房城乡建设部门要将其记入不良信用记录,依法依规实施联合惩戒。

3. 解决移交不到位问题

对已建成的配套幼儿园,要按有关规定或合同约定及时移交当地教育部门。对未移交或开发建设单位违规出租、出售办成高收费民办幼儿园的,要限期收回并移交当地教育部门;对闲置不用的,限期移交当地教育部门;对挪作他用的,要采取有效措施予以收回。有关部门要按规定对移交的幼儿园办理土地、园舍移交及资产登记手续。

4. 解决使用不到位问题

已移交当地教育部门的城镇小区配套幼儿园,要由教育部门办成公办幼儿园或委托办成普惠性民办幼儿园,不得办成营利性幼儿园。办成公办幼儿园的,当地政府和机构编制、教育等有关部门要按程序做好事业单位法人登记、教师配备等方面工作;委托办成普惠性民办幼儿园的,要做好机构资质、管理能力、卫生安全及保教质量等方面的审核工作,完善登记手续,明确补助标准,加强对普惠服务实效和办园质量的动态监管。对已移交的城镇小区配套幼儿园,违规出租办成营利性幼儿园或闲置不用、挪作他用的,要依法追究教育部门的责任。

(二)无证幼儿园治理工作任务

1. 准入一批符合基本办园标准但相关证件不全的无证幼儿园

各地政府要建立由教育、机构编制、公安、消防、住房城乡建设、民政、卫生健康、市场监管等部门共同参与的联合核查机制,为核查、办理有关许可手续提供便利。一是工程许可。由相关部门依据法律、法规,根据不同办园规模,分类办理许可手续。对因年代久远或其他客观原因无法提供消防许可、规划许可、建设工程施工许可、土地证明、环保、不动产登记等前置证明的,由县(市、区)政府组织相关部门联合核查后,统一研究解决。二是办园许可。申请设立公办幼儿园的,要经过县级及以上教育部门和机构编制部门批准,依法办理事业单位法人登记。申请设立民办幼儿园的,要根据《民办学校分类登记实施细则》,依法取得民办学校办学许可证,依法依规分类到登记管理机关办理登记证或工商营业执照。三是餐饮许可。提供餐饮服务的幼儿园,要在依法取得事业单位法人登记证或民办非企业单位登记证、工商营业执照后,向当地市场监管部门申请核发食品经营许可证。四是卫生保健评估。幼儿园招生前,需接受县级卫生健康部门组织的检查评估,卫生健康部门对检查评估合格者出具《河南省托幼机构卫生评价报告》。

2. 整改一批基本符合办园要求但仍存在一定问题的无证幼儿园

对此类幼儿园,要根据排查中发现的园舍、保教设施设备、安防建设、卫生保健、教师队伍建设、保教质量等方面存在的不合格问题,逐项提出整改意见,限期整改,并监督整改到位。整改期间,要加强重点监控,做好安全防范工作,确保在园幼儿的安全健康。通过整改达到标准的,相关部门审批核发办学许可证、民办非企业单位登记证(非营利性幼儿园)、工商营业执照(营利性幼儿园)、食品经营许可证等。幼儿园整改期间,教育部门要加强日常监管,指导监督其改善办园条件、提升办园水平,完成升级达标。公安部门要指导监督其按照校园安防建设标准,落实人防、物防、技防措施。住房城乡建设部门协助教育部门加强园舍安全监督检查,对存在安全隐患的疑似危房,督促房屋所有人或使用人委托第三方机构进行安全鉴定,依据危房类别进行修缮治理,确保园舍安全。卫生健康、市场监管、消防部门要从卫生保健、卫生安全、食品安全、消防安全等方面配合做好治理工作。对拒不整改或整改后仍不达标的幼儿园,应予关停。

3. 整合一批达不到独立办园条件但无安全隐患且确有存在必要的无证幼儿园

对办园规模较小,达不到独立办园条件,但无安全、卫生隐患,且因区域内正规学前教育资源不足,一定时期内确有解决周边适龄幼儿入园需要的,可在确保安全卫生的前提下,通过鼓励和引导当地的优质幼儿园以举办分园、合作办园、举办教学点等形式将其纳入监管范围,切实提高管理水平和保教质量。教育部门要加强对整合工作的指导,完善相关备案手续,明确时限要求。

4. 取缔一批缺乏基本办园条件、存在重大安全隐患的无证幼儿园

对租用居民楼、沿街商铺或农村自住房,无户外活动场地,无消防设施和安保人员,教职工配备资质不达标,保教设施设备等不符合基本办园标准,存在重大安全隐患,且不具备整改条件的,要依法依规坚决取缔。教育部门要做好政策宣传解释工作,对被取缔的无证幼儿园进行公示公告,并妥善分流在园幼儿和从业人员,防止再次开班招生,切实维护受教育者权益和社会稳定。公安部门要配合做好无证幼儿园取缔过程中的安保维稳工作,深入排查风险隐患,妥善处置突发事件。

二、司法

司法,又称法的适用,通常是指国家司法机关及其司法人员依照法定职权和法定程序,具

体运用法律处理案件的专门活动。

学前教育领域的各项政策与法规为司法部门解决有关教育侵权案件提供了法律依据。同时，随着学前教育法律体系的不断完善，人们拿起法律武器维护自己的教育权利，对他人侵犯自己教育权利寻求法律保护的情况会愈来愈多。司法机关应及时依法解决这方面的案件，依法保护受害人，处罚侵犯他人教育权利的不法行为。这对于维持教育秩序的正常有序、保护当事人合法权益具有重要意义。

违反学前教育政策与法规的案件包括刑事案件、民事案件、行政案件和违宪案件。刑事案件是指有起诉权的国家和公民个人，就被告的犯罪行为向司法机关提起诉讼的案件。民事案件是民事法律关系的一方就侵权行为或因合同纠纷、财产纠纷等，向司法机关提出诉讼的案件。行政案件是指受教育者或从事教育的工作人员对行政机关的某项教育行政行为或决定，以违法为由提起诉讼的案件。违宪案件是指公民、社会团体或国家机关以某项教育法律、社会或国家主要领导人的某一教育行为违宪为由提出诉讼的案件。

司法机关在司法中，应以事实为依据，以法律为准绳，坚持法律面前人人平等原则，依法独立行使职权，做到正确、合法、及时地处理有关教育侵权、违反教育法律法规的案件。更好地维护、保障公民的教育权。

三、守法

守法，是指一切国家机关及其工作人员、政党、社会团体、企事业单位和全体公民，自觉遵守法律的规定，将法律的要求转化为自己的行为，从而使法律得以实现的活动。守法是法实现的最基本的形式。立法者制定法的目的，就是要使法在社会生活中得到实施。如果法制定出来了，却不能在社会生活中得到遵守和执行，那必将失去立法的目的，也失去了法的权威和尊严。

正确行使教育法律规范中规定的法定权利，忠实履行法定义务。首先，遵守《宪法》。《宪法》是治理国家的根本大法，它反映了全国各族人民的共同意志和根本利益，规定了国家的根本制度和根本任务，具有最高的法律效力。我国《宪法》规定："任何公民享有宪法和法律规定的权利，同时必须履行宪法和法律规定的义务。"一切违反宪法和法律的行为，必须予以追究。其次，遵守教育法律。《宪法》中有关教育的条款是教育立法、教育行为的依据。《教育法》《教师法》和《未成年人保护法》等一系列教育法律都是依据宪法制定的，它们是由国家最高权力机关及其常设机关制定的，其效力仅次于《宪法》。最后，遵守学前教育各项法规。如《幼儿园管理条例》《幼儿园工作规程》《幼儿园教育指导纲要》等一系列法规是根据教育法律为学前教育专门制定的，其效力在宪法和法律之下。这也是我国学前教育工作中最重要、强有力的而且具体的法律规范，是学前教育政策和法规遵守的核心内容。

四、监督

监督是指各国家机关、各政党、社会团体和人民群众对学前教育政策与法规实施情况进行监察督导的活动，它是学前教育政策与法规全面落实的保证。

首先，各级人大、人大常委会需对行政机关、司法机关执行《教育法》予以监督，具体包括以下几个方面：

(1)对宪法、教育法律、学前教育行政法规、地方性学前教育规章制度的实施情况进行监督。

(2)对教育工作和教育预算的执行情况进行监督。国务院和县级以上地方各级人民政府的教育行政部门应当向本级人民代表大会或者常务委员会报告学前教育工作和学前教育的教育经费预算、决算情况，接受监督。

(3)对国家工作人员的执法活动进行监督。监督的方式包括听取、审议行政和司法部门的汇报；组织视察和检查；进行质询和询问；受理人民群众对国家工作人员的申诉意见；改变或撤销不适当的决议和命令。

其次，行政机关对教育执法活动的监督，主要是上级行政机关对下级行政机关的监督。国务院对全国的学前教育工作实行领导和管理，对县级以上各级人民政府教育行政部门的教育工作进行监督。国务院有权撤销地方各级行政机关发布的不适当的命令、指示和规章。地方各级人民政府对其设立的教育行政部门以及对下级人民政府设立的教育行政部门的教育工作、教育行政行为进行监督。

最后，人民群众对教育执法的监督。人民群众有权监督国家机关、司法机关对学前教育政策与法规的实施情况，有权监督国家公职人员、公民个人对学前教育政策与法规遵守的情况。对违法者进行举报，使全社会都关心学前教育政策与法规的实施，人民都成为法律权威的捍卫者，将学前教育政策与法规的实施活动置于全社会的监督之下。

五、违法制裁

违法是指有社会危害性的、有过错的不合法行为。违反学前教育政策与法规是指实施了不符合教育法规规范的行为，超出教育法规以外的活动。违法以其社会危害性的程度不同可以分为严重违法行为和一般违法行为。严重违法行为即犯罪，指有重大社会危害性的、触犯刑法的、应受刑罚处罚的行为。一般违法行为与犯罪不同，虽然它也侵犯了法律所保护的社会关系，但没有达到犯罪的程度，一般违法又可分为民事违法和行政违法。

法律责任是违法者实施违法行为所引起的法律后果。可见，法律责任必须同违法相联系，如果没有构成违法，则不能承担法律责任。法律责任必须有法律规范的实现规定，《教育法》第九章规定了违反教育法应承担的法律责任。

法律制裁与法律责任是法律保护的两个相关方面。法律制裁是国家对违法者的一种权利，而法律责任是违法者必须承担的一种义务。所以，法律制裁是国家对违法者实施违法行为的惩罚，其目的是充分发挥教育法规的作用，实现教育法规的目的、宗旨。

根据违法行为和法律责任的性质不同，法律制裁可以分为司法制裁和行政制裁。

司法制裁是指国家司法机关对违法犯罪行为所实施的惩罚措施。司法制裁又分为刑事制裁、民事制裁和经济制裁。对违反教育法律规范行为的制裁，主要是刑事制裁和民事制裁。民事制裁是由人民法院所确定并实施的，对民事违法者或应该承担责任的其他组织和个人，依其所应承担的民事责任而给予的强制性惩罚措施。刑事制裁或称刑罚，它是人民法院对于犯罪行为者根据其所应承担的刑事责任而实施的惩罚措施。教育法律规定依法追究刑事责任的情况有:违反国家财政制度、财务制度,挪用、克扣学前教育经费构成犯罪的,依法追究刑事责任;结伙斗殴、寻衅滋事、扰乱幼儿园教育教学秩序,破坏校舍、场地及其他财产,构成犯罪的,依法追究刑事责任;明知园舍或教育教学设施有危险的,而不采取措施,造成人员伤亡或者重大财产损失的,依法追究刑事责任;体罚学生情况严重,依法追究刑事责任等。教育法律规定依法承担民事责任的情况有:侵占学校及其他教育机构的园舍、场地及其他财产的,依法承担民事责任;侵犯教师、幼儿、幼儿园或其他教育机构的合法权益,造成损失损害的,应当依法承担民事责任等。

行政制裁是指国家行政机关对行政违法者所实施的强制性惩罚措施。根据行政违法的社会危害程度、制裁方式的不同,行政制裁可以分为行政处分、行政处罚两种。行政处罚是由法律授权的国家行政机关对有轻微违法行为而不够刑事处分的人的一种制裁。教育法律对于承担行政处罚责任的情况做了具体的规定:扰乱学校秩序,侮辱、殴打教师、学生,严重体罚学生,霸占或破坏园舍、场地和设施等,由公安机关给予处罚。行政处罚的方式有没收、罚款、警告、拘留、劳动教养等。行政处分是国家机关、企业事业单位按照行政隶属关系,对犯有轻微的违法失职行为、尚不够刑事处分的人的一种惩罚措施。违反国家有关规定,不按照预算核拨学前教育经费,情况严重的对直接负责的主管人员和其他直接责任人员依法给予行政处分。行政处分的方式主要有警告、记大过、降级、降职、撤职、留用察看、开除等。

第四节　学前教育政策与法规的实施效果

一、学前教育政策与法规实施所取得的成绩

党中央、国务院高度重视学前教育事业。党的十九大提出,要在"幼有所育上不断取得新进展"。习近平总书记就学前教育改革发展多次作出重要批示,2018年7月,习近平总书记主持中央全面深化改革委员会会议,审议通过了《中共中央国务院关于学前教育深化改革规范发展的若干意见》,明确指出推动学前教育深化改革规范发展,是党和政府为老百姓办实事的重要民生工程。

近年来特别是党的十九大以来,按照党中央、国务院决策部署,教育部会同有关部门坚持公益普惠办园方向,积极扩大普惠性学前教育资源,着力提高保教质量,努力构建学前教育公共服务体系,学前教育事业快速发展,取得了显著成绩。

1. 学前教育规模快速扩大

2010年《国务院关于当前发展学前教育的若干意见》颁布实施以来,各地加大了促进学前教育发展的工作力度。截至2018年底,全国共有幼儿园26.7万所,在园幼儿4656万人,教职工453万人,与2010年相比,幼儿园数量增加了77.3%,在园规模增加了56.4%,教职工数量增加了145%。

2. 普及水平稳步提升

2018年,全国学前三年毛入园率为81.7%,比2010年提高25.1个百分点,年均增长超过

3个百分点,有效缓解了"入园难"问题。西藏、甘肃、青海、云南、内蒙古等5个省份学前三年毛入园率比2010年提高了40多个百分点;安徽、新疆、海南、河南、宁夏、湖北、贵州、广西、吉林、湖南等10个省份提高了30多个百分点。

3. 普惠程度不断提高

2018年,全国共有公办园(含企事业单位办园、军队办园、街道办园和村集体办园)10万所,公办园在园幼儿2016.6万人;共有普惠性民办园8.2万所,占民办园总数的49.5%,普惠性民办园在园幼儿1386万人,占民办园在园幼儿总数的52.5%;全国普惠性幼儿园覆盖率为73.1%,比2016年增长了5.8个百分点(从2016年才开始统计普惠性幼儿园覆盖率)。

多渠道扩大普惠性资源:

(1)规范城镇小区配套幼儿园建设使用。2019年1月,国务院办公厅印发《关于开展城镇小区配套幼儿园治理工作的通知》,部署各地对城镇小区配套园进行全面摸底排查,针对规划、配建、移交、使用不到位等问题,采取补建、改建、新建、置换等措施,确保小区配套园提供普惠性服务。

(2)积极挖潜扩大增量。住房和城乡建设部发布《城市居住区规划设计标准》,明确了幼儿园的配套建设要求,指导各地在城市修补、功能完善、老旧小区改造、老工业区更新中补充完善基础教育设施。各地实施了一大批幼儿园建设项目,大力发展公办园,积极扶持普惠性民办园,鼓励支持企事业单位、部队、街道、农村集体办园。比如北京通过利用疏解腾退空间,新建改扩建幼儿园、支持国有企事业单位和街道办园、以租代建等多种方式,扩大普惠性资源供给,2018年新增学位超过3万个。

4. 民办园迅速发展

截至2018年底,全国共有民办园16.6万所,在园幼儿2639.8万人。相比2010年,民办园总数增加了6.4万所,民办园在园幼儿增加了1240.3万人,全国在园幼儿增量的70%以上都在民办园。

5. 区域差距逐步缩小

从区域看,西部地区学前教育发展最快,从2010年到2018年,西部地区幼儿园总数增加了127.5%,在园规模增加了76.3%,中部地区分别是100.6%和65.1%,东部地区分别是27.6%和35.7%。从2010年到2018年,学前三年毛入园率增长幅度最大的15个省份都在中西部,东中西部学前教育发展差距明显缩小。从城乡看,幼儿园数量农村增幅最大,在园规模城市增幅最大,从2010年到2018年,农村地区幼儿园总数增加了61.6%,在园规模增加了26.6%,城市地区分别增加了56.4%和54.6%。在新增资源总量中,农村幼儿园占69.8%、在园幼儿占49.2%,农村学前教育资源得到较快增长。

6. 推进科学保教

(1)加强专业指导。教育部印发《3-6岁儿童学习与发展指南》和《幼儿园教育指导纲要》,明确了幼儿的身心发展特点和规律,对幼儿园孩子应该"学什么""怎么学"和"教什么""怎么教"提出了指导性要求。各地深入贯彻落实《指南》和《纲要》,在幼儿园保育教育实践方面涌现出一批在国内和国际具有一定影响力的幼儿园,其中,"安吉游戏"的实践探索得到国际学前教育界高度肯定,成为中国学前教育一张靓丽的国际名片。

(2)开展幼儿园教育"小学化"专项治理。2018年7月,教育部印发《关于开展幼儿园"小学化"专项治理工作的通知》,明确要求各地按照标本兼治、疏堵结合的原则,对幼儿园和校外培训机构提前教授小学课程内容、教育方式"小学化"、教学环境"小学化"、小学非零起点教学等问题进行治理。

(3)完善教研制度。各地结合实际,完善区域和园本教研制度,建立学前教育教研责任区,推动学前教育教研工作制度化、常态化,及时解决教师日常保教实践中的困惑和问题。

(4)加大社会宣传力度。持续开展全国学前教育宣传月活动,每年确定不同主题,面向全社会宣传学前教育政策措施,传播科学教育理念和科学育儿知识,为幼儿身心健康发展营造良好社会环境。

7. 加强教师队伍建设

(1)不断扩大培养规模。努力办好一批中等幼儿师范学校和高等师范院校学前教育专业,建设一批幼儿师范专科学校,积极探索初中毕业起点五年制学前教育专科学历教师培养模式,不断扩大学前教育专业公费师范生招生规模。开展师范院校学前教育专业国家认证工作,推动提高幼儿园教师培养质量。到2018年底,全国共有幼儿园园长和专任教师287万人,其中,大专以上学历占82%。

(2)持续加大培训力度。国家连续八年实施幼儿园教师"国培计划",到2018年底,共投入35.6亿元,累计培训了近200万名幼儿园骨干教师,各地幼儿园园长和教师普遍接受了一轮培训。

(3)加强幼儿园师资配备。教育部出台了《幼儿园教职工配备标准(暂行)》《幼儿园教师专业标准(试行)》《幼儿园园长专业标准》,各地通过公开招考、小学富余教师转岗、特岗计划、公费师范生等多种方式补充幼儿园教师。目前有19个省份出台了公办园教师编制标准,贵州省通过统筹调配事业单位编制补充幼儿园教师编制,2018年在编幼儿教师数量比2010年增加了7倍。山东省2018年启动了公办幼儿园机构编制和人员编制核定工作,将实验幼儿园、乡镇(街道)中心幼儿园、公办学校附属幼儿园纳入机构编制管理,核增人员编制6000余名。同时,根据学前教育事业快速发展的实际需要,探索实行人员控制总量备案管理,有效破解了长期制约教师队伍建设的编制难题。

(4)健全工资待遇保障机制。按照《国务院关于当前发展学前教育的若干意见》要求,各地积极落实公办园、民办园教师工资待遇政策,努力保障幼儿教师待遇。浙江省杭州市设立幼儿园教师待遇补助资金,不断加大对非在编教师工资待遇的财政补助力度。贵州省凯里市明确提出非在编与在编教师待遇实行"四同",即:招考程序相同、招考标准相同、工资待遇相同、晋级晋职相同,并将教师工资待遇全部纳入财政预算。

二、学前教育政策与法规实施的执行偏差

学前教育政策与法规是一个政党和国家为实现一定历史时期的教育发展目标和任务,依据党和国家在一定历史时期的基本任务、基本方针而制定的关于教育的行动准则。党的十八大报告中提出要加强社会主义法制建设,全面推进依法治国。但教育法制建设还需要更多实践积累,相比之下教育政策则显得更加灵活,它能很好地结合实际,具有针对性地解决教育问

题,使教育教学秩序良性、有序发展,实现教育目标。

据调查,从国家到地方出台的各类教育政策与法规,并不能百分百在工作实践中得到应用。出现了"应付性"宣传、"形式化"执行、"阶段性"落实等。如某些教育部门在教育政策与法规出台时并不能深入领悟,并与当地实际紧密结合开展工作,只是大张旗鼓地宣传,作出含糊不清的执行计划,过程中又缺少监督和管理,造成了"政策出台有响应,风气一过没反馈"的不良局面。当然,政策法规执行被"打折"或"缩水"只占少数,但却造成了教育部门威信下降、受教育者权利被剥夺、教育政策与法规不能在现实中得到检验和修正,同时也会造成资源的浪费和精神上的消耗等不良现状。

1. 政策制定缺乏调查实践,效力不强

研究发现,为解决某种学前教育问题或现状,教育部门会临时出台某项教育政策与法规以解决现实问题,但由于缺乏全面调查或科学论证,包括政策制定者缺乏对现状正确、全面的理解,使教育政策与法规不能很好地和多变的教育现实相结合,从而导致教育政策与法规效能低下,不符合实际。或者有些教育政策与法规只针对某地区、某阶段执行,这样就会造成教育不公平、政策频繁出现的现象。

2. 执行者观念不强,理解不够

再好的政策、法规得不到执行都是空谈,执行者是其关键。现实中我们发现,执行者的观念不强、理解不够是主要原因。观念不强表现在执行者个人价值观念、工作态度等方面的消极状态,如不能高度认识政策出台的背景和期待,常出现贯彻不及时,重宣传、走形式等。理解不够表现在执行者因实际工作经验短缺、知识结构仍不完善,导致对政策理解不透彻,不能高度认同,即使按政策法规要求执行,也容易出现偏差和不到位,出现"应付""缩水"现象。

3. 教育管理部门缺乏监督与管理

教育行政检察机关、学校督导部门都承担着教育教学检查和政策法规执行监督的重要功能,由于这些部门的具体工作效能和地位没有得到进一步的认可,包括权利认可,这就会导致相关人员的工作积极性不高、创新工作能力低下。同时,政策落实情况的检查并不具体、效果欠佳。这源于多数上级检查都会提前通知,受检查的单位会提前准备,形式一般多为书面材料、听取汇报等,并未进行深入、翔实的调查。即使查出问题又由于了解不透彻,而只以口头或书面形式提出尚不具体的改进意见。监管的不到位、不具体成了教育政策落实不到位的原因之一。

三、改进教育政策执行问题的措施

要想使政策成为行动的科学而不仅仅是理论科学,就必须重视政策执行问题,不仅要重视政策执行本身,而且应当在政策执行和政策制定之间建立起密切的联系。

1. 强化政策科学性、实效性

科学、有效的教育政策是执行的关键。政策的科学性表现在要有翔实、细致的调查作为制定的前提,制定者不能凭借经验或简单的了解便出台相关政策,必须考虑到相关问题的背景,要做深入、细致的调查分析,听取基层实践人员的意见并进行科学论证,确保政策符合教育规律、能解决实际问题,并具有一定的预见性。同时,还要考虑政策的出台是否与其他政策发生冲突,避免自相矛盾的情况发生,以此确保政策的科学性。

实效性体现在教育政策能及时、有效地解决现实中的教育问题。做到既不蜻蜓点水,也不含糊其词,政策要既有针对性又有预见性,能解决实际问题又能预防相关问题发生,这样才能起到预期的效果。

2. 强化执行人员素质能力和认识观念

政策的执行人员是政策能否落实到位的关键,包括执行人员自身的素质能力和对政策执行的认识观念。加强执行人员的政治素养、道德品质、工作态度、执行能力都能强化政策的执行,同时还应加强其责任意识和业务能力的培训。如可以扩大政策解读会议来让更多人理解教育政策出台的背景和立意;举办实地参观考察活动来让执行人员看到问题所在和解决途径;通过讨论座谈等活动来引发大家的共鸣,以此确保执行人员有能力、有动力将政策合理、有效地落实到基层。

执行人员要加强对政策的认识观念,要做到首先高度认同,紧密结合实际寻找问题、解决问题,以成功的经验做榜样,以出现的问题做警钟,一切按制度和规则办事,加强责任意识和观念转变。

3. 加强执行过程的检查监督,开展创新评比

督导监察会对政策的执行人员或执行单位起到很好的督促作用,如按时上交工作计划,并进行阶段性检查验收,如果检查验收中发现问题,提出切实有效的修改意见会对政策的执行起到积极的促进作用。同时在部分政策执行过程中,可以开展相应的创新评比活动,如阶段性总结、表彰、交流参观等,以评促建、以评促改。全面推进教育政策的落实。

本章作业

一、简答题

(1)学前教育政策与法规的实施机构有哪些?最主要的是哪个机构?

(2)学前教育政策与法规的实施手段包括哪些?

(3)学前教育政策与法规的实施途径有哪些?

二、案例分析

幼儿午睡下床摔伤案

某幼儿园中班的孩子们正在午睡,值班刘老师由于疲倦,就在寝室一张空的幼儿床上睡着了。幼儿小宝想起床上厕所,但看不到老师,一直憋着不敢起来,后来实在憋不住了,只好自己急急忙忙起来去上厕所。结果由于匆忙,一下子从床上摔下来,被床边的椅子碰破了头,又由于憋尿太久摔倒在地,造成膀胱受损。刘老师听到跌倒声和哭声后立即起来,将其送往医院救治。随后,小宝的父母将刘老师和幼儿园一并告上了法庭,要求经济赔偿。

分析:谁应该为小宝的意外事故承担法律责任?

第六章 解读我国主要的学前教育政策与法规

· 学习目标 ·

(1) 掌握我国学前教育政策与法规的发展历程。
(2) 领会我国学前教育政策与法规的基本精神。
(3) 理解我国学前教育政策与法规的发展理念。
(4) 能运用学前教育政策与法规的理论分析相关案例。

案例导入

某幼儿园,于2013年9月1日开学。在2013年8月26日上午,奶奶带该上中班的孩子来幼儿园办理入学手续,在奶奶办理手续的过程中,孩子一个人玩耍造成损害。幼儿园先后承担了3万余元费用。

李某是幼儿园在职教师,2011年经当地教育委员会和幼儿园批准后到某大学进修学习一年,进修结束后,李老师发现在进修期间她的工资被幼儿园扣除了一半,并扣发了所有节假日的福利待遇。理由是:不在岗,没有业绩。

2012年10月24日,浙江温州女教师虐童事件。自从2010年工作以来,她多次虐待儿童,拍照取乐。

大班的晶晶和奶奶一起住,所在的胡同只住了两家人,邻居家的客人将一个装有手机和现金的提包落在摩托车上,几分钟后想起来,提包已经不见了,向派出所报案,并提出可能是晶晶的奶奶拿走了提包。事发当天,晶晶在家,负责办案的民警希望通过询问晶晶获得线索,去幼儿园了解情况时,被园长拒绝了。

思考:以上案件违反了哪些学前教育政策与法规的规定?

第一节 解读《幼儿园管理条例》

1989年国家教育委员会颁发了《幼儿园管理条例》(中华人民共和国国家教育委员会令第4号),以加强对幼儿园的管理,促进幼儿教育事业的发展。《幼儿园管理条例》是对全国幼儿园进行宏观管理和指导的单行法规文件,也是新中国第一个幼儿教育法规。

一、《幼儿园管理条例》的制定背景

1. 幼儿园管理不够规范,需要相应的制度来规范

我国学前教育事业迅速发展,但学前教育机构形式的多样性以及幼儿园数量和入园人数的迅速增长也带来了一系列的问题,如不经批准私自办园,园舍环境及设备不符合标准,乱收费和克扣、挪用专项经费等。在这种现实状态下,迫切需要国家相关部门的规范,《幼儿园管理条例》就在这样的背景下应运而生。《幼儿园管理条例》是经国务院批准,国家教育委员会(今教育部)发布实施的,这是国家宏观管理各级各类幼教机构的法令法规,是举办幼儿园必须遵守和贯彻执行的。《幼儿园管理条例》的出台基于对幼儿园管理上的缺失与越轨行为的考虑,以此来提高幼儿园管理工作效率,实现幼儿园管理目标。

2. 为了加强幼儿园管理,促进学前教育事业健康发展

《幼儿园管理条例》是对幼儿园各项工作和各类人员的要求加以条理化、系统化,规定必须遵守的行为准则和工作规程,这是根据党和国家有关方针、政策、法规,按照园所实际情况和教养工作规律,采用条文的形式,对全园的工作建立起一整套合理的管理条例,使各部门、各层次、各方面人员应当做什么、不应当做什么、怎样做事等有章可循、有法可依,发挥对行为的制约规范作用,力争做到事事有章可循,人人明确职责,从而确保幼儿园教育教学秩序的有效开展,以便使园所正常运转。在此基础上,保障幼儿园有效改进教养研究工作,提高质量,促进学前教育事业的健康发展。通过管理条例的建立和执行,使管理工作程序化、规范化、科学化,保证幼儿园完成工作任务。

二、《幼儿园管理条例》的主要内容

《幼儿园管理条例》分六章共三十二条。第一章为总则,第二章是举办幼儿园的基本条件和审批程序,第三章是幼儿园的保育和教育工作,第四章是幼儿园的行政事务,第五章是奖励与处罚,第六章为附则。条例的内容全面,涵盖了幼儿园管理工作的各个方面,主要包括审批程序、教育职能、行政事务、奖惩规定四大核心内容。

(一)审批程序

1. 必须有合格的教师、保育、医务人员

《幼儿园管理条例》第九条规定:举办幼儿园应当具有符合下列条件的保育、幼儿教育、医务和其他工作人员:

(1)幼儿园园长、教师应当具有幼儿师范学校(包括职业学校幼儿教育专业)毕业程度,或者经教育行政部门考核合格。

(2)医师应当具有医学院校毕业程度,医士和护士应当具有中等卫生学校毕业程度,或者取得卫生行政部门的资格认可。

(3)保健员应当具有高中毕业程度,并受过幼儿保健培训。

(4)保育员应当具有初中毕业程度,并受过幼儿保育职业培训。慢性传染病、精神病患者,不得在幼儿园工作。

2. 必须有符合规定标准的保育教育场所及设施、设备等

幼儿园根据其性质、层次和规模的不同,必须具备相应的园舍、场地、教学仪器、设备等硬件。《幼儿园管理条例》第八条规定:"举办幼儿园必须具有与保育、教育的要求相适应的园舍和设施。幼儿园的园舍和设施必须符合国家的卫生标准和安全标准。"

3. 必须经过审批

《幼儿园管理条例》第十一条规定:"国家实行幼儿园登记注册制度,未经登记注册,任何单位和个人不得举办幼儿园。"第十二条规定:"城市幼儿园的举办、停办、由所在区、不设区的市的人民政府教育行政部门登记注册。农村幼儿园的举办、停办,由所在乡、镇人民政府登记注册,并报县人民政府教育行政部门备案。"

(二)教育职能

1. 幼儿园保育和教育工作

幼儿园必须贯彻保育和教育的原则,促进幼儿全面发展。《幼儿园管理条例》第十三条规定"幼儿园应当贯彻保育与教育相结合的原则,创设与幼儿的教育和发展相适应的和谐环境,引导幼儿个性的健康发展。"保教结合证明幼儿园区别于其他类型的教育机构,保育和教育相结合,是幼儿健康成长不可缺少的条件。

2. 促进幼儿多元智能全面发展

《幼儿园管理条例》第三条提出:"幼儿园的保育和教育工作应当促进幼儿在体、智、德、美诸方面和谐发展。"智能是解决问题的能力,多元智能包括语言智能、逻辑-数学智能、空间智能、身体-运动智能、音乐智能、人际智能、自我认识智能、自然观察智能等。真正有效的教育必须认识到智力的广泛性和多样性,使培养和发展幼儿各方面能力占有同等重要的地位。

3. 培养幼儿良好的生活卫生习惯

习惯是逐渐形成而不易更改的行为,《幼儿园管理条例》强调了对幼儿良好生活习惯的培养,对幼儿的发展具有积极作用。幼儿良好的生活卫生习惯包括饮食习惯、睡眠习惯、卫生习惯以及与个人生活有关的健康意识和行为习惯等,幼儿园应当保障幼儿的身体健康,培养幼儿良好的生活卫生习惯。

4. 理解幼儿游戏的核心价值

《幼儿园管理条例》第十六条规定:"幼儿园应当以游戏为基本活动形式。幼儿园可以根据本园的实际,安排和选择教育内容与方法,但不得进行违背幼儿教育规律,有损于幼儿身心健康的活动。"幼儿园应当正确理解幼儿游戏活动的价值,在开展实际教学中通过多种形式丰富幼儿游戏活动,促进幼儿健康发展。

5. 幼儿园应当建立卫生保健制度和安全防护制度

《幼儿园管理条例》第十八条至二十一条规定:"幼儿园应当建立卫生保健制度,防止发生食物中毒和传染病的流行。幼儿园应当建立安全防护制度,严禁在幼儿园内设置威胁幼儿安全的危险建筑物和设施,严禁使用有毒、有害物质制作教具、玩具。幼儿园发生食物中毒、传染病流行时,举办幼儿园的单位或者个人应当立即采取紧急救护措施,并及时报告当地教育行政部门或卫生行政部门。幼儿园的园舍和设施有可能发生危险时,举办幼儿园的单位或个人应当采取措施,排除险情,防止事故发生。"

(三)行政事务

1. 教育行政部门的职责

《幼儿园管理条例》第二十二条规定:"各级教育行政部门应当负责监督、评估和指导幼儿园的保育、教育工作,组织培训幼儿园的师资,审定、考核幼儿园教师的资格,并协助卫生行政部门检查和指导幼儿园的卫生保健工作,会同建设行政部门制定幼儿园园舍、设施的标准。"

2. 园长负责制

《幼儿园管理条例》第二十三条规定:"幼儿园园长负责幼儿园的工作。幼儿园园长由举办幼儿园的单位或个人聘任,并向幼儿园的登记注册机关备案。幼儿园的教师、医师、保健员、保育员和其他工作人员,由幼儿园园长聘任,也可由举办幼儿园的单位或个人聘任。"由此可以看出,幼儿园实行园长负责制,并提出了幼儿园园长、教职工的聘任方式。

3. 幼儿园收费及财务管理

《幼儿园管理条例》第二十六条规定:"幼儿园可以依据本省、自治区、直辖市人民政府制定的收费标准,向幼儿家长收取保育费、教育费。幼儿园应当加强财务管理,合理使用各项经费,任何单位和个人不得克扣、挪用幼儿园经费。"

(四)奖惩规定

1. 惩罚

《幼儿园管理条例》第二十七条规定,具有下列情形之一的幼儿园,由教育行政部门视情节轻重,给予限期整顿、停止招生、停止办园的行政处罚:

(1)未经登记注册,擅自招收幼儿的;

(2)园舍、设施不符合国家卫生标准、安全标准,妨害幼儿身体健康或者威胁幼儿生命安全的;

(3)教育内容和方法违背幼儿教育规律,损害幼儿身心健康的。

《幼儿园管理条例》第二十八条规定,具有下列情形之一的单位或者个人,由教育行政部门对直接责任人员给予警告、罚款的行政处罚,或者由教育行政部门建议有关部门对责任人员给予行政处分;情节严重,构成犯罪的,由司法机关依法追究刑事责任。

(1)体罚幼儿或变相体罚幼儿的;

(2)使用有毒、有害物质制作教具、玩具的;

(3)克扣、挪用幼儿园经费的;

(4)侵占、破坏幼儿园园舍、设备的;

(5)干扰幼儿园正常工作秩序的;

(6)在幼儿园周围设置有危险、有污染或者影响幼儿园采光的建设和设施的。

2. 奖励

《幼儿园管理条例》第二十六条规定:凡具备下列条件之一的单位或者个人,由教育行政部门和有关部门予以奖励:

(1)改善幼儿园的办园条件成绩显著的;

(2)保育、教育工作成绩显著的;

(3)幼儿园管理工作成绩显著的。

拓展阅读 6-1

有个大班幼儿特别调皮,经常欺负小朋友,有时还偷偷跑到园外玩,害得老师到处找。与家长联系,回答是生意忙、顾不上。最后老师只好在组织活动时搬一把小椅子让他坐在门后,规定他可以不听讲,但不能随便走动。

问题:
(1)老师的做法对吗?
(2)请找出我国《幼儿园管理条例》中的相关法律依据。
(3)该幼儿园老师可以受到什么样的处罚?

分析:
该老师的做法错误,《幼儿园管理条例》第十七条规定:"严禁体罚和变相体罚幼儿。"

根据第二十八条规定,该幼儿园老师将由教育行政部门给予警告、罚款的行政处罚,或者由教育行政部门建议有关部门给予行政处分。

三、《幼儿园管理条例》的主要目标

从《幼儿园管理条例》的主要内容中,我们可以看出其目标如下:
(1)明确举办幼儿园的基本条件和审批程序。
(2)规范幼儿园保育和教育工作的内容和发展目标。
(3)关注幼儿身心健康和幼儿园日常政务管理。
(4)规范幼儿园收费及财务管理制度。
(5)建立和谐的家校关系,建设和谐幼儿园。
(6)彰显人文关怀的学前教育特色服务理念。

 ## 第二节 解读《幼儿园工作规程》

1996年,国家教育委员会颁发了《幼儿园工作规程》(中华人民共和国国家教育委员会令第25号),以加强幼儿园的科学管理,提高保育和教育工作的质量。

随着经济社会的发展,教育改革的不断深入,学前教育事业发展迅速,幼儿园教育的内外环境和条件也发生了巨大变化。因此,《幼儿园工作规程》需要在新的形势下进行调整,新《幼儿园工作规程》经2015年12月14日第48次部长办公会议审议通过,2016年1月5日中华人民共和国教育部令第39号公布,不断推进幼儿园内部管理和办园行为的规范化,促进幼儿园保教质量不断提升。1996年3月9日原国家教育委员会令第25号发布的《幼儿园工作规程》(以下简称《规程》)予以废止。

一、《幼儿园工作规程》的修订背景

《幼儿园工作规程》是我国第一部规范幼儿园内部管理的规章,也是基础教育领域比较早

的管理规章,颁发20多年来对加强各级各类幼儿园的规范管理发挥了重要作用。随着经济社会的发展,学前教育改革发展的大环境发生了巨大变化,特别是《教育规划纲要》颁布后,学前教育事业规模不断扩大,普及程度大幅提高,全国幼儿园数量已从2009年的13.8万所,增加到2014年的21万所,全国学前三年毛入园率达到了70.5%。在推进学前教育基本普及的新形势下,修订《规程》具有重要的现实意义。

1. 修订《规程》是新形势下加强学前教育规范管理的需要

《规程》是基于当时幼儿园主要由企事业单位、部队、街道和农村集体举办,幼儿园的人财物管理由举办单位负责,教育部门主要是提供业务指导的实际而制定的。随着经济体制的改革和市场经济的推进,幼儿园的办园体制已从过去单一的以公办为主转为多元化办园的格局,民办幼儿园数量激增,占比已超过幼儿园总数的2/3。教育部门对幼儿园的规范管理已从计划经济条件下的业务指导转向办园资质审批和全面监管,需要不断完善管理制度,强化制度管理。

2. 修订《规程》是推进幼儿园管理规范化和科学化的需要

由于长期资源不足,目前一些幼儿园在办园条件、安全卫生、教育教学、教职工管理等方面还存在很多不规范的行为,亟待通过健全规章制度、加强规范管理,引导幼儿园依法依规办园。

3. 修订《规程》是落实依法治教的需要

近年来,有关部门出台了很多涉及幼儿园规范管理的新规定,《规程》作为一部重要的学前教育规章,需要根据新形势新要求进行修订和调整,进一步完善幼儿园管理制度,不断推进学前教育治理体系和治理能力现代化,促进学前教育健康可持续发展。

二、新《规程》的主要内容

新《规程》主要在四个方面提高了标准、增加了细节要求,即:幼儿安全问题、幼儿身心健康、家园共育、幼儿园管理规范化。

1. 幼儿安全问题

(1)增加第三章:"幼儿园的安全"。

(2)增加"园所要建立安全防护和检查制度,建立安全责任制和应急预案的要求"。

第十二条 幼儿园应当严格执行国家和地方幼儿园安全管理的相关规定,建立健全门卫、房屋、设备、消防、交通、食品、药物、幼儿接送交接、活动组织和幼儿就寝值守等安全防护和检查制度,建立安全责任制和应急预案。

(3)增加"幼儿园园舍、设施的安全要求"。

第十三条 幼儿园的园舍应当符合国家和地方的建设标准,以及相关安全、卫生等方面的规范,定期检查维护,保障安全。幼儿园不得设置在污染区和危险区,不得使用危房。

幼儿园的设备设施、装修装饰材料、用品用具和玩教具材料等,应当符合国家相关的安全质量标准和环保要求。

(4)增加"对饮食饮水卫生安全的要求"。

第十四条 幼儿园应当严格执行国家有关食品药品安全的法律法规,保障饮食饮水卫生安全。

(5)增加"对幼儿园急救、逃生、安全教育和演练、反家庭暴力的要求"。

第十五条　幼儿园教职工必须具有安全意识、掌握基本急救常识和防范、避险、逃生、自救的基本方法,在紧急情况下应当优先保护幼儿的人身安全。幼儿园应当把安全教育融入一日生活,并定期组织开展多种形式的安全教育和事故预防演练。

幼儿园应当结合幼儿年龄特点和接受能力开展反家庭暴力教育,发现幼儿遭受或者疑似遭受家庭暴力的,应当依法及时向公安机关报案。

(6)增加"幼儿园应投保校方责任险"。

第十六条　幼儿园应当投保校方责任险。

(7)增加"幼儿园做好传染病防控及幼儿用药安全工作"。

第二十条　幼儿园应当建立卫生消毒、晨检、午检制度和病儿隔离制度,配合卫生部门做好计划免疫工作。

幼儿园应当建立传染病预防和管理制度,制定突发传染病应急预案,认真做好疾病防控工作。

幼儿园应当建立患病幼儿用药的委托交接制度,未经监护人委托或者同意,幼儿园不得给幼儿用药。幼儿园应当妥善管理药品,保证幼儿用药安全。

(8)增加"幼儿园内禁止饮酒"。

第二十条　……幼儿园内禁止吸烟、饮酒。

(9)增加"对幼儿园膳食的安全要求"。

第二十一条　供给膳食的幼儿园应当为幼儿提供安全卫生的食品,编制营养平衡的幼儿食谱,定期计算和分析幼儿的进食量和营养素摄取量,保证幼儿合理膳食。

新《规程》明确了在紧急情况下优先保护幼儿的人身安全是每一位幼儿园教职工的责任。教职工不仅要具有高度的安全和责任意识,还必须具备防险救护的基本方法。根据相关文件要求和国际经验,进行安全演练是提高师生安全意识和能力的有效方式,因此,新《规程》要求幼儿园把安全教育融入一日生活,并定期进行多形式的演练,要求教职工具有责任意识和防护能力。

新《规程》专设"幼儿园的安全"一章,试图建立完善的制度体系和职责要求,明确要求幼儿园要建立健全门卫、房屋、设备、消防、交通、食品、药物、幼儿接送交接、活动组织和幼儿就寝值守等安全防护和检查制度,建立安全责任制和应急预案,努力建立全面安全的防护体系。

2. 幼儿身心健康

(1)增加"促进幼儿身心健康的要求"。

第一条　为了加强幼儿园的科学管理,规范办园行为,提高保育和教育质量,促进幼儿身心健康,依据《中华人民共和国教育法》等法律法规,制定本规程。

(2)增加"幼儿园应关注幼儿心理健康"

第十九条　……幼儿园应当关注幼儿心理健康,注重满足幼儿的发展需要,保持幼儿积极的情绪状态,让幼儿感受到尊重和接纳。

(3)修改"指导幼儿游戏的要求"。

第二十九条　幼儿园应当根据幼儿的年龄特点指导游戏,鼓励和支持幼儿根据自身兴趣、需要和经验水平,自主选择游戏内容、游戏材料和伙伴,使幼儿在游戏过程中获得积极的情绪情感,促进幼儿能力和个性的全面发展。

(4)增加"幼儿园环境营造要求"。

第三十条　幼儿园应当将环境作为重要的教育资源,合理利用室内外环境,创设开放的、多样的区域活动空间,提供适合幼儿年龄特点的丰富的玩具、操作材料和幼儿读物,支持幼儿自主选择和主动学习,激发幼儿学习的兴趣与探究的愿望。

幼儿园应当营造尊重、接纳和关爱的氛围,建立良好的同伴和师生关系。幼儿园应当充分利用家庭和社区的有利条件,丰富和拓展幼儿园的教育资源。

(5)增加"幼儿园不得小学化"。

第三十三条　……幼儿园不得提前教授小学教育内容,不得开展任何违背幼儿身心发展规律的活动。

(6)修改"爱护幼儿"为"尊重和爱护幼儿"。

第三十九条　幼儿园教职工应当贯彻国家教育方针,具有良好品德,热爱教育事业,尊重和爱护幼儿……

在幼儿园保育和教育的主要目标中,增加了"促进心理健康"的要求,扩展了以往狭义的健康概念。在第四章幼儿园的卫生保健中还增加了"幼儿园应当关注幼儿心理健康,注重满足幼儿的发展需要,保持幼儿积极的情绪状态,让幼儿感受到尊重和接纳"。在第五章幼儿园的教育中还特别新增了创设良好的精神环境的新要求:"幼儿园应当营造尊重、接纳和关爱的氛围,建立良好的同伴和师生关系"。

尊重幼儿的学习方式与特点、尊重幼儿游戏权利,保证幼儿的游戏条件、尊重个体差异,实施个性化保育和教育等教育理念都在新《规程》里得到体现,在新《规程》中,幼儿已经是成为主体的儿童,教育正在成为对个体具有适宜发展性的教育。学前教育不仅重视童年的快乐生活,也关照后继学习与终身发展。

3. 家园共育

(1)幼儿园的任务中,增加"幼儿园同时面向幼儿家长提供科学育儿指导"。

第三条　幼儿园的任务是:贯彻国家的教育方针……幼儿园同时面向幼儿家长提供科学育儿指导。

(2)增加"幼儿入园应由成人接送"。

第十三条　……入园幼儿应当由监护人或者其委托的成年人接送。

(3)增加"幼儿园对家长公示内容"。

第十九条　……幼儿园对幼儿健康发展状况定期进行分析、评价,及时向家长反馈结果……

第二十一条　……幼儿园应当每周向家长公示幼儿食谱,并按照相关规定进行食品留样。

第四十七条　……幼儿园实行收费公示制度,收费项目和标准向家长公示,接受社会监督……

(4)增加"幼儿园与家庭和社区资源的共享"。

第三十条　……幼儿园应当充分利用家庭和社区的有利条件,丰富和拓展幼儿园的教育资源。

(5)家长开放日制度从"可实行"修改为"应当建立"。

第五十三条　幼儿园应当建立幼儿园与家长联系的制度……

(6)加大了家长委员会参与幼儿园工作的力度。

旧《规程》第五十条　……家长委员会的主要任务是帮助家长了解幼儿园工作计划和要求协助幼儿园工作；反映家长对幼儿园工作的意见和建议；协助幼儿园组织交流家庭教育的经验。

新《规程》第五十四条　……家长委员会的主要任务是：对幼儿园重要决策和事关幼儿切身利益的事项提出意见和建议；发挥家长的专业和资源优势，支持幼儿园保育教育工作；帮助家长了解幼儿园工作计划和要求，协助幼儿园开展家庭教育指导和交流……

新《规程》确立了幼儿园和家庭的伙伴关系，尊重家长的需求和愿望，体现家长的主体地位，也确立了实践取向的共育形式，同时家园共育制度化、规范化，为家园共育提供系统的保障机制。注重家园共育是新《规程》所呈现的新特点之一，明确将"幼儿园同时面向幼儿家长提供科学育儿指导"作为幼儿园的主要任务之一。其中对家园共育的相关规定，为今后幼儿园和家庭合作共育指明了方向。

4. 幼儿园管理规范化

(1)限定幼儿园规模不超过360人。

第十一条　幼儿园规模应当有利于幼儿身心健康，便于管理，一般不超过360人。（旧《规程》为幼儿园规模"不宜过大"）。

(2)提高教职工任用标准。

第三十九条　幼儿园教职工应当贯彻国家教育方针，具有良好品德，热爱教育事业，尊重和爱护幼儿，具有专业的知识和技能以及相应的文化和专业素养，为人师表，忠于职责，身心健康。

①增加"教职员工暂停工作和不得在幼儿园工作的情形"。

第三十九条　幼儿园教职工患传染病期间暂停在幼儿园的工作。有犯罪、吸毒记录和精神病史者不得在幼儿园工作。

②关于园长(详见新《规程》第四十条)。

增加"具有《教师资格条例》规定的教师资格、具备大专以上学历、有三年以上幼儿园工作经历"；"幼儿园园长由举办者任命或者聘任。非地方人民政府设置的幼儿园园长应报当地教育行政部门备案。"修改为"幼儿园园长由举办者任命或者聘任，并报当地主管的教育行政部门备案。"

③关于幼儿园教师(详见新《规程》第四十一条)。

"依据国家规定的幼儿园课程标准"修改为"依据国家有关规定"；

增加"创设良好的教育环境，合理组织教育内容，提供丰富的玩具和游戏材料，开展适宜的教育活动"。

"参加业务学习和幼儿教育研究活动"修改为"参加业务学习和保育教育研究活动"。

"定期向园长汇报，接受其检查和指导"修改为"定期总结评估保教工作实效，接受园长的指导和检查。"

④关于保育员(详见新《规程》第四十二条)。

"还应具备初中毕业以上学历"修改为"并应当具备高中毕业以上学历"。

⑤关于卫生保健人员(详见新《规程》第四十三条)。

增加"负责晨检、午检和健康观察，做好幼儿营养、生长发育的检测和评价；定期组织幼健康体检,做好幼儿健康档案管理。"

⑥关于违规行为(详见新《规程》第四十五条)。

"对不履行职责者,应给予批评教育;情节严重的,应给予行政处分;构成犯罪的,由司法机关依法追究刑事责任。"修改为"对不履行职责的幼儿园教职工,应当视情节轻重,依法依规给予相应处分。"

(3)规范幼儿园经费。

①增加"普惠性幼儿园应当接受有关部门的监督检查"。

第四十六条　按照国家和地方相关规定接受财政扶持的提供普惠性服务的国有企事业单位办园、集体办园和民办园等幼儿园,应当接受财务、审计等有关部门的监督检查。

②增加"收费公示制度"。

第四十七条　幼儿园实行收费公示制度,收费项目和标准向家长公示,接受社会监督,不得以任何名义收取与新生入园相挂钩的赞助费。

③将教职工培训费用纳入幼儿园可提留经费。

旧《规程》第四十五条　任何组织和个人举办幼儿园不得以营利为目的、举办者筹措的经费,应保证保育和教育的需要,有一定比例用于改善办园条件,并可提留一定比例的幼儿园基金。

新《规程》第四十九条　幼儿园举办者筹措的经费,应当保证保育和教育的需要,有一定比例用于改善办园条件和开展教职工培训。

④增加"建立资产、信息等管理制度,严格执行财务制度的要求"。

第五十一条　幼儿园应当依法建立资产配置、使用、处置、产权登记、信息管理等管理制度,严格执行有关财务制度。

(4)规范幼儿园管理。

①园务委员会从"可建立"修改为"应当建立"。

第五十六条　幼儿园应当建立园务委员会。园务委员会由园长、副园长、党组织负责人和保教、卫生保健、财会等方面工作人员的代表以及幼儿家长代表组成。园长任园务委员会主任。

②增加"加强党组织建设"。

第五十七条　幼儿园应当加强党组织建设,充分发挥党组织政治核心作用、战斗堡垒作用……

③增加"建立教研制度"。

第五十九条　幼儿园应当建立教研制度,研究解决保教工作中的实际问题。

④增加"依法接受教育督导部门的督导"。

第六十一条　幼儿园应当依法接受教育督导部门的督导。

⑤增加"教师依法享受寒暑假期的带薪休假"。

第六十三条　幼儿园教师依法享受寒暑假期的带薪休假。幼儿园应当创造条件,在寒暑假期间,安排工作人员轮流休假。具体办法由举办者制定。

三、新《规程》的主要特点

1. 注重与现行法律政策规定的衔接

新《规程》修改了相关表述,使文件间的概念与内涵保持一致。如:幼儿园"工作人员"改为"教职工","医务人员"改为"卫生保健人员";"体格检查"表述为"健康检查",与《幼儿园教职工配置标准(暂行)》《托儿所幼儿园卫生保健管理办法》等文件保持一致。

新《规程》增加的相关内容要求,与近年来颁布的《幼儿园教育指导纲要(试行)》《3—6岁儿童学习与发展指南》《托儿所幼儿园卫生保健管理办法》等重要文件,与《未成年人保护法》《中小学幼儿园安全管理办法》《反家庭暴力法》等法律法规相互呼应与衔接。

2. 明确一些笼统、模糊的表述

新《规程》将多处笼统、模糊的要求进行了具体化。如:有关幼儿园规模原有"不宜过大"的提法,明确为"一般不超过360人";原有"两餐间隔时间不得少于3小时半",改为"正餐间隔时间为3.5～4小时",不仅明确了两餐是指正餐,时间间隔也更合理;原有的幼儿户外活动时间加上了括号注释"包括户外体育活动时间"每天不得少于2小时,而且结合新《规程》第二十二条可以明确得知:户外活动中体育活动不得少于1小时。

类似的还有,幼儿园教育的原则和要求中"合理地综合组织各方面的教育内容",具体修改为"综合组织健康、语言、社会、科学、艺术各领域的教育内容"等,明确了"各方面"内容的具体范畴。

3. 细化和完善相关制度

新《规程》中细化和完善的制度主要包括:晨检、午检制度,传染病预防和管理制度,幼儿用药安全和食品安全制度,信息管理与公开制度,教研制度等。调查中发现,已经有近七成的幼儿园建立和实施了晨检、午检制度。

此外,新增加的幼儿用药安全制度包括建立患病幼儿用药委托交接制度,未经监护人委托或者同意,幼儿园不得给幼儿用药;幼儿园应当妥善管理药品,保证幼儿用药安全。而且,新《规程》还特别增加了相关信息管理与公开制度,接受广大家长和社会的监督,主要包括:幼儿园实行收费公示制度,收费项目和标准向家长公示,接受社会监督,不得以任何名义收取与新生入园相挂钩的赞助费;幼儿园应当依法建立资产配置、使用、处置、产权登记、信息管理等管理制度。

为了促进教师的专业成长,新《规程》还要求幼儿园"建立教研制度,研究解决保教工作中的实际问题",引导教师在研究中不断提高保教能力。

细化和完善相关制度,能使幼儿园的内部管理更加缜密,更好地提升保教行为规范,强化公开透明的社会监督,不断提升办园质量和水平。

4. 调整部分重点要求

根据幼儿园教育活动在实施中被窄化理解,等同于集体教学和以往的上课等一些问题和偏差,在新《规程》中提出"幼儿园应当为幼儿提供丰富多样的教育活动",扩展了教育活动的概念,突出了教育活动的丰富性、灵活性和多样性。

原有《规程》中幼儿园日常生活组织的"一致性"原则,导致了实际工作中对幼儿生活环节和生活活动的一致性要求和幼儿的统一行动,如集体排队如厕、排队喝水等一些不符合幼儿年龄特点的常规要求,本次修订将"一致性"予以删除,强调了生活照料因人而异,适应和满足个体需要的基本价值取向。

拓展阅读 6-2

原告周宇夫妇系金堂县广兴镇凤岭村五组农民。2000年9月，其子周川成为广兴小学附设幼儿班学员。2001年11月21日上午11时许，其母在学校门口见到周川，但未接周川离校。中午，周川在学校门卫处请假后，独自离开学校到街上寻找其母。同日下午1时左右，其母目送周川走向学校门口后返家，下午上课时，班主任教师只看见周川的书包，未见其人，询问同桌，得知和母亲在一起，未再查问，下午放学后，让同桌把周川的书包带回家。下午约6时，周宇夫妇未见孩子回家，到学校寻找，未果。当晚9时，夫妇向派出所报案，事发后，夫妇两口及村民多处寻找，花费9952元。夫妇二人认为：学校未尽到监护责任，事发后不积极主动查找，致使孩子下落不明，学校应当承担相应的经济损失。并赔偿孩子下落不明后，给夫妇两口造成的精神损害抚慰金20万元。学校认为，周川下落不明是其母没有把孩子送回学校，没尽到监护责任所致，学校不承担任何责任，一审法院依据最高人民法院《关于确定民事侵权精神损害赔偿责任若干问题的解释》《民法通则》等规定，判决：两原告为寻找孩子支付的9952元，被告承担8000元，原告承担1952元；被告承担两原告精神损害抚慰金10 000元。宣判后，学校不服，以学校对周川下落不明无过错为由提起上诉。二审法院认为：原审法院认定本案侵权法律关系为监护权，并判决广兴小学承担物质和精神损害赔偿责任正确；原审法院认定广兴小学构成对周宇夫妇监护权的侵害为正确，有周川下落不明的事实，广兴小学附设幼儿班未按规定设立幼儿接送制度，对未成年人周川使用请假制度，幼儿管理存在严重漏洞，广兴小学的上述严重过失行为，与周川下落不明有因果关系；原审法院对双方的责任划分恰当。

分析：学校采取走读式管理模式，未建立幼儿接送制度，违反《幼儿园工作规程》第十二条的规定。原告向被告缴纳教育费用后与被告形成教育、保护孩子的服务合同关系，被告对孩子在幼儿班接受教育和保育期间具有监护义务，具有保障未成年人安全的责任，但被告把请假制度适用于幼儿，致使孩子向门卫请假后离开学校。

当天下午，班主任未对周川不来上课采取措施及时寻找，耽误寻找最佳时机，学校承担主要民事责任。

其母当天中午到学校找孩子，引发孩子离校的想法，且在离校后没有亲自将其送回学校，对孩子下落不明负有过错，承担次要民事责任。孩子下落不明，寻找孩子的费用应当根据主要、次要民事责任进行划分。造成精神损失，应当承担补偿责任。

第三节 解读《幼儿园教育指导纲要(试行)》

为进一步贯彻第三次全国教育工作会议和全国基础教育工作会议精神，落实《国务院关于基础教育改革与发展的决定》，2001年教育部颁发了《幼儿园教育指导纲要(试行)》(以下简称

《纲要》）。

《纲要》制定的依据是党的教育方针和《幼儿园工作规程》，是指导幼儿园教育工作的科学纲要。它总结了多年来我国幼儿教育改革的经验，立足于我国幼儿教育改革的现实，在充分吸纳世界范围内早期教育优秀思想和研究成果的基础上，阐明了幼儿教育的发展目标，力求体现终身教育、全面实施素质教育的思想，倡导尊重幼儿、尊重幼儿身心发展规律、师生共同成长等先进的观念。它的颁布标志着幼儿教育的课程改革已经与整个基础教育课程改革同步启动，对于全面贯彻教育方针、全面提高幼儿园保教质量具有重要的意义。

一、《纲要》的基本指导思想

1. 终身教育的理念

21世纪的基础教育把每个学生潜能的开发、健康个性的发展、为适应未来社会发展变化所必需的自我教育、终身学习的愿望和能力的初步形成作为最重要的任务，这与传统教育中把基础定位于基础知识、基本技能和技巧的训练有很大的区别。

《纲要》各领域的目标、内容与要求以及组织和实施评价等所有部分，均一致将培养幼儿终身学习的基础和动力放在核心位置，强调教育活动要"既符合幼儿的现实需要，又有利于其长远发展"。各领域的目标表述较多地使用了"体验、感受、喜欢、乐意"等词汇，突出了我国基础教育共同的情感、态度、价值观等方面的取向。各领域都强调良好的习惯形成，强调合作、参与、探索，强调通过"引发、支持幼儿与周围环境之间积极的相互作用"来学习知识技能。《纲要》明显着眼于幼儿终身持续发展所需要的最基本的重要的素质，如积极主动的态度，强烈的学习兴趣，与环境互动的能力，初步的合作意识和责任感等，这是衡量学前教育质量的最重要的指标。

2. "以人为本"的教育理念

"以人为本"的思想是《纲要》的一个突出特征，具体体现为如下几点：

(1)《纲要》将《规程》"促进每个幼儿在不同水平上得到发展"的思想进一步扩展和深化。

(2)《纲要》字里行间都旗帜鲜明地倡导尊重幼儿、保障幼儿权利，促进幼儿全面和谐发展的儿童观。

(3)《纲要》总则的五条中除第一条外，其他四条都分别从不同的角度，围绕以幼儿发展为本，明确提出要"为幼儿一生的发展打好基础""共同为幼儿的发展创造良好的条件""满足他们多方面发展的需要，使他们在快乐的童年生活中获得有益于身心发展的经验""尊重幼儿的人格和权利，尊重幼儿身心发展的规律和学习特点"等。

3. 面向世界的科学的幼儿教育

《纲要》立足于我国幼教现实的基础上，面向世界教育潮流发展的方向，注意吸收现代教育科学的研究成果，倡导对幼儿身心发展规律的尊重，对教育规律的尊重等。《纲要》的内容反映了教育科学研究的诸多成果，体现着世界教育共同的发展趋势。

二、《纲要》的主要内容

《纲要》内容主要包括四大部分：总则、教育内容与要求、组织与实施及教育评价。

1. 总则

总则主要介绍了《纲要》的制定依据、幼儿教育的重要意义及幼儿园主要职责概况等基本内容。

一、为贯彻《中华人民共和国教育法》、《幼儿园管理条例》和《幼儿园工作规程》，指导幼儿园深入实施素质教育，特制定本纲要。

第一条说明了制定《纲要》的依据、原因、目的。

二、幼儿园教育是基础教育的重要组成部分，是我国学校教育和终身教育的奠基阶段。城乡各类幼儿园都应从实际出发，因地制宜地实施素质教育，为幼儿一生的发展打好基础。

第二条说明了我国幼儿教育的性质和根本任务，即幼儿园教育是"基础教育的重要组成部分，是我国学校教育和终身教育的奠基阶段"，其根本任务则是"为幼儿一生的发展打好基础"。

三、幼儿园应与家庭、社区密切合作，与小学相互衔接，综合利用各种教育资源，共同为幼儿的发展创造良好的条件。

第三条规定了我国幼儿园教育的外部原则，即幼儿园必须适应社会的变化，在更新"教育资源"概念的基础上充分利用外部资源，与家庭、社区密切合作，共享资源，实现更加开放的、社会化的幼儿教育，以促进教育社会化、社会教育化的进程。

四、幼儿园应为幼儿提供健康、丰富的生活和活动环境，满足他们多方面发展的需要，使他们在快乐的童年生活中获得有益于身心发展的经验。

第四条指出了学前教育的特点，强调幼儿园是通过创设健康、丰富的生活和活动环境来帮助幼儿学习，幼儿是通过在环境中与他人共同生活来获得经验的，他们在生活中发展、在发展中生活，而不像小学生那样主要通过学科教学来获得间接知识。

五、幼儿园教育应尊重幼儿的人格和权利，尊重幼儿身心发展的规律和学习特点，以游戏为基本活动，保教并重，关注个别差异，促进每个幼儿富有个性的发展。

第五条规定了幼儿园教育的内部原则，即幼儿园教育过程中必须遵循的基本原则，如尊重幼儿的人格和权利，尊重幼儿身心的发展规律和学习特点，以游戏为基本活动，保教并重，关注个别差异等，并提出了"促进每个幼儿富有个性的发展"的要求。

2. 教育内容与要求

《纲要》的第二部分是教育内容与要求，是纲要的主要部分。《纲要》中将幼儿的学习范畴按学习领域的维度，划分为我们熟悉的健康、语言、社会、科学和艺术五个领域，每个领域中都没有单独列出知识点或技能，而是从活动的角度附带提出知识或技能的要求。各领域的内容是相互渗透的，是一种整合的课程。如每一个活动至少牵涉两个以上的领域，纯粹的只涉及一个领域的内容是没有的，这是熟悉了分科教学的教师必须转变的一个观念。

每一个领域包括目标、内容与要求、指导要点。"目标"主要表明该领域重点追求什么，主要的价值取向何在，表述上较多地使用了"体验、感受、喜欢、乐意"等词汇，突出了情感、兴趣、态度、个性等方面的价值取向。"内容与要求"部分则主要说明为实现教育目标，教师应该做什么？怎么做？同时，将该领域的内容负载其中。"指导要点"，一是点明该领域教和学的特点，二是点明该领域应当特别注意的普遍性的问题。

《纲要》遵循基础教育课程改革的精神，强调幼儿的主动学习，改革教学方式，希望教师不要把教学关注点过分集中在具体的知识或技能上，仅仅以固定知识点的达成为目标来设计教学活动，而是着力组织适合幼儿的活动，创造适宜的教育环境，从幼儿的实际生活中发现教学赖以展开的资源，通过活动来对幼儿产生影响，让他们获得一定的知识和技能。如语言领域的内容与要求："创造一个自由、宽松的语言交往环境，支持、鼓励、吸引幼儿与教师、同伴或其他人交谈,体验语言交流的乐趣,学习使用适当的、礼貌的语言交往。"

3. 组织与实施

《纲要》的第三部分是组织与实施,其十一个条目中贯穿了尊重幼儿的权利,尊重教师的创造,尊重幼儿在学习特点、发展水平、个性特征等方面的差异,尊重幼儿身心发展的客观规律,尊重教育、教学的客观规律等理念与观点,突出了学前教育组织实施中的教育性、主动性、开放性、针对性、灵活性等原则。

组织与实施部分包括以下要点:
(1)幼儿园教育组织实施的根本原则。
(2)幼儿园教育活动的含义。
(3)教师在活动组织与实施中的角色和作用。

4. 教育评价

《纲要》的第四部分围绕幼儿园教育评价,提出了评价的发展性、合作性、标准的多元性,以及多角度、多立体、多方法、重视过程、重视差异、重视质性研究等原则。明确规定了评价的目的是幼儿的发展、教师的成长和提高教育质量。这就是说,教育评价绝非用于筛选,不能用于给幼儿贴标签,伤害他们的自尊和信心,避免给他们的成长蒙上阴影。《纲要》在这一基点上分别明确指出了评价教育工作和幼儿发展状况的具体原则与注意事项。

教育评价部分包括以下要点:
(1)幼儿园教育评价的功能。
(2)幼儿园教育评价的主体。
(3)幼儿园教育评价实施的原则。
(4)幼儿园教育评价的主要内容。
(5)幼儿园发展评价的原则。

拓展阅读 6-3

日本某园幼儿每天来园时,如果见路边有空饮料罐就拾起来,这是幼儿园环保活动的倡议。教室后墙上贴有一张简单的图表,供幼儿自己在上面记录,即在哪里拾的空罐,就在图表上所标的地点上画一个圈,十分简单,每天来园时幼儿自己即可完成,不占用太多时间。每周末,幼儿们很认真地数圈,数出每个地点的空罐数并写在最后一个圈旁。每月末,教师提醒幼儿把几周的数字"统计"一下,写在每个地点的标志下面,然后把图表存放起来,再画一张新的空白图表贴在墙上供下个月记录,这是幼儿在活动角就可以完成的,既是数学活动,也是科学活动。学期末,教师指导幼儿把几张图表的"统计"看一看,看哪个地方拾到的空罐最多。幼儿们一下子叫起来,幼儿园前面的十字路口画的圈最多!

之后,一场自发的热烈讨论开始了,幼儿们七嘴八舌地发表自己的见解,分析原因。教师提示幼儿,能想办法解决这个问题吗?讨论结果是赞成在十字路口增设一个空罐收集箱的人最多。于是,幼儿口述,请教师给街区负责人写了一封信。在教师幕后的积极策划、联系下,幼儿的要求变成了现实。

街区负责人到幼儿园来感谢幼儿,夸奖他们"有根有据"的建议。每当幼儿看到那个空罐收集箱时,总会得意地说:"这个箱子是我们叫放在这儿的"。教师又用同样的方法引导幼儿记录天气,并在适当的时候让幼儿比较降雨天数,组织幼儿投入到社区"节约用水宣传周"的活动中去。从而在幼儿力所能及的范围内,建立幼儿园与社区的建设性合作关系。

第四节　解读《国务院关于当前发展学前教育的若干意见》

2010年国务院颁发了《国务院关于当前发展学前教育的若干意见》(国发〔2010〕41号)(以下简称"国十条"),以贯彻落实党的十七届五中全会、全国教育工作会议精神和《国家中长期教育改革和发展规划纲要(2010—2020年)》,积极发展学前教育,着力解决当前存在的"入园难"问题,满足适龄儿童入园需求,促进学前教育事业科学发展。

一、"国十条"的制定背景

由21世纪教育研究院编写的《教育蓝皮书:中国教育发展报告(2011)》称,针对国内35个城市"入园难""入园贵"的调查,北京高居榜首。蓝皮书调查显示,幼儿园"入园难""入园贵"问题十分突出,从35个城市来看,北京、深圳、天津、南京、青岛、银川、成都、郑州等城市被公众认为"非常突出"。"入园难,难于上大学"已经成为人们茶余饭后的口头禅。党中央、国务院对2010年发生的"为争公办幼儿园入园名额排队九天八夜"等事件给予了高度关注。"上学难""上学贵"反映出我国学前教育发展畸形、学前教育资源不足的现象,导致供不应求,加剧了幼儿入园机会的不均等现象。而"国十条"的出台是对这一社会现象焦点问题的直接回应。"入园难""入园贵"已成为一种社会现象。

二、"国十条"的主要内容

"国十条"一共十条建议,可分为四个部分:

第一部分,学前教育的地位与发展原则;

第二部分,学前教育的资源建设:园舍建设,教师队伍建设,学前教育投入;

第三部分,规范学前教育管理:幼儿园准入管理,幼儿园安全管理,幼儿园收费管理,保教工作管理;

第四部分,加强组织领导:完善工作机制,实施学前教育三年行动计划,督促检查。

(一)把发展学前教育摆在更加重要的位置

第一条明确了学前教育的重要地位,用三个"是"和三个"关系"表明其重要性:"学前教育是终身学习的开端,是国民教育体系的重要组成部分,是重要的社会公益事业……关系亿万儿童的健康成长、关系千家万户的切身利益、关系国家和民族的未来。"

发展学前教育,必须坚持公益性和普惠性,努力构建覆盖城乡、布局合理的学前教育公共服务体系,保障适龄儿童接受基本的、有质量的学前教育;必须坚持政府主导,社会参与,公办民办并举,落实各级政府责任,充分调动各方面积极性;必须坚持改革创新,着力破除制约学前教育科学发展的体制机制障碍;必须坚持因地制宜,从实际出发,为幼儿和家长提供方便就近、灵活多样、多种层次的学前教育服务；必须坚持科学育儿，遵循幼儿身心发展规律，促进幼儿健康快乐成长。

各级政府要充分认识发展学前教育的重要性和紧迫性，将大力发展学前教育作为贯彻落实教育规划纲要的突破口，作为推动教育事业科学发展的重要任务，作为建设社会主义和谐社会的重大民生工程，纳入政府工作重要议事日程，切实抓紧抓好。

(二)多种形式扩大学前教育资源

1. 大力发展公办幼儿园

提供"广覆盖、保基本"的学前教育公共服务。加大政府投入，新建、改建、扩建一批安全、适用的幼儿园。不得用政府投入建设超标准、高收费的幼儿园。中小学布局调整后的富余教育资源和其他富余公共资源，优先改建成幼儿园。鼓励优质公办幼儿园举办分园或合作办园。制定优惠政策，支持街道、农村集体举办幼儿园。

2. 鼓励社会力量以多种形式举办幼儿园

通过保证合理用地、减免税费等方式，支持社会力量办园。积极扶持民办幼儿园特别是面向大众、收费较低的普惠性民办幼儿园发展。采取政府购买服务、减免租金、以奖代补、派驻公办教师等方式，引导和支持民办幼儿园提供普惠性服务。民办幼儿园在审批登记、分类定级、评估指导、教师培训、职称评定、资格认定、表彰奖励等方面与公办幼儿园具有同等地位。

3. 城镇小区配套幼儿园

(1)补建：城镇小区没有配套幼儿园的，应根据居住区规划和居住人口规模，按照国家有关规定配套建设幼儿园。

(2)同步建：新建小区配套幼儿园要与小区同步规划、同步建设、同步交付使用。建设用地按国家有关规定予以保障。

(3)强制建：未按规定安排配套幼儿园建设的小区规划不予审批。

(4)建后统筹使用：城镇小区配套幼儿园作为公共教育资源由当地政府统筹安排，举办公办幼儿园或委托办成普惠性民办幼儿园，保证面向小区适龄儿童提供方便就近的普惠性服务。

城镇幼儿园建设要充分考虑进城务工人员随迁子女接受学前教育的需求。

4. 努力扩大农村学前教育资源

(1)纳入规划：各地要把发展学前教育作为社会主义新农村建设的重要内容，将幼儿园作为新农村公共服务设施统一规划，优先建设，加快发展。

(2)加大投入：各级政府要加大对农村学前教育的投入，2010年开始，国家实施推进农村学前教育项目，重点支持中西部地区。地方各级政府要安排专门资金，重点建设农村幼儿园。

(3)完善网络：乡镇和大村独立建园，小村设分园或联合办园，人口分散地区举办流动幼儿园、季节班等，配备专职巡回指导教师，逐步完善县、乡、村学前教育网络。

(4)改善条件：改善农村幼儿园保教条件，配备基本的保教设施、玩教具、幼儿读物等。创造更多条件，着力保障留守儿童入园。

(三)多种途径加强幼儿教师队伍建设

(1)总体要求：加快建设一支师德高尚、热爱儿童、业务精良、结构合理的幼儿教师队伍。

(2)配齐：各地根据国家要求，结合本地实际，合理确定生师比，核定公办幼儿园教职工编制，逐步配齐幼儿园教职工。

(3)准入制度:健全幼儿教师资格准入制度,严把入口关。2010年国家颁布幼儿教师专业标准;公开招聘具备条件的毕业生充实幼儿教师队伍。中小学富余教师经培训合格后可转入学前教育。

(4)地位和待遇:切实维护幼儿教师权益,完善落实幼儿园教职工工资保障办法、专业技术职称(职务)评聘机制和社会保障政策。

(5)政策倾斜:对长期在农村基层和艰苦边远地区工作的公办幼儿教师,按国家规定实行工资倾斜政策。对优秀幼儿园园长、教师进行表彰。

完善学前教育师资培养培训体系。办好中等幼儿师范学校。办好高等师范院校学前教育专业。建设一批幼儿师范专科学校。加大面向农村的幼儿教师培养力度,扩大免费师范生学前教育专业招生规模。积极探索初中毕业起点五年制学前教育专科学历教师培养模式。重视对幼儿特教师资的培养。建立幼儿园园长和教师培训体系,满足幼儿教师多样化的学习和发展需求。创新培训模式,为有志于从事学前教育的非师范专业毕业生提供培训。三年内对1万名幼儿园园长和骨干教师进行国家级培训。各地五年内对幼儿园园长和教师进行一轮全员专业培训。

(四)多种渠道加大学前教育投入

第四条可以概括为"五有":预算有名目、增量有倾斜、投入有比例、拨款有标准、资助有制度。

各级政府要将学前教育经费列入财政预算。新增教育经费要向学前教育倾斜。财政性学前教育经费在同级财政性教育经费中要占合理比例,未来三年要有明显提高。各地根据实际研究制定公办幼儿园生均经费标准和生均财政拨款标准。制定优惠政策,鼓励社会力量办园和捐资助园。家庭合理分担学前教育成本。建立学前教育资助制度,资助家庭经济困难儿童、孤儿和残疾儿童接受普惠性学前教育。发展残疾儿童学前康复教育。中央财政设立专项经费,支持中西部农村地区、少数民族地区和边疆地区发展学前教育和学前双语教育。地方政府要加大投入,重点支持边远贫困地区和少数民族地区发展学前教育。规范学前教育经费的使用和管理。

(五)加强幼儿园准入管理

完善法律法规,规范学前教育管理。严格执行幼儿园准入制度。各地根据国家基本标准和社会对幼儿保教的不同需求,制定各种类型幼儿园的办园标准,实行分类管理、分类指导。县级教育行政部门负责审批各类幼儿园,建立幼儿园信息管理系统,对幼儿园实行动态监管。完善和落实幼儿园年检制度。未取得办园许可证和未办理登记注册手续,任何单位和个人不得举办幼儿园。对社会各类幼儿培训机构和早期教育指导机构,审批主管部门要加强监督管理。

分类治理、妥善解决无证办园问题。各地要对目前存在的无证办园进行全面排查,加强指导,督促整改。整改期间,要保证幼儿正常接受学前教育。经整改达到相应标准的,颁发办园许可证。整改后仍未达到保障幼儿安全、健康等基本要求的,当地政府要依法予以取缔,妥善分流和安置幼儿。

(六)强化幼儿园安全监管

各地要高度重视幼儿园安全保障工作,加强安全设施建设,配备保安人员,健全各项安全管理制度和安全责任制,落实各项措施,严防事故发生。相关部门按职能分工,建立全覆盖的幼儿园安全防护体系,切实加大工作力度,加强监督指导。幼儿园要提高安全防范意识,加强内部安全管理。幼儿园所在街道、社区和村民委员会要共同做好幼儿园安全管理工作。

(七)规范幼儿园收费管理

国家有关部门 2011 年出台幼儿园收费管理办法。省级有关部门根据城乡经济社会发展水平、办园成本和群众承受能力,按照非义务教育阶段家庭合理分担教育成本的原则,制定公办幼儿园收费标准。加强民办幼儿园收费管理,完善备案程序,加强分类指导。幼儿园实行收费公示制度,接受社会监督。加强收费监管,坚决查处乱收费。

(八)坚持科学保教,促进幼儿身心健康发展

加强对幼儿园保教工作的指导,2010 年国家颁布幼儿学习与发展指南。遵循幼儿身心发展规律,面向全体幼儿,关注个体差异,坚持以游戏为基本活动,保教结合,寓教于乐,促进幼儿健康成长。加强对幼儿园玩教具、幼儿图书的配备与指导,为儿童创设丰富多彩的教育环境,防止和纠正幼儿园教育"小学化"倾向。研究制定幼儿园教师指导用书审定办法。建立幼儿园保教质量评估监管体系。健全学前教育教研指导网络。要把幼儿园教育和家庭教育紧密结合,共同为幼儿的健康成长创造良好环境。

(九)完善工作机制,加强组织领导

各级政府要加强对学前教育的统筹协调,健全教育部门主管、有关部门分工负责的工作机制,形成推动学前教育发展的合力。教育部门要完善政策,制定标准,充实管理、教研力量,加强学前教育的监督管理和科学指导。机构编制部门要结合实际合理确定公办幼儿园教职工编制。发展改革部门要把学前教育纳入当地经济社会发展规划,支持幼儿园建设发展。财政部门要加大投入,制定支持学前教育的优惠政策。城乡建设和国土资源部门要落实城镇小区和新农村配套幼儿园的规划、用地。

人力资源和社会保障部门要制定幼儿园教职工的人事(劳动)、工资待遇、社会保障和技术职称(职务)评聘政策。价格、财政、教育部门要根据职责分工,加强幼儿园收费管理。综治、公安部门要加强对幼儿园安全保卫工作的监督指导,整治、净化周边环境。卫生部门要监督指导幼儿园卫生保健工作。民政、工商、质检、安全生产监管、食品药品监管等部门要根据职能分工,加强对幼儿园的指导和管理。妇联、残联等单位要积极开展对家庭教育、残疾儿童早期教育的宣传指导。充分发挥城市社区居委会和农村村民自治组织的作用,建立社区和家长参与幼儿园管理和监督的机制。

(十)统筹规划,实施学前教育三年行动计划

各省(区、市)政府要深入调查,准确掌握当地学前教育基本状况和存在的突出问题,结合本区域经济社会发展状况和适龄人口分布、变化趋势,科学测算入园需求和供需缺口,确定发展目标,分解年度任务,落实经费,以县为单位编制学前教育三年行动计划,有效缓解"入园难"。2011 年 3 月底前,各省(区、市)行动计划报国家教育体制改革领导小组办公室备案。

地方政府是发展学前教育、解决"入园难"问题的责任主体。各省(区、市)要建立督促检查、考核奖惩和问责机制,确保大力发展学前教育的各项举措落到实处,取得实效。各级教育督导部门要把学前教育作为督导重点,加强对政府责任落实、教师队伍建设、经费投入、安全管理等方面的督导检查,并将结果向社会公示。教育部会同有关部门对各地学前教育三年行动

计划进展情况进行专项督查,组织宣传和推广先进经验,对发展学前教育成绩突出的地区予以表彰奖励,营造全社会关心支持学前教育的良好氛围。

三、"国十条"的主要目标

从"国十条"的主要内容中可以看出其主要目标如下:
(1)全方位促进学前教育均衡、优质发展。
(2)建立普惠性学前教育幼儿园,体现"以人为本""教育平等""效益优化"的价值观。
(3)建立并完善学前教育公共服务体系,加大对偏远山区学前教育幼儿园的投入力度。
(4)健全幼儿园师资队伍,完善学前教育经费制度,规范幼儿园监督制度,强化保教质量评估与监督。

拓展阅读 6-4

民办园迎合家长需求教识字

不少民办幼儿园在招生时都会承诺要教会孩子多少汉字,而且在大班时会增加识字量,保证孩子在上小学时有一定的识字量。

在济南东部一个大型社区里,有五六个家长带着孩子在院子里玩,这些小孩子从几个月到两三岁不等。其中一个不到两岁的小男孩,正拿着粉笔在小区的地面上写阿拉伯数字,从1到9,虽然写得非常不规范,但还是引来了不少家长羡慕的眼光。孩子的家长自豪地说:"从他1岁多一点就教他学,现在写得已经很好了。"另一位家长也对自己3岁的孩子进行了一些认字教育,但没有很认真地教:"不知道该不该教她,只是买了一些书,反正有一搭没一搭的。"

苏女士的孩子3岁半,在苏女士家里,记者看到了一个专门为孩子开辟的学习区域。在这个只有几平方米的小空间里,墙上张贴了几十个简单汉字。苏女士告诉记者,她的宝宝虽然只有3岁半,但已经能认识几十个汉字了,"我们小区里,跟我宝宝同样大的孩子都不如他。"说着,苏女士的孩子便指着"东西南北"几个字读了起来,苏女士一脸自豪。

在孩子上小学之前,大部分家长都会购买一些让孩子认字、学英语的书籍。在一家超市的幼儿读物摊位前,一位销售人员告诉记者,现在幼儿读物是最畅销的,尤其是2~5岁年龄段的读物,这些读物中除了一些儿童故事比较畅销,一些认知、认字、双语不用教等书籍也非常畅销,"尤其是双语不用教,最近销售不错,大都是家长给4~6岁的孩子购买。"

在私立幼儿园工作的刘女士表示:实际上幼儿园也没有办法,完全是为了争取更多的生源。私立园要迎合家长的要求,不然怎么能招来更多的生源呢?

现在家长都热衷公立园,私立园做起来非常难,如果按照相关的幼儿教育指导纲要,这些私立园基本上很难招生。私立园就会迎合家长的期望设置课程,出现小学化教学的倾向。家长都望子成龙,希望自己的孩子能够多学东西,私立园也是迎合家长的这种心理。

刘女士是幼师毕业的,实际上在幼儿园,对孩子情绪、习惯、行为等的培养更为重要。在幼儿阶段,情绪、情感、习惯、行为的培养肯定比知识、技能的培养更重要。而有些家长,让孩子死记硬背,甚至孩子两三岁时就开始读拼音、认汉字,违背孩子身心发展规律。"可以说,在很多私立园都存在幼儿教育小学化的倾向,按照我个人观点来看,导致这种现象最主要的原因在家庭教育,家长太急于求成。"刘女士说。

"我们每天都会带孩子做游戏,但是家长认为孩子在幼儿园只玩了,什么都没有学到。有的家长一见到孩子就会问今天学什么了,孩子回答不上来,家长就会觉得这一天浪费了,什么都没学到。"省城一幼儿园李园长说,实际上孩子在幼儿园的活动和各种游戏都是对他们某种能力的培养。"我们的每一个活动、每一个游戏都是有一定意义的。"李园长说,有时会组织一些互动活动,让孩子们有合作、相互帮助的意识。

从事了20多年教育工作的朱星光老师表示,从他的教学经验可以发现,现在越来越多的孩子在上学之前,从父母那里学到越来越多的东西,主要就是书本上的知识,也就是说,家庭已渐成"幼儿教育小学化"主战场。"分析原因,一方面是因为现在的父母知识文化水平大幅提高,另一方面,也是因为目前年轻的父母极其容易把生存的压力转变成期望转嫁给孩子。"

评论:幼儿教育最忌讳"急功近利"。

我国正式颁布的《幼儿园工作规程》明确规定:"以游戏为基本活动,寓教育于各项活动之中",将游戏确定为幼儿园的基本活动形式。济南大学教育与心理学院副教授张素玲针对"幼儿教育小学化"问题接受记者采访时表示,对幼儿来说,游戏是最有利于其身心发展的实践形式,在游戏过程中,幼儿的身心有充足的发展机会。

学者张素玲表示:我坚决不赞成在幼儿园里识字,幼儿园的教育关键是要培养孩子的各种兴趣,包括阅读的兴趣、识字的兴趣等,当然个别的孩子确实对认字有特别的兴趣,他可能自己就去学,那样当然可以培养。但如果幼儿园、家长强迫孩子学习,让孩子失去了认字的兴趣,那么在孩子上小学之后会适得其反的。

对目前家庭教育有小学化倾向的问题,张素玲认为,急功近利是孩子教育的大忌,"很多家长面对孩子在教育过程中出现的一点问题,就着急得不得了。可能有的孩子因为学前没有太大的认字量,短时间内会有影响,但这不代表在三四年级之后还会有影响。教育一定要坚持正确的立场,而不要因为别人怎么样而变来变去。"

第五节 解读《3-6岁儿童学习与发展指南》

为深入贯彻《国家中长期教育改革和发展规划纲要(2010—2020年)》和《国务院关于当前发展学前教育的若干意见》(国发〔2010〕41号),指导幼儿园和家庭实施科学的保育和教育,促进幼儿身心全面和谐发展,教育部于2012年10月9日正式颁布《3-6岁儿童学习与发展指南》(以下简称《指南》),对防止和克服学前教育"小学化"现象提供了具体方法和建议。

一、《指南》的制定背景

(一)建设社会主义和谐社会的需要

2010年,刘延东在全国学前教育工作电视电话会议上强调,幼儿教育的质量关系着数千万幼儿的发展,寄托着数千万家庭对美好生活的期盼。提高幼儿教育质量是建设社会主义和谐社会的重大民生工程。科学保教、提高质量是促进学前教育公平的根本保证。

(二)我国教育发展的需要

1. 实现《国家中长期教育改革和发展规划纲要(2010—2020年)》的战略目标

(1)把提高质量作为教育改革发展的核心任务。

(2)树立以提高质量为核心的教育发展观,注重教育内涵发展。

2. 实施《教师教育课程标准》的需要

提高教师专业素质,重视理解幼儿的知识与能力,教育幼儿的知识与能力。

3. 我国幼儿教育改革和发展的需要

(1)进一步落实《儿童权利公约》。

(2)进一步贯彻《国务院关于当前发展学前教育的若干意见》,保障适龄儿童接受基本的、有质量的学前教育,加强幼教质量监控,建立幼儿园保教质量评估监管体系。

(3)进一步深入贯彻《幼儿园工作规程》《幼儿园教育指导纲要(试行)》,促进每个幼儿在不同水平上的发展,促进每个幼儿富有个性的发展。

(4)实施《幼儿园教师专业标准(试行)》。

4. 引导家庭、社会的幼教价值观和方法

在全社会树立正确的儿童观、教育观和质量观,引导家长更新教育观念,尊重儿童的天性和认知规律,珍惜童年生活的独特价值,支持幼儿园开展科学保教,自觉抵制那些拔苗助长、违反儿童身心健康的错误观念和做法。

随着《幼儿园教育指导纲要(试行)》的逐步贯彻落实,我国学前教育在理念、保教质量、教师专业素质等方面均发生了明显的变化,"以幼儿发展为本,办人民满意的幼教"正在成为广大幼教工作者的共识与追求。但是,作为解决这些问题的途径之一,同时也为了更加深入地贯彻《教育法》《儿童权利公约》《未成年人保护法》《幼儿园工作规程》和《幼儿园教育指导纲要(试行)》,切实保障幼儿获得良好的生存和发展权利,纠正和避免目前学前教育中存在的各种问题与误区,指导家庭、社会和学前教育机构实施科学优质的保育和教育,从而为幼儿的后继学习与终生发展奠定坚实的基础。

(三)联合国儿童基金会"遍及全球"项目的契机

研制《早期学习与发展标准》最初始于美、英、德、法等西方发达国家。近年来,儿童基金会支持许多发展中国家为确保学前教育质量、提升幼儿的入学准备水平而研制类似文件。联合国儿童基金会总部从2002年开始,在全球的发展中国家,发起了一个制定早期儿童的学习与发展标准的"遍及全球"项目。

其目的是从保障儿童权利出发,通过制定明确的儿童学习与发展标准,以文件形式对幼儿"应知、应会"进行界定,以促进家庭、幼儿园及有关方面达成对幼儿学习和发展期望的共识,为所有儿童做好入学准备,更科学、有效地提高早期教育质量,推动教育平等。参与该项目的国家包括中国在内已达20多个,其中亚太地区国家占较大比例。借助"遍及全球"项目的契机,教育部基础司从2006年起,与儿童基金会合作,组织我国幼儿发展与教育方面的专家,开始着手研制以家长和教师为主要使用对象的《3—6岁儿童学习与发展指南》。

二、《指南》的主要内容

(一)《指南》的制定过程

《指南》的制定过程如图 6-1 所示。

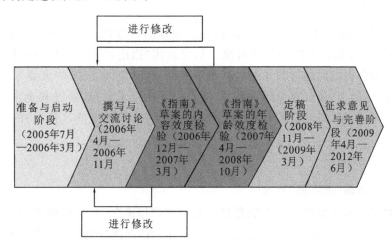

图 6-1 《指南》的制定过程

效度具体指的是《指南》准确反映中国 3~6 岁儿童的发展目标的程度。为确保《指南》的科学性和实用性,研制专家组先后对《指南》进行了内容效度检验和年龄效度检验,根据检验结果对《指南》进行多次修改,修改后又再次进行了效度检验,为《指南》的定稿提供了充分的科学依据。

1. 内容效度检验

目的:确定《指南》内容能准确反映对幼儿学习与发展的期望。

内容效度检验的地区:黑龙江、江苏、云南和四川。每个地区选取一个有代表性的县或县级市。

调查对象主要包括三个群体:专家群体,包括儿童发展、教育领域的研究者和省市级幼儿教育教研员,在全国范围内抽样,每个领域选取 30 名专家,共计 228 人次;教师群体,包括园长和一线教师,每个县抽取 30 名园长和教师,城乡各占一半,共 120 人。家长群体,调研对象为 4 岁、5 岁和 6 岁孩子的家长,要求他们具有高中及其以上文化程度,所在地区与教师群体相同,每个年龄组儿童的家长各 10 人,城乡各占一半,共 120 人。

结果表明《指南》初稿具有较好的内容效度,同时也对部分内容和结构进行了修改。内容效度主要考察以下八个方面:

(1)价值取向合理,符合国家教育方针和教育理念。

(2)领域覆盖全面,包含幼儿身心发展的各个方面。

(3)目标内容均衡,目标能体现幼儿在各个方面的均衡发展。

(4)深度,各项指标反映了儿童学习与发展的问题。

(5)目标内涵准确,各项目标能反映核心内容的内涵,语言表述准确、易读。

(6)逻辑层次清晰,各项目标符合幼儿发展的客观规律,具有递进性。

(7)文化包容性强,尊重和反映文化的多样性。

(8)一致性高,与国家其他文件高度相关,保持一致。

2. 年龄效度检验

目的:确定《指南》的各年龄段的目标部分是否准确与合理,以保证各领域的指标对该年龄段幼儿的期望适宜。

评价年龄效度的依据主要是各个年龄段目标通过的百分比。全国6个省分层抽样,抽取3600名幼儿及其主要监护人作为测试对象。结果表明《指南》的大部分目标具有较好的年龄效度,对部分目标存在的问题进行了修改。4年多来,在对全国3~6岁儿童学习和发展状况进行深入调研的基础上,通过在全国幼教界、家长中多次征求意见,通过和全世界几十个发展中国家相互学习与借鉴,通过获得国际一流专家持续的技术性支持,《指南》的制定工作基本完成。

(二)《指南》的内容

1. 为什么是"指南"而不是"标准"

"指南",如字面所示即指向南方的意思。基于此,"指南"一词被引申为"指导""导向""辨别正确方向的依据"。"标准"一般被定义为衡量事物的依据或准则,可供同类事物比较核对的事物,榜样、规范等。"指南"与"标准"两个概念的内涵区别,会给用"指南"或"标准"命名的事物带来完全不同的本质属性。基于对我国幼儿教育现状与问题的认真分析,同时也充分考虑我国公众的文化心理和思维习惯等,决定不采用"标准"一词命名,而慎重地使用了"指南"这一名称,以突出和强调其"指引""导向"的功能。

2. 为什么是"学习与发展指南"

《指南》既引导幼儿的学习,同时也引导幼儿通过学习达到发展的结果。因此,《指南》成为幼儿学习与发展共同的目标导向。

(三)《指南》的定位

《指南》以为幼儿后继学习和终身发展奠定良好素质基础为目标,以促进幼儿体、智、德、美各方面的协调发展为核心,通过提出3~6岁各年龄段儿童学习与发展目标和相应的教育建议,帮助幼儿园教师和家长了解3~6岁幼儿学习与发展的基本规律和特点,建立对幼儿发展的合理期望,实施科学的保育和教育,让幼儿度过快乐而有意义的童年。

1. 性质

通过引导幼儿学习与发展的方向来表达国家对幼儿教育的要求,并不是对幼儿的具体发展水平或者发展方式、速度等作出统一规定或提出量化标准。

2. 目标

《指南》的目标是"为幼儿后继学习和终身发展奠定良好素质基础",其核心是"促进幼儿体、智、德、美各方面的协调发展"。这表明,《指南》以幼儿现在的全面、协调发展和未来的持续、终身发展为出发点与落脚点。

3. 目标体系与教育建议

《指南》的方向引领主要是通过提出一整套幼儿学习与发展的目标和有针对性的教育建议,将正确的教育观、儿童观、发展观自然地渗透其中,引导有关的成人沿着《指南》的方向,用正确的方法去支持幼儿的学习与发展,科学地帮助幼儿达到教育的期望。

(四)《指南》的主体部分

《指南》从健康、语言、社会、科学、艺术五个领域描述幼儿的学习与发展。每个领域按照幼儿学习与发展最基本、最重要的内容划分为2~3个子领域。每个子领域由学习与发展目标和教育建议两部分组成。每条目标下有若干各年龄段的典型表现,每一条学习目标配有相应的教育建议。

基于3~6岁儿童学习与发展的需要。健康、语言、社会、科学、艺术五个领域既是幼儿最基本最重要的学习内容,也是幼儿发展的最基本最重要的方面。幼儿通过在这些领域的学习,其个体将获得身体的、社会的、认知的、语言的、美感与表现等方面的发展。与《纲要》一致的幼儿学习内容的五领域结构有利于教师实践中的操作,从而避免实践过程中的混乱。同时也参照了其他国家,特别是一些发展中国家的经验。

1. 健康

健康包括身体和心理两个方面,是一种在身体上和精神上的完满状态及良好的适应能力。幼儿阶段是儿童身体发育和机能发展极为迅速的时期,也是形成安全感和乐观态度的重要阶段。发育良好的身体、愉快的情绪、强健的体质、协调的动作、良好的生活习惯和基本生活能力是幼儿身心健康的重要标志,也是其他领域学习与发展的基础。

为有效促进幼儿身心健康发展,成人应为幼儿提供合理均衡的营养,保证充足的睡眠和适宜的锻炼,满足幼儿生长发育的需要;创设温馨的人际环境,让幼儿充分感受到亲情和关爱,形成积极稳定的情绪情感;帮助幼儿养成良好的生活与卫生习惯,提高自我保护能力,形成使其终身受益的生活能力和文明生活方式。

幼儿身心发育尚未成熟,需要成人的精心呵护和照顾,但不宜过度保护和包办代替,以免剥夺幼儿自主学习的机会,养成过于依赖的不良习惯,影响其主动性、独立性的发展。

2. 语言

语言是交流和思维的工具。幼儿期是语言发展,特别是口语发展的重要时期。幼儿语言的发展贯穿于各个领域,对其他领域的学习与发展有着重要的影响。幼儿在运用语言进行交流的同时,也在发展着人际交往能力、理解他人和判断交往情境的能力、组织自己思想的能力,通过语言获取信息,幼儿的学习逐步超越个体的直接感知。

幼儿的语言能力是在交流和运用的过程中发展起来的。应为幼儿创设自由、宽松的语言交往环境,鼓励和支持幼儿与成人、同伴交流,让他们想说、敢说、喜欢说并能得到积极回应。为幼儿提供丰富、适宜的低幼读物,经常和幼儿一起看图书、讲故事,丰富其语言表达能力,培养良好的阅读兴趣和习惯,进一步拓展学习经验。

幼儿的语言学习需要相应的社会经验支持,应在生活情境和阅读活动中培养幼儿对文字的兴趣,通过机械记忆和强化训练过早识字不符合幼儿的学习特点和接受能力。

3. 社会

幼儿社会领域的学习与发展过程是幼儿社会性不断完善并奠定健全人格基础的过程,主要包括人际交往与社会适应。幼儿阶段是社会性发展的关键时期,良好的人际关系和社会适应能力对幼儿身心健康发展以及知识、能力和智慧作用的发挥具有重要影响。幼儿在与成人和同伴交往的过程中,不仅学习如何与人友好相处,也在学习如何看待自己、对待他人,不断发展适应社会生活的能力。

家庭、幼儿园和社会应共同努力,为幼儿创设温暖关爱的家庭和集体生活氛围,建立良好的亲子关系和师生关系,让幼儿在积极健康的人际关系中建立安全感和信任感,发展自信和自尊,在良好的社会环境及文化的熏陶中学会遵守规则,建立基本的认同感和归属感。

幼儿的社会性是在日常生活和游戏中通过观察和模仿学习发展起来的,成人应注重自己的言行对幼儿潜移默化的影响。

4. 科学

幼儿的科学学习是幼儿在解决实际问题的过程中发现和理解事物本质和事物间关系的过程,主要包括科学探究和数学认知。幼儿在对自然事物的科学探究和运用数学解决实际生活问题过程中,不仅获得丰富的感性经验,充分发展形象思维,而且在感知具体事物的基础上初步尝试归类、排序、概括、抽象,逐步发展逻辑思维能力,为其他领域的深入学习奠定基础。

幼儿科学学习的核心是激发探究欲望,培养探究能力。成人要善于发现和保护幼儿的好奇心,充分利用自然和实际生活机会,引导幼儿通过观察、比较、操作、实验等方法,学会发现问题、分析问题和解决问题,帮助幼儿不断积累经验,并运用于新的学习活动,形成受益终身的学习方法和能力。

幼儿思维发展以具体形象思维为主,应引导幼儿通过直接感知、亲身体验和实际操作进行科学学习,不应为追求知识的掌握而对幼儿进行灌输和强化训练。

5. 艺术

艺术是人类感受美、表现美和创造美的重要形式,也是表达自己对周围世界的认识和情绪态度的特有方式。

每个幼儿的心里都有一颗美的种子。幼儿在艺术领域的学习关键在于充分创造条件和机会,在大自然和社会文化生活中萌发幼儿对美的感受和体验,丰富其想象力和创造力,引导幼儿学会用心灵去感受和发现美,用自己的方式去表现和创造美。

幼儿对事物的感受和理解不同于成人,他们表达自己认识和情感的方式也有别于成人。幼儿稚嫩的笔触、动作和语言往往蕴含着丰富的想象和情感,成人应对幼儿独特的艺术表现给予充分的理解和尊重,不能用自己的审美标准去评判幼儿,更不能为追求结果的"完美"而对幼儿进行千篇一律的训练,以免扼杀其想象与创造的萌芽。

 拓展阅读 6-5

小羊妈妈看到《指南》中写着 3~4 岁的孩子"不吃陌生人给的东西,不跟陌生人走",心里顿时咯噔了一下,她的儿子已经三岁了,尽管时常提醒他不要吃不认识的人给的东西,可儿子看到好吃的,还是会情不自禁地跟着人家走。《指南》中的要求孩子达不到,该怎么办?

分析:

《指南》中提出的目标是使 3~6 岁儿童具有一定的辨别能力,供教师和家长参照,但不是评判幼儿发展的"标尺",成人不应该用一把尺子来衡量所有幼儿,也不可能用一把"尺子"评判教育是否合格。

第六节 解读《关于加强幼儿园教师队伍建设的意见》

幼儿园教师承担着保育和教育的双重职能,关系到亿万儿童的健康成长,关系到学前教育事业的健康发展。为贯彻落实《国家中长期教育改革和发展规划纲要(2010—2020年)》《国务院关于当前发展学前教育的若干意见》(国发〔2010〕41号)和《国务院关于加强教师队伍建设的意见》(国发〔2012〕41号),大力加强幼儿园教师队伍建设。教育部、中央编办、财政部、人力资源社会保障部颁布《关于加强幼儿园教师队伍建设的意见》。(以下简称《意见》)

一、《意见》的制定背景

教育大计,教师为本。高质量的幼儿园教师队伍是保证学前教育质量的核心,是学前教育事业健康发展的根本保障。为此,《国家中长期教育改革和发展规划纲要(2010—2020年)》《国务院关于当前发展学前教育的若干意见》和《国务院关于加强教师队伍建设的意见》均强调教师队伍建设是我国未来10年教育发展战略的首要保障措施。

当前,学前教育是我国国民教育体系中的短板,幼儿园教师队伍是整个队伍中最薄弱的环节。主要表现在以下几点:

(1)幼儿园教师编制数量少,教师缺口较大;

(2)资格不达标、专业不对口现象比较普遍,整体质量较低;

(3)缺乏独立的职称晋升渠道,专业发展动力不足;

(4)培训教研机会不足,专业发展条件欠缺;

(5)教师待遇偏低,职业吸引力下降。

在国家高度重视学前教育的历史背景下提升幼儿园教师队伍建设水平,是当前提升学前教育质量最为关键的步骤。为了解决当前幼儿教师存在的问题,2012年多部门联合出台了《关于加强幼儿园教师队伍建设的意见》(国发〔2012〕11号)。

二、《意见》的主要内容

《意见》主要从八个方面提出了加强幼儿园教师队伍建设的具体措施:一是明确幼儿园教师队伍建设的目标;二是补足配齐幼儿园教师;三是完善幼儿园教师资格制度;四是建立幼儿园园长任职资格制度;五是完善幼儿园教师职务(职称)评聘制度;六是提高幼儿园教师培养培训质量;七是建立幼儿园教师待遇保障机制;八是确保各项政策措施落实到位。

1. 明确幼儿园教师队伍建设的目标

各地要按照构建覆盖城乡、布局合理的学前教育公共服务体系的要求,结合本地实际,科学确定幼儿园教师队伍建设的目标。到2015年,幼儿园教师数量基本满足办园需要,专任教师达到国家学历标准要求,取得职务(职称)的教师比例明显提高。到2020年,形成一支热爱儿童、师德高尚、业务精良、结构合理的幼儿园教师队伍。

2. 补足配齐幼儿园教师

国家出台幼儿园教师配备标准,满足正常教育教学需求。各地结合实际合理确定公办幼儿园教职工编制,具备条件的省(区、市)可制定公办幼儿园教职工编制标准,严禁挤占、挪用幼儿园教职工编制。企事业单位办、集体办、民办幼儿园按照配备标准,配足配齐教师。采用派驻公办教师等方式对企事业单位办、集体办幼儿园和普惠性民办幼儿园进行扶持。

各地根据学前教育事业发展和幼儿园实际工作需要,建立幼儿园教师长效补充机制。公办幼儿园教师实行公开招聘制度。加强对各类幼儿园教职工配备情况的动态监管,把教职工资质及流动情况作为幼儿园保教质量评估监测的重要内容。启动实施支持中西部农村边远地区开展学前教育巡回支教试点工作,吸引优秀人才到农村边远贫困地区幼儿园任教。

3. 完善幼儿园教师资格制度

全面实施幼儿园教师资格考试制度,印发幼儿园教师资格考试标准,深化教师资格考试内容改革。幼儿园教师须取得相应教师资格证书。具有其他学段教师资格证书的教师到幼儿园工作,应在上岗前接受教育部门组织的学前教育专业培训。

4. 建立幼儿园园长任职资格制度

国家制订幼儿园园长专业标准和任职资格标准,提高园长专业化水平。省级教育行政部门制定幼儿园园长任职资格制度实施办法。教育部门办幼儿园园长由县级及以上教育行政部门聘任。企事业单位办、集体办、民办幼儿园园长由举办者按国家和地方相关规定聘任,报当地教育行政部门审核。

5. 完善幼儿园教师职务(职称)评聘制度

合理确定幼儿园教师岗位结构比例。完善符合幼儿园教师工作特点的评价标准,重点突出幼儿园教师的师德、工作业绩和保教能力。结合事业发展和人才发展规划,合理确定幼儿园高级、中级、初级岗位之间的结构比例。对长期在农村基层和艰苦边远地区工作的幼儿园教师,在职务(职称)方面实行倾斜政策。确保民办和公办幼儿园教师公平参与职务(职称)评聘。

6. 提高幼儿园教师培养培训质量

全面落实幼儿园教师专业标准,提高教师专业化水平。办好中等幼儿师范学校。重点建设一批幼儿师范高等专科学校。办好高等师范院校学前教育专业。依托高等师范院校重点建设一批幼儿园教师培养培训基地。积极探索初中毕业起点5年制学前教育专科学历教师培养模式。实行幼儿园教师5年一周期不少于360学时的全员培训制度,培训经费纳入同级财政预算。幼儿园按照年度公用经费总额的5%安排教师培训经费。扩大实施幼儿园教师国家级培训计划。加大面向农村的幼儿园教师培养培训力度。

7. 建立幼儿园教师待遇保障机制

公办幼儿园教师执行统一的岗位绩效工资制度,享受规定的工资倾斜政策,企事业单位办、集体办、民办幼儿园教师工资和社会保险由举办者依法保障。幼儿园教师按国家有关规定参加社会保险并依法享受社会保险待遇。对长期在农村基层和艰苦边远地区工作的幼儿园教师,实行工资倾斜政策。鼓励地方政府将符合条件的农村幼儿园教师住房纳入保障性安居工程统筹予以解决,改善农村幼儿园教师工作和生活条件。

8. 确保各项政策措施落实到位

地方各级教育、编制、财政、人力资源社会保障等有关部门要充分认识加强幼儿园教师队伍建设的重要性和紧迫性,健全工作机制,加强统筹协调,建立督促检查、考核奖惩和问责机制,确保加强幼儿园教师队伍建设的各项措施落到实处、取得实效。

三、《意见》的主要特点

《意见》呈现出以下五个特点：

第一，目标明确，措施针对性强。针对目前幼儿园教师队伍数量不足、整体素质有待提高、待遇较低等突出问题，提出相应的对策措施和分阶段的工作目标。

第二，制定标准，规范教师配备。提出国家出台幼儿园教师配备标准，并要求各地结合实际合理确定公办幼儿园教职工编制，逐步配齐教职工，基本满足办园需要。

第三，严格准入，确保教师质量。要求幼儿园教师须取得相应教师资格证书。具有其他学段教师资格证书的教师到幼儿园工作，应在上岗前接受教育部门组织的学前教育专业培训，从制度上严把教师质量关。

第四，保障待遇，增强职业吸引力。明确公办幼儿园教师执行统一的岗位绩效工资制度，享受规定的工资倾斜政策，社会保障待遇按照当地普通中小学同类人员政策执行。鼓励地方政府将符合条件的农村幼儿园教师住房纳入保障性安居工程统筹予以解决，改善农村幼儿园教师工作和生活条件。

第五，落实责任，加强多方统筹。充分发挥地方政府发展学前教育的主体责任，健全各级教育、编制、财政、人力资源社会保障等部门的联合工作机制，建立督促检查、考核奖惩和问责机制，确保各项措施落到实处。

拓展阅读 6-6

儿童是国家的希望、民族的未来，他们的健康成长备受关注。近年来，随着"全面二孩"政策的实施，学前教育的供需矛盾更加突出，资源配置面临新的挑战。当前和今后一个时期，学前教育既要扩大资源供给，又要提高质量，这就对幼儿园教师的素质提出了更高要求。《中共中央国务院关于全面深化新时代教师队伍建设改革的意见》提出要"全面提高幼儿园教师质量，建设一支高素质善保教的教师队伍"。为落实中央精神、回应现实关切，全国人大代表李孝轩对当前幼儿园教师队伍问题进行了深入调研，并针对目前存在的四类问题提出了四点建议。

李孝轩认为，现在幼儿园教师队伍中存在的问题很突出，主要有以下四类：

（1）数量严重不足，缺口持续扩大。教育部《2016年全国教育事业发展统计公报》显示，2016年，我国共有幼儿园23.98万所，在园儿童4413.86万人，幼儿园园长和教师共有249.88万人，专任教师225.9万人，师幼比约为1∶17。按教育部《幼儿园教职工配备标准（暂行）》规定，全园教职工与幼儿全日制比例应为1∶5～1∶7，目前状况与上述规定要求仍存在较大差距。另据有关研究显示，"全面二孩"政策从2019年起对学前教育产生影响，学前教育在园幼儿规模迅速扩张，并在2021年达到最大规模。因此，随着"全面二孩"政策的实施，幼儿园教师缺口必将进一步扩大。

（2）专业化水平低，保教质量令人担忧。突出表现为：一是学历教育层次结构不合理，持证上岗率不高，很多从业幼师没有教师资格证；二是在职培训任务繁重，现有培训实效性不强。2015年，全国幼儿教师中，学前教育专业毕业的比例仅为65%，高中及以下学历的为28%，科班出身比例和学历水平均偏低，对在岗教师进行培训的任务十分繁重。李孝轩表示，近年来，国家拿出大量资金培训在岗教师,但从实践效果看,当前实施的一些幼儿教师"国培""省培"项目,其实用性、针对性、有效性并不强。

(3)无编制、待遇低,人才流失严重。公办幼儿园没有教师编制,有的地方从公办小学教师编制中挤占少量编制给公办幼儿园,部分教师以小学教师身份从事幼儿园教师工作,有编制和没编制的教师同工不同酬。幼师整体收入偏低,公办幼儿园的幼儿教师,其待遇基本与小学教师相仿;而民办幼儿园尤其是民办普惠园的幼儿教师,其整体收入更低,福利待遇更缺乏保障。从政策看,我国对于幼儿园教师的工资待遇尚未出台明确标准,很大程度上制约了幼儿园教师队伍建设。待遇偏低引发大量人才流失,师资队伍稳定性差,已成为学前教育发展中的突出问题。

(4)缺少专门法律规范,政策保障力度不强。李孝轩提出,我国目前还暂无学前教育师资建设方面的单独法律或行政法规,仅有的《教师法》立法对象是学历教育阶段的教师,对学前教育师资队伍建设的内容规定得不够具体明确。近年来国家层面制定出台的学前教育政策和规定,如《国家中长期教育改革和发展规划纲要(2010—2020年)》《国务院关于当前发展学前教育的若干意见》《幼儿园工作规程》等仅属于规范性文件,缺乏法律的强制约束力。

针对这四类问题,李孝轩提出了四点建议,以加强幼儿园教师队伍的建设。

(1)加快立法进程,尽快制定并实施《学前教育法》。通过法律途径明确学前教育教师的地位、待遇、资质、聘任、考核、培训等,明确政府责任,保证财政投入,引导和规范学前教育师资队伍建设方向,从法律上保障幼儿园教师队伍的稳定性,提高教师队伍的整体质量。

(2)强化政府主体责任,建立幼儿园教师队伍建设长效机制。一是要加大财政投入。加大公共财政对师资队伍建设的投入力度,包括对学前教育专业学生进行学费减免,将幼儿园教师职前培训和继续教育学习等费用纳入财政专项预算等。二是明确身份定位。出台编制标准,明确公办幼儿园教师的事业编制,提高民办幼儿园教师的社会地位,吸引更多优秀人才"愿意来、留得住",建立一支稳定的、高素质的幼儿园教师队伍。三是要加强权益保护。参照中小学教师工资水平划定幼儿园教师的最低工资标准,制定出台从事幼儿园教师职业的奖励措施,切实提高幼儿园教师待遇和地位。对各级各类幼儿园保障教师工资和"五险一金"等福利待遇落实情况开展督查。四要开展督导检查。对幼儿园教师保教质量进行动态检查和考评。对师德修养差、不适宜做幼儿园教师的人员予以清退,取消其幼儿园教师资格。

(3)放开学前教育专业设置限制,增加优质幼儿园师资供给。目前,学前教育专业属国控专业,教育部和省级教育行政部门在专业设置、招生计划的政策文件和审批过程中均严格控制。李孝轩强调,鉴于当前学前教育教师缺口较大、学前教育师资培养仍以中职为主的状况,建议放开学前教育专业属国控专业的限制,鼓励省市设立学前教育高等职业学院,支持高校开设学前教育专业,扩大高校学前教育专业硕、本、专科招生计划。这样既可以培养更多高水平师资,又能为中专生提供向上发展的空间,加快填补学前教育师资队伍缺口。

(4)完善幼儿园教师培训制度,提高教育培训质量。李孝轩代表认为,要加强幼师队伍建设,一是要完善职前培训和职后继续教育培训制度。学前教育专业毕业、准备从教的幼师,上岗前必须接受学前教育教师资质培训,取得学前教育教师资格。入职后,也应加强继续教育培训。二是要提高职后培训质量。加强管理,精准实施,建立竞争机制,防止低水平重复培训,将幼儿园教师职后培训情况纳入教师队伍建设督导考核,切实增强培训效果。

第七节 解读《学前教育督导评估暂行办法》

为贯彻落实《国家中长期教育改革和发展规划纲要(2010—2020年)》和《国务院关于当前发展学前教育的若干意见》(国发〔2010〕41号)精神,进一步推动各地学前教育三年行动计划的实施,教育部研究制定了《学前教育督导评估暂行办法》(以下简称《暂行办法》)。

一、《暂行办法》的制定背景

学前教育是人生起始的教育,对幼儿身心健康、习惯养成和智力发展具有重要意义。学前教育是国民教育的重要组成部分,是一项重要的社会公益事业,关系到广大人民群众的切身利益及教育现代化的程度和水平,推进学前教育的快速发展已成为教育改革和发展的战略性任务。但目前学前教育存在"入园难、入园贵""学前教育小学化倾向"等问题,严重制约了学前教育的发展。为了大力发展学前教育,切实解决当前学前教育发展存在的突出问题,党中央、国务院颁布的《国家中长期教育改革和发展规划纲要(2010—2020年)》和《国务院关于当前发展学前教育的若干意见》等文件中,对学前教育的发展提出了明确的目标、任务和要求。根据教育部要求,各省(区、市)已制定了学前教育三年行动计划。

教育督导是保障教育法律法规和方针政策落实的重要机制。地方政府是发展学前教育、解决"入园难"问题的责任主体,为了督促地方政府认真履行发展学前教育的职责,全面落实学前教育三年行动计划,满足适龄儿童入园需求,规范办园行为,教育部在深入调研和广泛征求意见的基础上,研究制定了《学前教育督导评估暂行办法》,建立了学前教育的督导评估制度和工作机制,决定从2012年开始开展学前教育的督导评估工作,并要求地方各省(区、市)结合本市实际,制定实施方案。

二、《暂行办法》的主要内容

1. 督导评估对象

《暂行办法》的第一章第四条规定:"督导评估对象为地方人民政府"。

2. 基本原则

为了保证学前教育的健康发展,切实督促地方政府科学、有效地履行发展学前教育的职责,要求在督导评估中,必须坚持以下四项原则。

一是发展性原则。要运用发展性教育评估的思想,对省域学前教育发展过程和进步程度实施监测和评估,主要关注学前教育在原有基础上的发展幅度及增长的大小。

二是激励性原则。坚持以评促建、以评促改,切实调动地方人民政府落实学前教育三年行动计划的积极性、主动性和创造性。将学前教育发展作为评价地方政府工作成效的重要内容及表彰学前教育成绩突出地区的重要依据。

三是客观性原则。坚持教育督导评估的科学性和客观性,教育督导评估和监测结果必须真实反映学前教育发展的真实情况和努力程度,做到公开、公正、公平,突出教育督导评估的针对性和实效性。

四是实效性原则。坚持从实际出发,重在督导评估各省级政府发展学前教育的努力程度、职责到位、工作落实的情况及学前教育发展的实际效果。

3. 主要内容

学前教育督导评估的对象是地方政府,主要对政府职责、经费投入、园所建设、队伍建设、规范管理和发展水平等六个方面进行评估。

(1)政府职责,主要评估落实政府责任和部门职责,完善管理体制,健全工作机制,建立督促检查、考核奖惩和问责机制等方面的情况。

(2)经费投入,主要评估加大学前教育经费投入,落实各项财政支持政策,构建学前教育公共服务体系等方面的情况。

(3)园所建设,主要评估多种形式扩大学前教育资源,大力发展公办幼儿园,积极扶持民办幼儿园,扩大普惠性学前教育资源等方面的情况。

(4)队伍建设,主要评估加强幼儿教师队伍建设,核定并保证公办幼儿园教职工编制,落实并提高幼儿教师待遇,加强幼儿教师培养培训等方面的情况。

(5)规范管理,主要评估规范学前教育管理,有效解决"小学化"倾向和问题等方面的情况。

(6)发展水平,主要评估提高学前教育发展水平,缓解"入园难"问题及社会公众对当地学前教育满意程度等方面的情况。

4. 评估方法

学前教育督导评估注重"三个结合",坚持规范性评估与发展性评估相结合,坚持定性评估与定量评估相结合,坚持自我评估与督导评估相结合。

(1)省级要建立自我评估领导小组和工作机制,每年开展自我评估,撰写学前教育督导评估自评报告单,填写学前教育发展状况监测统计表,报送教育部教育督导团办公室。

(2)省级教育督导机构要依据本省制定的学前教育督导评估实施方案,组织对地(市)、县级政府落实学前教育三年行动计划的职责和任务等情况进行督导评估。督导评估结果要报送教育部教育督导团办公室。

(3)国家教育督导团每年依据各省上报的学前教育督导评估自评报告单和学前教育发展状况监测统计表进行综合分析,提出年度发展情况督导监测报告,对各省学前教育发展状况进行动态督导监测。

(4)国家教育督导团每年选择部分省份进行督导检查,结合每年督导监测结果,对各省学前教育发展状况进行综合分析,撰写学前教育督导评估报告。

5. 评估结果

(1)建立省级政府学前教育工作的表彰奖励与问责机制,把学前教育督导评估和监测结果作为评价地方政府教育工作成效、实施表彰奖励的一项重要内容。

(2)建立学前教育督导结果报告制度,及时向政府决策部门报送督导评估结果,为教育决策提供有效信息、重要依据。

(3)建立学前教育督导评估的宣传交流机制,通过工作简报、现场会等方式向社会宣传、推广、交流地方发展学前教育的有效举措和典型经验。

(4)建立学前教育督导结果通报和公布制度,向各省级政府通报督导评估结果,并向社会公布。

拓展阅读 6-7

学前教育督导评估指标体系

一级指标	二级指标	分值
一、政府职责（20分）	1.重视并切实加强对大力发展学前教育的领导。成立学前教育工作领导小组或建立联席会议制度，加强对学前教育的统筹协调；健全教育部门主管、有关部门分工负责的管理体制和工作机制	8
	2.制定切实可行的学前教育发展规划和三年行动计划，其目标明确，措施具体，突出针对性、可操作性	6
	3.建立督促检查、考核奖惩和问责机制。加强对学前教育的督导检查，将学前教育发展纳入各级政府领导目标责任制；对在学前教育工作中作出突出贡献的单位和个人给予表彰和奖励	6
二、经费投入（15分）	4.将学前教育经费列入财政预算，切实加大学前教育投入力度，向边远贫困地区和少数民族地区倾斜；新增教育经费要向学前教育倾斜；财政性学前教育经费在同级财政性教育经费中要占合理比例，并且近三年有明显提高；确保发展学前教育工程（项目）投入	6
	5.建立政府投入、社会举办者投入、家庭合理负担的投入机制；研究制定公办幼儿园生均经费标准和生均财政拨款标准，并能及时拨付到位	4
	6.制定支持学前教育的优惠政策，鼓励社会力量办园和捐资助园；建立学前教育资助制度，发展残疾儿童学前康复教育；国家支持学前教育发展的项目经费使用规范、合理	5
三、园所建设（15分）	7.扩大普惠性学前教育资源。大力发展公办幼儿园，提供广覆盖、保基本的学前教育公共服务；鼓励社会力量以多种形式举办幼儿园，积极扶持民办幼儿园，并提供普惠性服务	8
	8.研究制定城镇小区配套幼儿园的规划、建设、接收、使用与管理细则，并有效落实，确保布局合理，方便就近。农村乡镇建设公办中心幼儿园，大村独立建园，小村设分园或联合办园，人口分散地区开展学前教育巡回支教等，构建县、乡、村学前教育网络	4
	9.设施设备配备达标，满足幼儿活动和发展的需要	3

续表

一级指标	二级指标	分值
四、队伍建设（15分）	10.合理确定幼儿教师生师比,核定公办幼儿园教职工编制,配足配齐教职工;健全幼儿教师准入制度,严把入口关;多渠道保证师资的供给,满足学前教育发展需求	6
	11.完善学前教育师资培养培训体系,扩大幼儿教师的培养规模,加大幼儿教师的培训力度,增强培训的针对性,提高教师专业素质	5
	12.依法落实幼儿教师地位和待遇,切实维护幼儿教师合法权益	4
五、规范管理（15分）	13.严格执行幼儿园准入制度,制定各种类型幼儿园的办园标准,实行幼儿园审批登记和年检制度。对无证办园进行全面排查登记,实行分类治理,妥善解决无证办园问题	4
	14.完善幼儿园收费管理机制,制定幼儿园收费标准,规范幼儿园收费工作	3
	15.重视幼儿园安全保障和卫生健康工作,健全各项安全管理、卫生保健、饮食与健康工作制度和安全责任制	4
	16.落实《幼儿园教育指导纲要》,加强对幼儿园保教工作的指导,建立幼儿园保教质量评估监管体系和机制,开展保教质量监测评估工作,有效解决"小学化"倾向和问题	4
六、发展水平（20分）	17."毛入园率"明显提高,"入园难"问题得到有效缓解	4
	18.城镇和农村公办幼儿园所占比例、广覆盖程度明显提高	3
	19.学前教育财政投入所占比例明显提高	3
	20.取得幼儿教育资格证的教师数占幼儿教师总数的比例明显提高	3
	21.保教质量明显提高	4
	22.社会对当地提供的学前教育的满意度明显提高	3

本章作业

一、简答题

(1)简述《幼儿园教育指导纲要(试行)》的主要内容。

(2)举例说明当前我国在促进3~6岁儿童学习与发展的工作进程中,还存在哪些问题与不足。

(3)幼儿园教师队伍建设的目标是什么?

二、案例分析

1.案例一

三月的一天,大一班的老师正在带幼儿做游戏,突然一个女孩摔倒了,老师立即把她送到了医务室,经医生诊断,认为可能骨头损伤。于是老师将孩子送到了医院,并立即与她的家长取得联系,经医生诊断后确诊为轻微骨折。老师见到家长时,及时向家长道歉。

第二天,老师买了些营养品到家中探望孩子,家长对老师也没有埋怨,反而表示对老师工作的理解。在孩子养病期间,老师经常去看望,保健医生按时带孩子到医院换药、检查。

然而事隔一个月后,家长一反常态,找到幼儿园索要误工费、陪护费、营养费等。当时园领导明确解释:此次幼儿受伤是教师履行职责中的意外事故,不是老师玩忽职守造成的。依据医院证明,医药费由幼儿园承担,其他费用不能给予赔偿。我们从职业道德出发,幼儿园及当事教师都是尽心尽力了。在幼儿园发生幼儿伤害事故,法律上是按"过错原则"赔偿,即有过错才给予赔偿。家长现在提出索赔是不合理的。最终,家长也接受了幼儿园的解释。

分析:你怎么看待这个事件?

2. 案例二

幼儿被杀引发的赔偿案

这是一个令人深省的案例。老师让心怀不轨的后母接走孩子,结果孩子命丧后母之手。

大伟是一个活泼可爱的孩子,他的父母离婚后,一直跟随父亲薛成生活。薛成做化妆品生意,在离婚两年后(1998年),认识了也刚刚离婚的张玉,不久即同居。1999年,薛成携张玉和大伟来到徐州居住,并与张玉一起将大伟送进了附近的某幼儿园,此后两人轮流接送孩子。

薛成与张玉原无多少感情基础,认识之初因薛成生意尚算顺利,二人关系还较融洽,后来,薛成的生意不太景气,张玉又嫉妒其对大伟太疼爱,二人时常吵打。1999年4月5日,二人因接送孩子的事情发生争吵。第二天,薛成独自送大伟去幼儿园,并告诉老师:"我和我对象(张玉)吵架了,张玉是大伟的后妈,不要让她来接孩子,以免打孩子。"

当天晚上是薛成来接的孩子。4月7日早,仍是薛成送的孩子,中午11时许,张玉突然来幼儿园接孩子,说要带孩子出去玩,老师也没有阻拦,就让她接走了孩子。后来想到薛成前一天的嘱咐,老师不放心就跟了出去。但薛家关着门,敲门无人应,老师就走了。而此时,张玉正在房内紧张地用一条丝巾系个活扣套在大伟的脖子上。

不久,当老师再次到薛家时,只见房门大开,空无一人。她立时感到不祥,闯进去寻找大伟,终于在一堆衣服下找到了已瘫软的大伟,马上抱起他去医院,然而回天乏力,一个天真烂漫的幼儿死于非命。

1999年,徐州法院以故意杀人罪判处张玉有期徒刑15年,剥夺政治权利5年。2000年薛成与前妻向法院提出诉讼,认为幼儿园对大伟的死有过错责任,要求被告赔偿抢救费、丧葬费、精神损失费81 368元。原告认为:在大伟入园后,幼儿园应切实履行"职务监护"义务,保护其人身安全。事发前薛成已告诉幼儿园张玉的身份及双方吵架的情况,并嘱咐幼儿园不要让张玉接走孩子,但在张玉来接孩子时幼儿园没有阻拦,也未采取其他防范措施,导致张玉顺利接走孩子并将其杀害,所以对此后果是有过错的,被告应承担责任。而被告则称:"当初是薛成与张玉一起为孩子办的入园手续,平时张玉也常接孩子,张玉和大伟是以母子相称的。因此我们无法限制她接走孩子。况且她来接孩子时采取了欺骗手段,我们丝毫看不出她有加害孩子的迹象。造成孩子被害的是张玉的加害行为,因此本案的真正被告是张玉而不是我们。"

法院合议庭评议后认为:张玉作为直接加害人,对原告的损失负有主要的赔偿责任。孩子在园期间,幼儿园应承担切实维护其人身合法权益的责任。薛成已明确告知幼儿园情况,并嘱咐不要让张玉接走孩子,幼儿园老师当时并未提出异议,应视作接受了薛成的要求。因此被告就负有一项特殊的义务——不许张玉接走孩子。但由于幼儿园的疏忽,让张玉接走了孩子,幼儿园是有过失的,应承担适当的赔偿责任。最后判决幼儿园一次性赔偿薛成人民币4500元。宣判后,双方当事人均未上诉。

(1)如果你是大伟的老师,在张玉来接孩子时,你会如何处理?案例中的老师犯了什么错误?

(2)幼儿在园期间,幼儿园具有哪些责任和义务?

(3)本案例带给你哪些启示?

第七章 我国学前教育政策与法规的发展

学习目标

(1)了解我国学前教育政策与法规的发展历史。
(2)明确我国学前教育政策与法规的未来趋势。
(3)掌握我国学前教育政策与法规未来发展趋势的具体表现。

案例导入

《中共中央 国务院关于学前教育深化改革规范发展的若干意见》

新华社北京11月15日电 新华社15日受权播发《中共中央 国务院关于学前教育深化改革规范发展的若干意见》。

意见明确,到2020年,全国学前三年毛入园率达到85%,普惠性幼儿园覆盖率(公办园和普惠性民办园在园幼儿占比)达到80%;到2035年,全面普及学前三年教育,建成覆盖城乡、布局合理的学前教育公共服务体系。

意见指出,党的十八大以来,我国学前教育事业快速发展,资源迅速扩大、普及水平大幅提高、管理制度不断完善,"入园难"问题得到有效缓解。同时也要看到,由于底子薄、欠账多,目前学前教育仍是整个教育体系的短板,发展不平衡不充分问题十分突出,"入园难""入园贵"依然是困扰老百姓的烦心事之一。主要表现为:学前教育资源尤其是普惠性资源不足,政策保障体系不完善,教师队伍建设滞后,监管体制机制不健全,保教质量有待提高,存在"小学化"倾向,部分民办园过度逐利、幼儿安全问题时有发生。

意见旨在进一步完善学前教育公共服务体系,切实办好新时代学前教育,更好实现幼有所育。

意见分为总体要求、优化布局与办园结构、拓宽途径扩大资源供给、健全经费投入长效机制、大力加强幼儿园教师队伍建设、完善监管体系、规范发展民办园、提高幼儿园保教质量、加强组织领导等九个部分。

思考:学前教育、学前教育政策与法规的未来走向与趋势如何?

第一节　我国学前教育政策与法规的发展历史

随着社会历史的不断发展变化,教育政策与法规呈现出不同的内容。学前教育政策与法规也随着社会的不断变化而不断更新。本节主要阐释学前教育政策与法规的发展历史,有助于读者全面掌握我国学前教育政策与法规的过去、现在、未来。

拓展阅读 7-1

奏定蒙养院章程及家庭教育法章程

奏定蒙养院章程及家庭教育法章程是中国第一部幼儿教育法规,清光绪二十九年十一月二十六日(1904 年 1 月 13 日)颁布。内容包括蒙养家教合一、保育教导要旨及条目、屋场图书器具、管理人事务等 4 章,共 21 节。确定幼教机构的名称为蒙养院,蒙养院的地位是:"蒙养通乎圣功,实为国民教育之第一基址。"指出:"蒙养院专为保育教导三至七岁之儿童。"

其要旨为:"保育教导儿童,专在发育其身体,渐启其心知,使之远于浇薄之恶风,习于善良之轨范。"课程有游戏、歌谣、谈话和手技。规定蒙养院附设在育婴堂、敬节堂内,由乳媪、节妇充任保姆。保姆学习的内容为《孝经》、《四书》、《女诫》、《女训》、《教女遗规》及与中国妇道妇职不悖的外国家庭教育书。该章程由张百熙、荣庆、张之洞主持制定,基本照搬日本明治三十二年制定的《幼儿园保育及设备规程》;1912 年"壬子癸丑学制"颁布后被废止。

1904 年清朝政府颁布《奏定蒙养院章程及家庭教育法章程》,是我国近代第一个正式公布的学前教育制度,从此,中国的学前教育在制度上得以确立。我国学前教育政策与法规的发展历史可划分为三个阶段:新中国成立前(1903—1949 年),新中国成立初至"文革"前(1950—1965 年)和改革开放至今(1978 至今)。

一、新中国成立前

20 世纪初,西方的坚船利炮打开了中国的大门,我国由封建社会沦为半殖民地半封建社会,社会经济、思想、政治都受到西方资本主义的冲击。外国的入侵使得义和团反帝斗争和以孙中山为首的资产阶级革命活动兴起,清朝统治面临危机。为暂缓社会矛盾,清朝政府于 1901 年宣布实行"新政"。改革科举,兴办新式学堂是"新政"的内容之一。这一时期的教育法规也受到一些新思想"中学为体,西学为用"的影响,在当时的社会形态下,我国教育领域被迫发生变革,清末的《奏定蒙养院章程及家庭教育法章程》正是在这样的历史背景下出台的。

学前教育政策与法规在民国时期主要呈现出以下的特点:

(1)在自主研究与本土化创造、实验的基础上不断尝试适合中国国情的学前教育政策与法规。以陶行知、陈鹤琴为代表的学前教育专家、学者不断研究、探索中国的学前教育之路。1932 年 10 月,《幼稚园课程标准》颁布,作为我国第一个由政府颁布的课程标准,充分体现了当时的国情,具有民族特色。

(2)学习欧美的相关经验,主要受到杜威实用主义思想的影响,1922年制定的"戊戌学制"便是仿照美国学制编制而成的,这一时期学前教育政策强调以儿童为中心,强调教学内容要与实际生活相联系。

(3)这一时期出台的相关政策与法规开始趋于细致化和系统化。

学前教育政策与法规在解放区呈现出以下特点:

(1)充分体现出"为战争服务"的特点,受当时社会环境的影响,学前教育的突出目的就是保育儿童,使幼儿父母能参加到抗战与生产劳动中。

(2)注重对妇女及儿童的保护,体现出社会福利的倾向。

(3)政策缺乏一致性和系统性。战争年代,社会局势动荡不安,导致专门性的学前教育政策比较少且零散。

二、新中国成立初至"文革"前

这一时期的学前教育基本上是解放区学前教育的继承与发展,学前教育政策与法规大多数是解放区政策的归纳与总结,并结合我国实际向社会主义过渡。

新中国成立初期,倡导向苏联全面学习。这一时期的学前教育政策与法规也充分体现出苏联特色,如倡导分课教学、分年龄段教学、关注幼儿全面发展等。1956年2月,发布了《关于托儿所幼儿园几个问题的联合通知》,指出我国的保教事业已经有很大的发展但还存在不少问题,1956年3月,教育部、教育工会全国委员会联合发出《关于中小学、师范学校的托儿所工作的指示》。这些政策的颁布说明当时我国能够针对具体问题及时制定相关政策。从新中国成立初至"文革"前,我国学前教育政策与法规体系基本形成。

三、改革开放至今

"文革"期间,我国的各项教育事业发展处于停滞状态,直至1978年后学前教育才恢复发展。为保障幼儿的权益,规范学前教育,1979年教育部颁布了《城市幼儿园工作条例(试行草案)》;1980年卫计委、教育部颁布《关于试行托儿所、幼儿园卫生保健制度(草案)》;1981年教育部颁布《幼儿园教育纲要(试行草案)》等。

1989年9月11日,国家教委发布了《幼儿园管理条例》,这是新中国成立以来第一个经国务院批准颁发的有关学前教育的行政法规,标志着我国学前教育开始走向法制化建设的道路。这一法规的颁布是为了加强幼儿园的管理,促进学前教育事业的发展而制定的。《幼儿园管理条例》的关注点由3~6岁的幼儿延伸到3岁前幼儿,由关注幼儿园的教育教学行为延伸到关注学前家园的建设,由总体关注幼儿园的开办以及教育拓展到关注不同地区学前教育的发展,学前教育政策与法规在关注范围上有了较大的拓展。同年,国家教委颁布了《幼儿园工作规程(试行)》。《幼儿园工作规程(试行)》是为了加强幼儿园的科学管理,规范办园行为,提高保育和教育质量,促进幼儿身心健康,依据《教育法》等法律法规制定的。《幼儿园工作规程(试行)》是我国第一部规范幼儿园内部管理的规章,也是基础教育领域比较早的一部管理规章,对加强各级各类幼儿园的规范管理发挥了重要作用。

之后,针对学前教育发展过程中出现的问题,我国又制定了相应的政策法规。如1991年颁布的《关于改进和加强学前班管理的意见》,主要针对当时学前班教育和管理存在的问题。

2001年,国家教委制定了《幼儿园教育指导纲要(试行)》,指导学前教师将《幼儿园工作规程(试行)》的教育思想和观念转化为教育行为。2003年,《关于幼儿教育改革与发展的指导意见》,针对现实存在的问题提出了学前教育改革与发展的目标和措施。2010年,国务院发布了《国务院关于当前发展学前教育的若干意见》,着力解决"入园难"问题,致力于推进我国学前教育事业的长远科学发展以及和各级各类教育的协调发展。

由此可见,学前教育政策与法规根据不同时期我国学前教育的发展对我国学前教育作出了相应的规范,保障了我国学前教育的健康发展,使我国学前教育走向法制化的进程。

 拓展阅读 7-2

国家教委关于实施《幼儿园管理条例》和《幼儿园工作规程(试行)》的意见
1989年12月16日国家教委

《幼儿园管理条例》业经国务院批准,《幼儿园工作规程(试行)》亦经国家教育委员会办公会议通过,均已由国家教育委员会发布,从明年2月1日起施行(或试行)。现就实施《幼儿园管理条例》(以下简称《条例》)和《幼儿园工作规程(试行)》(以下简称《规程》)的有关问题提出如下意见:

一、《条例》和《规程》是政府加强对幼儿教育管理和指导的两个重要行政法规。两个法规的施行(试行),将使我国幼儿教育逐步走上依法治教的轨道,推动幼教事业的健康发展和管理工作的科学化。各级教育行政部门作为政府管理教育的职能部门,必须把实施《条例》和《规程》的工作认真抓紧、抓好。要调查研究,分析本地区幼儿教育事业发展和幼儿园各方面的基本情况,制订具体的实施办法或细则,报请当地人民政府审定后,组织实施。

二、《条例》和《规程》是举办、管理和评估幼儿园的基本依据。各地应通过电视、广播、报刊等媒介,并采用报告会、讲座、培训班等形式,广泛宣传两个法规,使各有关部门、广大幼教工作者、幼儿家长以及社会人士都能知晓。

宣传、学习两个法规,对不同对象应有不同要求。在当前,应重点组织各级教育行政部门负责幼教工作的行政人员、教研人员,各类幼儿园主办单位的有关人员或公民个人,以及幼儿园园长、教师进行学习。通过学习,使他们了解幼儿园的任务,管理体制与原则,举办幼儿园的基本条件,保育、教育工作的目标和应遵循的基本原则,以及法律责任和执法、监督等,树立以法治教的观念,做到依法办事。

三、实施两个法规,要从我国的具体国情出发,坚持因地制宜、实事求是的原则。要采取积极态度,努力创造条件,但不要搞"一刀切""齐步走"。在办园条件和水平上,应在坚持基本要求的前提下,对不同地区、不同类型、不同条件的幼儿园,分别提出不同要求。省、自治区、直辖市教育行政部门也可制定不同类型幼儿园的具体工作规程。在实施步骤上,应本着积极、稳步、扎实的精神,依据可能条件,逐步实施。各地教育行政部门还应选择基础较好的地方和幼儿园,先行试点,待取得经验后,再依实施规划逐步推开,使本地区的幼儿园分期分批达到《规程》的基本要求。对现有幼儿园中办园条件差的,要采取措施推动他们积极改善办园条件,调整、充实、提高保教人员,逐步提高保教质量,一般不要采取关、停等简单办法处理。

四、《条例》和《规程》规定了国家对幼儿园的基本要求和管理的基本原则,各地应根据需要,按照职责、权限,制订相应的地方性行政法规和必要的规章、制度。如:幼儿园审批、注册办法,幼儿园园长、教师资格审定、进修和考核制度,幼儿园编制标准,幼儿园经费标准和管理办法,幼儿园收费办法,幼儿园教育督导、评估制度,等等。制订地方行政法规、规章,应通盘考虑,区别轻重缓急,有先有后,统一安排。

五、实施《条例》和《规程》是推动和深化幼儿教育改革的过程。当前幼儿园保育、教育和管理工作较普遍存在忽视幼儿身心发展特点和教育规律的现象,因此必须从端正教育思想入手,使广大幼教工作者、幼儿家长以及社会人士明确幼儿园保育和教育的指导思想、培养目标和应该遵循的基本原则,建立正确的儿童观和教育观。各地可选择基础较好的幼儿园进行试点,鼓励幼儿园教师和专家、学者相结合进行教育改革实验。要办好示范性幼儿园和农村中心幼儿园。这些幼儿园应坚持正确的办园方向,教育思想端正,锐意改革,有创新精神,能真正发挥示范和骨干作用。要积极开展各种形式的教研活动。建立督导、评估制度,研究和探索一套科学的幼儿教育评估体系,保证改革的顺利进行。

六、各级教育行政部门负责幼教工作的干部和教研人员,是贯彻执行国家教育方针、政策和法规的组织者、指导者,应有较高的政策水平、行政管理和教育研究的能力,各地教育行政部门要重视对他们的培训,有计划、分期分批地普遍进行轮训。

园长和教师是办好幼儿园的关键。各级教育行政部门应加强各类幼儿园园长和教师的管理,建立园长、教师资格审定、进修和考核制度。今后,新任教师应按国家规定的教师资格聘用。在当前新师资的培养尚不能满足要求的情况下,应坚持"先培训后上岗"的原则,把好职前培训关。要加强在职教师的培训,使不具备合格学历的教师,逐步取得考核合格证书(或达到合格学历)。对已具备合格学历的教师,也应继续培训提高,使他们中能形成一批教育工作的骨干。对不适合作幼教工作的应进行必要的调整。此外,应有计划、有步骤、分期分批对各类幼儿园园长进行岗位培训。

要研究和制定幼教行政干部、园长、教师等各类人员岗位培训的标准,确定培训要求、课程、教材、教学时间以及考核制度。

两个法规的实施,对幼儿师范(含中师和职业高中幼教专业)和高师学前教育专业的改革提出了新的要求,这个问题需专门研究,各地可先行研究和实验。

幼儿教育科研应加强对当前改革中有普遍指导意义的应用性课题的研究,以加强对幼教改革的理论指导。

七、要搞好管理体制改革,建立起地方负责、分级管理和各有关部门分工负责的管理体制,地方各级人民政府应把幼教工作纳入工作日程,按国办发〔1987〕69号文件精神,逐步理顺管理体制,组织和协调有关部门,及时研究和解决幼儿教育事业和改革中出现的问题。

各级教育行政部门要认真履行职责,充分发挥在幼儿教育方面的综合管理作用。要有一名负责人分管这项工作,建立和健全管理机构,配备和充实有一定政策水平和行政管理能力、懂专业的行政管理干部。地方教学研究、教育科研以及师训、干训机构,都应依据各自的职能分别把幼儿教育方面的教研、科研和师资、干部培训纳入工作日程,统一安排。这些机构也应根据工作任务,配备必要的教研和科研人员。教育行政部门要面向各类幼儿园,分类指导。要主动同政府有关部门和妇联、工会等人民团体密切配合,广泛动员和依靠社会各方面的力量,取得全社会的积极关心和支持,共同推动《条例》和《规程》的施行,促进幼教事业健康发展。

第二节 我国学前教育政策与法规的未来趋势

在依法治国与依法治教的大背景下,学前教育政策与法规越来越受到重视,我国学前教育也蓬勃发展。本节主要阐述我国学前教育政策与法规的未来趋势及其具体表现。

拓展阅读 7-3

国家中长期教育改革和发展规划纲要(2010—2020年)(节选)

第一章　指导思想和工作方针

(一)指导思想。高举中国特色社会主义伟大旗帜,以邓小平理论和"三个代表"重要思想为指导,深入贯彻落实科学发展观,实施科教兴国战略和人才强国战略,优先发展教育,完善中国特色社会主义现代教育体系,办好人民满意的教育,建设人力资源强国。

全面贯彻党的教育方针,坚持教育为社会主义现代化建设服务,为人民服务,与生产劳动和社会实践相结合,培养德智体美全面发展的社会主义建设者和接班人。

全面推进教育事业科学发展,立足社会主义初级阶段基本国情,把握教育发展阶段性特征,坚持以人为本,遵循教育规律,面向社会需求,优化结构布局,提高教育现代化水平。

(二)工作方针。优先发展、育人为本、改革创新、促进公平、提高质量。

把教育摆在优先发展的战略地位。教育优先发展是党和国家提出并长期坚持的一项重大方针。各级党委和政府要把优先发展教育作为贯彻落实科学发展观的一项基本要求,切实保证经济社会发展规划优先安排教育发展,财政资金优先保障教育投入,公共资源优先满足教育和人力资源开发需要。充分调动全社会关心支持教育的积极性,共同担负起培育下一代的责任,为青少年健康成长创造良好环境。完善体制和政策,鼓励社会力量兴办教育,不断扩大社会资源对教育的投入。

把育人为本作为教育工作的根本要求。人力资源是我国经济社会发展的第一资源,教育是开发人力资源的主要途径。要以学生为主体,以教师为主导,充分发挥学生的主动性,把促进学生健康成长作为学校一切工作的出发点和落脚点。关心每个学生,促进每个学生主动地、生动活泼地发展,尊重教育规律和学生身心发展规律,为每个学生提供适合的教育。努力培养造就数以亿计的高素质劳动者、数以千万计的专门人才和一大批拔尖创新人才。

把改革创新作为教育发展的强大动力。教育要发展,根本靠改革。要以体制机制改革为重点,鼓励地方和学校大胆探索和试验,加快重要领域和关键环节改革步伐。创新人才培养体制、办学体制、教育管理体制,改革质量评价和考试招生制度,改革教学内容、方法、手段,建设现代学校制度。加快解决经济社会发展对高质量多样化人才需要与教育培养能力不足的矛盾、人民群众期盼良好教育与资源相对短缺的矛盾、增强教育活力与体制机制约束的矛盾,为教育事业持续健康发展提供强大动力。

把促进公平作为国家基本教育政策。教育公平是社会公平的重要基础。教育公平的关键是机会公平,基本要求是保障公民依法享有受教育的权利,重点是促进义务教育均衡发展和扶持困难群体,根本措施是合理配置教育资源,向农村地区、边远贫困地区和民族地区倾斜,加快缩小教育差距。教育公平的主要责任在政府,全社会要共同促进教育公平。

把提高质量作为教育改革发展的核心任务。树立科学的质量观,把促进人的全面发展、适应社会需要作为衡量教育质量的根本标准。树立以提高质量为核心的教育发展观,注重教育内涵发展,鼓励学校办出特色、办出水平,出名师,育英才。建立以提高教育质量为导向的管理制度和工作机制,把教育资源配置和学校工作重点集中到强化教学环节、提高教育质量上来。制定教育质量国家标准,建立健全教育质量保障体系。加强教师队伍建设,提高教师整体素质。

……

第三章　学前教育

(五)基本普及学前教育。学前教育对幼儿身心健康、习惯养成、智力发展具有重要意义。遵循幼儿身心发展规律,坚持科学保教方法,保障幼儿快乐健康成长。积极发展学前教育,到2020年,普及学前一年教育,基本普及学前两年教育,有条件的地区普及学前三年教育。重视0至3岁婴幼儿教育。

(六)明确政府职责。把发展学前教育纳入城镇、社会主义新农村建设规划。建立政府主导、社会参与、公办民办并举的办园体制。大力发展公办幼儿园,积极扶持民办幼儿园。加大政府投入,完善成本合理分担机制,对家庭经济困难幼儿入园给予补助。加强学前教育管理,规范办园行为。制定学前教育办园标准,建立幼儿园准入制度。完善幼儿园收费管理办法。严格执行幼儿教师资格标准,切实加强幼儿教师培养培训,提高幼儿教师队伍整体素质,依法落实幼儿教师地位和待遇。教育行政部门加强对学前教育的宏观指导和管理,相关部门履行各自职责,充分调动各方面力量发展学前教育。

(七)重点发展农村学前教育。努力提高农村学前教育普及程度。着力保证留守儿童入园。采取多种形式扩大农村学前教育资源,改扩建、新建幼儿园,充分利用中小学布局调整富余的校舍和教师举办幼儿园(班)。发挥乡镇中心幼儿园对村幼儿园的示范指导作用。支持贫困地区发展学前教育。

思考:从《国家中长期教育改革和发展规划纲要(2010—2020年)》看出我国学前教育事业的发展趋势如何?

近年来,国家相继出台了一系列与学前教育有关的政策与法规,有针对性地解决学前教育发展中出现的难题。我国学前教育政策与法规未来发展表现出三方面的趋势:体系不断完善;国际化;学前教育立法成为必然。

一、学前教育政策与法规体系不断完善

可以预见,在未来几年推进学前教育普及提高的过程中,我国将会从高位入手顶层设计学前教育政策与法规,不断完善学前教育政策与法规体系。

(一)不断完善的原因

自改革开放以来,我国学前教育政策与法规不断发展,目前已相对完善,基本上囊括了学前教育制度政策法规、学前教育课程政策法规、儿童保护与发展的政策法规以及针对学前教育

发展过程中出现的问题制定的政策法规等类型。但目前我国专门规范学前教育的法规和规章仅有1986年出台的《幼儿园管理条例》和2016年施行的《幼儿园工作规程》。虽然2010年国务院颁布了《国务院关于当前发展学前教育的若干意见》，但这些条例、规程和意见仅仅是一些行政规定，缺乏法律的权威性和约束力。

2017年，我国学前三年毛入园率已达79.6%，但一些中西部、农村地区，学前三年毛入园率在50%以下，有的贫困县仅为30%～40%；还有一些乡镇尚未实现拥有一所中心幼儿园。另外，一些幼儿园因缺乏经费运转困难；一些已建园因缺乏师资开不了门；还有一些幼儿园因缺乏专业合格教师，小学化现象较为普遍，或教育质量不高。存在上述问题的直接原因，是对学前教育性质、定位缺乏正确认识，一些政府部门对发展学前教育的主导责任不明确或者落实不到位。深层次原因是，学前教育管理体制、投入体制、办园体制、教师政策制度等短板依然突出，适应于我国新形势下新要求的体制机制尚未建立，目前学前教育政策与法规体系还不够完善，急需建立完善的法规体系。

(二)重点完善的内容

我国现行学前教育政策与法规体系中，针对当前的突出矛盾和长远的事业发展需要，特别要突破以下盲区，填补政策空白，建立健全相关的政策制度。

第一，以法律形式，明确规定学前教育的性质、地位。学前教育是国家基础教育、国民教育体系的重要组成部分，并且是一项重要的社会公益事业，对促进国民素质整体提高、社会公平、脱贫攻坚等均具有基础性、全局性、先导性的作用。

第二，明确规定各级政府的主导责任和相关政府部门的职责。

第三，建立和健全新时期符合我国国情的学前教育管理体制，特别是省市与县级政府对学前统筹领导与管理的主要职责、投入体制与运行保障机制、办园体制、教师待遇保障政策等；对不同性质园所的分类适宜的管理体制、投入体制、教师政策等也应作出明确规定。再者，应该对农村、革命边贫地区的倾斜支持政策，对贫困地区和弱势人群的基本免费保障制度等作出明确规定。

二、学前教育政策与法规的国际化

信息化与全球化时代要求我们的教育要与国际教育发展潮流相接轨，适应世界范围内的变化。当前，我国学前教育的国际交流十分频繁，我国制定的学前教育政策与法规也符合世界发展的潮流。纵观我国学前教育政策与法规，始终强调以儿童发展为本，对儿童实施全面发展的教育，促进儿童身心和谐发展；学前教育是我国学校教育和终身教育的奠基阶段，应为幼儿一生的发展打好基础，满足幼儿多方面的需要。这些规定与当前世界学前教育的儿童发展观、儿童主体观、可持续发展观、终身教育观等教育理念相一致，与当今时代发展的多样性、开放性、国际性相契合。我国学前教育政策与法规的国际化具体表现为以下三个方面：价值取向的国际化；政策导向的国际化；具体条目或目标的国际化。

(一)价值取向的国际化

国际社会认识到，全民教育的基石是学前教育，它可以改善儿童特别是发展中国家儿童的生活质量；有助于联合国千年发展目标关于消除贫困、教育、医疗等国际目标与共识的实现；学前教育给在职父母特别是母亲提供了帮助；学前教育投资经济回报率高，通过消除贫富家庭之间的不平等力图促进公平,对打破代际贫穷怪圈起到关键作用。我国学前教育政策与法规也充分认识到了学前教育的基础性作用。《国务院关于当前发展学前教育的若干意见》中提出:"学前教育是终身学习的开端,是国民教育体系的重要组成部分,是重要的社会公益事业。"

自世界上第一所托幼机构诞生之日起,学前教育的公益性就是毋庸置疑的,在近几十年的发展中,学前教育已被世界各国视为关系国计民生和未来社会公益事业的基础加以重视。《国务院关于当前发展学前教育的若干意见》中指出:"发展学前教育,必须坚持公益性和普惠性,努力构建覆盖城乡、布局合理的学前教育公共服务体系,保障适龄儿童接受基本的、有质量的学前教育;必须坚持政府主导,社会参与,公办民办并举,落实各级政府责任,充分调动各方面积极性;必须坚持改革创新,着力破除制约学前教育科学发展的体制机制障碍;必须坚持因地制宜,从实际出发,为幼儿和家长提供方便就近、灵活多样、多种层次的学前教育服务;必须坚持科学育儿,遵循幼儿身心发展规律,促进幼儿健康快乐成长。"

(二)政策导向的国际化

教育公平作为现代教育的基本价值,已经成为国际教育改革与发展的主要目标之一。很多国家都开展了针对处境不利学前儿童的国家特殊计划。我国当前存在的中西部农村学前教育普及率低、质量差等问题是需要重点解决的。《国务院关于当前发展学前教育的若干意见》中指出:"努力扩大农村学前教育资源。各地要把发展学前教育作为社会主义新农村建设的重要内容,将幼儿园作为新农村公共服务设施统一规划,优先建设,加快发展。各级政府要加大对农村学前教育的投入,从今年开始,国家实施推进农村学前教育项目,重点支持中西部地区;地方各级政府要安排专门资金,重点建设农村幼儿园。乡镇和大村独立建园,小村设分园或联合办园,人口分散地区举办流动幼儿园、季节班等,配备专职巡回指导教师,逐步完善县、乡、村学前教育网络。改善农村幼儿园保教条件,配备基本的保教设施、玩教具、幼儿读物等。创造更多条件,着力保障留守儿童入园。发展农村学前教育要充分考虑农村人口分布和流动趋势,合理布局,有效使用资源"。"各级政府要将学前教育经费列入财政预算。新增教育经费要向学前教育倾斜。财政性学前教育经费在同级财政性教育经费中要占合理比例,未来三年要有明显提高。各地根据实际研究制定公办幼儿园生均经费标准和生均财政拨款标准。制定优惠政策,鼓励社会力量办园和捐资助园。家庭合理分担学前教育成本。建立学前教育资助制度,资助家庭经济困难儿童、孤儿和残疾儿童接受普惠性学前教育。发展残疾儿童学前康复教育。中央财政设立专项经费,支持中西部农村地区、少数民族地区和边疆地区发展学前教育和学前双语教育。地方政府要加大投入,重点支持边远贫困地区和少数民族地区发展学前教育。规范学前教育经费的使用和管理。"

(三)具体条目或目标的国际化

世界各国的学前教育普及率呈逐渐上升的趋势。学前三年行动计划期间,我国学前三年毛入园率达到67.5%,结合中国的具体国情以及参考"金砖四国"学前三年毛入园率,《关于实施第二期学前教育三年行动计划的意见》中提出,到2016年我国学前三年毛入园率达到75%,2017年我国学前三年毛入园率已达到79.6%。提高幼儿园教师配置比例已经成为大部分国家与地区学前教育发展的趋势。我国师幼比长期以来较高,为了进一步规范各类幼儿园用人行为,保障教师质量,2013年教育部发布《幼儿园教职工配备标准(暂行)》中指出,全日制幼儿园保教人员与幼儿比应达1∶7~1∶9;半日制幼儿园保教人员与幼儿比应达到1∶11~1∶13。

总体而言,我国学前教育政策与法规的制定始终与世界和时代同步而行,具有与时俱进的特点。

三、学前教育立法成为必然

(一)制定学前教育法的必要性

目前我国专门规范学前教育的法规和规章仅有《幼儿园管理条例》和《幼儿园工作规程》,以及2010年国务院颁布的《国务院关于当前发展学前教育的若干意见》,这些条例、规程和意见仅仅是一些行政规定,缺乏法律的权威性和约束力。

近年来,我国学前教育资源迅速扩大。2017年,全国共有幼儿园近25.5万所,在园幼儿达到4600万人。根据我国第三期学前教育行动计划,到2020年要基本建成广覆盖、保基本、有质量的学前教育公共服务体系,全国学前三年毛入园率由目前的75%提升至85%。学前教育是新时期中国教育发展最快的一个部分,也是当前中国教育最大的一块短板。我国学前教育取得了明显发展,但仍是教育体系中的薄弱环节,发展不充分不平衡问题依然突出,特别是在中西部、农村地区,教育资源尤其是普惠性资源短缺、运转困难、师资匮乏等问题突出。最根本的原因在于,我国尚未有国家层面、专门的《学前教育法》,缺乏对学前教育改革发展中深层次、关键性问题的明确的法律规定。

面对学前教育发展中的问题,社会各界广泛呼吁,出台一部专门针对学前教育的法律,在经费投入、教师队伍建设、管理规范等方面予以保障。2018年9月7日公布的十三届全国人大常委会立法规划中,学前教育法纳入全国人大常委会立法规划的一类立法项目,拟在十三届全国人大常委会任期内提请审议。

(二)学前教育立法的重点

学前教育是我国教育事业的重要组成部分,但学前教育发展基础薄弱,面临的发展困境多,因此其立法显得更为紧迫。2018年9月公布的十三届全国人大常委会立法规划中明确了学前教育立法是目前立法条件比较成熟、任期内拟提请审议的69件法律草案之一,正式启动了学前教育立法程序。要更好地对学前教育立法,有必要回顾我国尤其是自改革开放以来学前教育领域已出台的政策法规,从历史回顾的角度去追寻我国学前教育立法应关注的重点问题,以便更好地把握住这些重点问题的发展趋势。同时也需要回顾我国学前教育改革发展中在管理及投入举办主体上的历史实然的变化情况,从应然与实然对比的角度,来探讨我国学前教育立法应关注的重点领域和立法措施,才能使学前教育立法更具针对性和操作性。从学前教育政策及发展回顾看,我国学前教育立法应重点解决七个问题:

1. 强化对学前教育公益性、基础性重要地位的优先保障

一项教育事业是否重要及其在国家财政投入上是否受到重视,从根本上说取决于该项教育事业的本质属性,以及人们对该项教育事业的需求程度的急迫性及国家财政的支付购买能力。学前教育能否得到优先发展,根本上取决于对学前教育事业性质和地位的认识。有学者认为,对学前教育的性质地位的认识是事关我国学前教育事业发展的根本性、深层次的核心问题,我国学前教育事业的滑坡或停滞,根本原因之一源于对学前教育性质、地位的认识不足或者模糊。

从我国学前教育政策的历史演变来看,国家对学前教育性质的认识经历了从复杂矛盾到坚定信念的过程。如在1979—1991年间将学前教育视为可以且应该社会化的生活服务事业,同时幼儿教育既是教育事业的一个重要组成部分,又具有福利事业的性质;而在1992年批准《儿童权利公约》后又提出要以政府财政拨款为主,但20世纪90年代市场经济确立时又在1997年强调幼儿教育事业具有很强的地方性和群众性,需要人民幼教人民办;直到2010年《国家中长期教育改革和发展规划纲要(2010—2020年)》才坚定了坚持学前教育公益性原则的信念,指出学前教育必须坚持公益性和普惠性,努力构建覆盖城乡、布局合理的学前教育公共服务体系。因此,学前教育在立法上就需要强调其重要性、基础性,及立德树人原则,坚持以儿童为中心,确保学前教育的基础性、公益性、普惠性与公平性原则,是学前教育立法的基本宗旨。

2. 理顺学前教育管理体制,落实各部门的投入与领导管理责任

纵观改革开放以来的学前教育政策,在学前教育管理上始终秉持了"地方负责,分级管理和有关部门分工负责的原则"。因此在学前教育立法上仍需坚持这一原则,明确教育、财政、卫生、人社等部门与各级政府的领导与管理、举办与监督及评估职责。应建立起由国务院分管教育的副总理领导的由教育部、财政部、卫计委、发改委、人社部、编办、住建与规划部门等参与的学前教育部际联席会议制度,统一协调推进学前教育快速健康发展。同时,各级教育行政部门应建立学前教育的领导机构,具体负责学前教育的领导与管理工作。

3. 确保建立"省统筹、以县为主"的学前教育投入体制

学前教育投入体制受到对学前教育事业性质的认识及市场化的重要影响。回顾我国学前教育投入政策,先后经历了"两条腿走路、社会化"为主时期,"政府拨款为主,多元投入、合理分担成本"为主时期,到"政府投入主体责任再次退位,以社会力量兴办幼儿园为主体"时期,再到"加大政府投入,突出政府办学主体地位,推进学前教育三年行动计划,加强省统筹力度、坚持公益性和普惠性,建立学前教育公共服务体系"时期,再到最近的"增加普惠性资源供给,深化体制机制改革,建立健全国务院领导,省地(市)统筹,以县为主"时期,政府投入的主体责任从只负责管理到以政府拨款为主,再到政府退位以社会力量为主,再到以政府投入为主,建立学前教育公共服务体系。这背后除了受经济发展水平的影响,也受一些市场化思维的影响,但最后还是取决于政府对学前教育事业性质的认识及其重视程度与财政投入能力高低的影响。

随着我国公共教育经费的稳定增长及至2012年后始终保持在4%以上水平,具备了建立学前教育公共服务体系的财政支付基础。鉴于学前教育越发突出的公益性及不断增强的国家财政支付能力,学前教育投入体制可以建立省统筹、以县为主,政府主导、多元参与,合理收费,体现普惠性成本分担的多元投入体制。同时,新增教育经费应向学前教育倾斜,加大学前教育三年行动计划的经费投入力度,使教育部门成为学前教育的办学主体,而不只是局限于办好示范性幼儿园,以减轻集体办园及民办园的主体责任。在坚持"两条腿走路"的同时,应进一步强化政府的投入责任,使其财政性经费投入占学前教育总经费收入的50%以上,扭转学前教育财政性教育经费占比下降的状况。应尽快增设公办幼儿园及增加公办园的招生力度,尽快扭转自2012年起出现的民办园在园幼儿占比要高于非民办园幼儿占比且差距扩大的趋势,突出多元办学中政府一元的重要调配和公益导向与保障作用。同时,努力提高学前教育生均经费及办学条件,使其经费相对充足性不至于与小学差距太大,尤其是要提高其财政性教育经费的相对充足性。

4. 确保减少学费收入分担成本占比,提高学前教育的公益普惠水平

由于我国学前教育实行多元投入体制,且学费占比较高,因此学前教育立法在坚持和保障普惠性时,需要平衡好普惠性与收费及免费的关系,应降低学费分担培养成本比例,通过财政补贴及政府购买服务等形式增加普惠性学位供给。目前,我国学前教育学杂费收入及其分担比例在不断增加,从 2010 年起均超过 40%,至 2016 年高达 47.80%(其中 2010 年最高达 52.77%),至 2014 年学杂费分担比例已高于国家财政性教育经费的分担比例。因此,学前教育立法时还需要保障增加财政支出力度,扩大普惠性的获得感,减少家长的学杂费分担比例,确保财政分担比例要大于学杂费分担比例。

由于城市及县镇的幼儿多集中在民办幼儿园,体现成本分担的普惠性幼儿园发展应重点面向城市及县镇的民办幼儿园,切实降低城市及县镇家长的学费分担比例,提高普惠性水平,可将"双 50%以上"(即公办幼儿园数量占比 50%以上和在公办幼儿园就读的幼儿占比 50%以上)作为各地建设公益普惠的学前教育公共服务网络的考核指标。同时,严格落实教育法规定的"三个增长原则",对那些普惠性程度较高的集体幼儿园或选择非营利的幼儿园符合事业单位认定标准的,认定为事业单位,进入公立园系统。

5. 强化教师队伍建设,切实提高教师工资福利待遇

我国学前教育师资向来比较短缺,还存在大量的代课及兼职教师,另外教师学前教育专业的比例不太高,而编制外教师待遇低下,社会福利得不到保障,高级职称教师比例较低且呈下降趋势。针对这些问题,学前教育立法应重点解决学前教育师资的培养与供给问题,增加学前教育类专业的招生人数,在晋升职称上应给予更优惠的政策,对农村地区应给予倾斜性照顾政策。各级政府需要通过立法来下大力气尽快改变学前教育教师薪酬待遇低的问题,尽快扭转目前我国学前教育教师年人均工资福利及补助支出不及小学教师的 1/3,且差距在扩大的状况。

6. 促进城乡均衡发展、公办与民办合理布局的多元均衡发展体系

目前来看,民办园占比越来越大,民办与非民办占比的差距也越来越大,至 2017 年,我国城市有 64.99%的幼儿在上民办园,县镇有 55.97%的幼儿在上民办园。学前教育立法应关注办学主体在城乡间、公办与民办间的合理分布,增加县镇及城市的公办园数量及其招生数。今后普惠园办学的重点方向也应更多关注城市及县镇地区,尽快减少城市及县镇的民办幼儿园及其在园幼儿数的占比,让普惠落实到城市、县镇的民办园,以及农村集体园和民办园。在对农村集体园和民办园给予更多的经费投入及优惠政策的同时,要尽快改变其规模较小的状况,促进其可持续发展。

7. 学前教育立法应强化对学前教育事业的领导督导职责

学前教育立法应坚持《学前教育督导评估暂行办法》(教督〔2012〕5 号)的规定,省级要建立学前教育发展督导评估与年度监测制度,继续加大对各级人民政府在学前教育举办成效方面的督导和评估力度。重点督导各级领导对学前教育的认识与重视程度,尤其是扩大学前教育经费的投入情况和公共财政支持的落实情况,以及教师的编制、师德师风与待遇等问题。

从政策回顾及发展现状面临的困境来看,我国学前教育立法急需解决上述七个问题,亟待加快立法进程,以法促建、以法促管,通过《学前教育法》的颁布实施来进一步顺学前教育管理体制,明确各职能部门的举办、领导与管理、监督与评估责任,尤其是明确各主体的投入责任,促进学前教育健康快速发展,满足人民群众日益增长的、高质量的普惠性学前教育需求。

拓展阅读 7-4

四川省第三期学前教育行动计划(2017—2020年)

为深入推进学前教育改革发展,根据《教育部等四部门关于实施第三期学前教育行动计划的意见》(教基〔2017〕3号),制定本行动计划。

一、重要意义

近年来,通过实施第一、二期学前教育三年行动计划,我省学前教育发展取得显著成效。各级政府高度重视,财政投入持续增加,学前三年毛入园率由2010年的62.5%提升到2016年的79.6%,"入园难"进一步缓解,学前教育发展迈上新的台阶。但总体上看,学前教育仍是教育体系中的薄弱环节,普惠性资源供给不足,幼儿园运转困难,教师数量短缺、工资待遇偏低,保教质量参差不齐等问题还普遍存在。

实施第三期学前教育行动计划(2017—2020年)(以下简称"第三期行动计划")是巩固前期成果,加快学前教育发展,推进教育现代化的必然要求;是基本解决"入园难""入园贵"问题,推动二孩政策落地,保障民生的迫切需要;是推进教育扶贫,从人生早期阻断贫困代际传递,为全面建成小康社会作出贡献的重大举措。各级政府要深刻认识实施第三期行动计划的重要意义,履职尽责,加大投入,完善措施,坚定不移地推进学前教育改革发展,努力满足人民群众接受良好学前教育的需求。

二、总体要求

(一)基本思路。实施第三期行动计划,以五大发展理念为引领,坚持"注重科学规划、坚持公益普惠、强化机制建设、提升保教质量"的基本原则,进一步优化幼儿园布局,着力保基本、补短板、促公平。进一步增加普惠性资源供给,提升学前教育公共服务水平。进一步深化体制机制改革,提高综合治理能力。进一步推进教学改革和质量评估工作,提升幼儿园保教质量。

(二)主要目标。到2020年,基本建成广覆盖、保基本、有质量的学前教育公共服务体系。全省学前三年毛入园率达到85%以上,民族自治地区学前三年毛入园率达到80%以上;全省普惠性幼儿园覆盖率达到80%左右。管理体制和办园体制逐步理顺,发展责任进一步落实。学前教育成本分担机制进一步完善,运行保障能力显著增强。幼儿园教师配备和工资待遇保障机制初步建立,师资力量进一步加强。幼儿园保教质量评估监管体系基本形成,办园行为普遍规范,"小学化"现象基本消除,幼儿园办园水平和能力显著提高。

三、主要措施

(三)大力发展普惠性幼儿园。

着力扩大公办学前教育资源。实施公办园建设工程,以县(市、区)为单位,综合考虑城乡经济社会发展、人口流动和二孩政策全面实施等因素,依据城乡规划,编制2017—2020年公办园建设规划,逐年新建、改扩建一批公办园,扩大公办资源。支持企事业单位和集体办园,提高其面向社会提供公共服务的能力。完善农村公办园体系,继续办好公办乡镇中心幼儿园,充分发挥辐射指导作用,大村独立办园,小村联合办园,优先利用中小学闲置校舍进行改建。加快集中连片贫困地区乡村幼儿园建设。大力提升办园条件,逐步达到幼儿园工作规程的规定和要求。新建、改扩建的公办园应严格执行新的幼儿园建设标准,推进标准化建设。各地幼儿园特别是地震重点危险区域幼儿园的校舍要达到重点设防类(2类)的要求。

加快民族地区学前教育发展。继续支持民族地区公办双语幼儿园及配套设施建设,改善公办双语幼儿园(班)办园条件。将"十三五"藏区规划的农牧区双语幼儿园项目,统筹纳入第三期行动计划。根据民族地区实际,因地制宜,实施民族自治地区"一村一幼"计划,采取"一村一幼、一村多幼、多村一幼"形式,建设村级幼教点(幼儿园)。

规范城镇小区配套幼儿园建设。老旧城区、棚户区改造和新城区、城镇小区要按照国家标准、规范配套建设幼儿园。建成后的小区配套幼儿园作为公共教育资源由当地政府统筹安排,举办为公办园或委托办成普惠性民办园。按照国家和省有关加强城镇小区配套幼儿园建设和管理的要求,开展城镇小区配套幼儿园专项整治,对未按规定建设、移交、没有办成公办园或普惠性民办园的要全面整改,2018年底前整改到位。

积极扶持普惠性民办园建设。落实办学用地、税费减免、水电气等优惠政策,多种方式吸引社会力量办园。积极扶持资质合格、面向大众、办园规范、收费合理、质量较好的普惠性民办园发展。编制2017—2020年民办园扶持计划,通过政府购买服务、综合奖补、减免租金、培训教师、教研指导等方式,支持普惠性民办园发展。各地要按照四川省关于普惠性民办园认定工作的指导意见,逐年确定一批普惠性民办园,结果及时向社会公示。将提供普惠性学位数量和办园质量作为奖励和支持的依据,对不能按要求提供普惠性服务的要限期整改。

(四)理顺学前教育管理体制和办园体制。

贯彻执行"国务院领导,省地(市)统筹,以县为主"的学前教育管理体制。省、市人民政府负责统筹规划学前教育发展,并制定相关政策,加大对贫困地区、民族地区支持力度,促进学前教育协调发展。落实县级政府承担学前教育发展的主体责任,充分发挥乡镇政府的作用。积极推动各地理顺机关、企事业单位、城镇街道办幼儿园办园体制,实行属地化管理,鼓励各地通过地方政府接收、与当地优质公办园合并、政府购买服务等多种形式,确保其面向社会提供普惠性服务。2017年底前,对符合条件的幼儿园,按照《事业单位登记管理暂行条例》和《事业单位、社会团体及企业等组织利用国有资产举办事业单位设立登记办法(试行)》完成事业单位登记。

(五)进一步完善学前教育投入机制。

加大学前教育投入。各级政府要加大投入,建立完善政府投入、社会举办者投入、家庭合理分担的学前教育经费投入机制。县级政府要切实履行责任主体、投入主体、实施主体的职责,要紧密联系当地实际,结合第三期行动计划目标任务,研究制定具体的财政支持政策和措施,不断扩大普惠性学前教育学位资源,有效提升办园质量和办园水平。省财政将通过安排新增地方债券资金、贴息补助、以奖代补等方式,支持各地公办园建设;通过购买服务奖补等方式,对各地扶持普惠性民办园发展给予奖补。

健全学前教育成本分担机制。各地要按照非义务教育成本分担的要求,建立起与管理体制相适应的生均拨款、收费、资助一体化的学前教育经费投入机制,保障幼儿园正常运转和稳定发展。根据幼儿园可持续发展需要和实际,逐步制定公办园生均拨款标准和普惠性民办园的补助标准,所需经费按照幼儿园隶属关系纳入同级财政预算,市(州)、县(市、区)政府要足额安排本级财政应承担的经费。进一步健全幼儿资助制度,免除民族自治地区在园幼儿保教费,减免民族待遇县和非民族地区孤儿、残疾儿童以及家庭经济困难在园幼儿保教费,免除建档立卡贫困家庭在园幼儿保教费,逐步扩大非民族地区在园幼儿减免保教费政策覆盖面。根据经济发展状况、办园成本和家庭经济承受能力,对公办幼儿园的保教费收费标准进行调整。

(六)构建幼儿园教师队伍建设支持体系。

补充配齐幼儿园教师。各地根据国家和省规定的幼儿园教师编制政策要求,结合实际动态调整所属公办幼儿园教师编制,用好用足我省激励引导教育卫生服务基层和加强基层专业技术人才队伍建设等文件中对教师招聘的倾斜政策,采取公开招聘、政府购买服务等多种方式及时补充公办园教职工。到2020年,基本实现幼儿园教师全员持证上岗。

加大幼儿园教师培养培训力度。充分发挥师范院校学前教育资源优势,加大学前教育教师的培养力度,优化培养模式,加大本专科层次幼儿园教师的招录培养力度。对接各地需要,大力开展省属免费师范生学前教育教师定向培养,支持各地通过多种方式为农村和边远贫困地区培养补充合格的幼儿园教师。加强师德教育宣传,引导教师重德养德,不断提升师德素养。深化学前教育专业课程与教学改革,提高培养质量,强化实践能力。以需求为导向,开展新一轮幼儿园教师全员培训,提高培训的针对性和实效性。

保障幼儿园教职工合法权益。公办园在编教师执行统一的岗位绩效工资制度,对长期在农村基层和艰苦边远地区工作的幼儿园教师给予倾斜。通过生均财政拨款、专项补助等方式,支持解决好公办非在编教师、农村集体办幼儿园教师工资待遇问题,逐步实现同工同酬。引导和监督民办园依法依规配足配齐教职工并保障其工资待遇。通过政府购买、奖励等方式,支持普惠性民办园改善教师待遇。幼儿园教职工依法全员纳入社保体系。将各级各类幼儿园教师统筹纳入评优评先、表彰奖励和职称评聘范畴,完善符合幼儿园教师职业特点的职称评聘标准,对长期在农村基层和艰苦边远地区工作的幼儿园教师实行倾斜政策。鼓励地方政府将符合条件的农村幼儿园教师住房纳入保障性安居工程统筹予以解决,改善农村幼儿园教师工作和生活条件。

(七)大力提升保育教育质量。

加强幼儿园监管。落实县级政府对幼儿园和培训机构的监管责任,加大监管机构和队伍的建设力度。完善幼儿园动态监管机制,严格执行幼儿园准入制度和年检制度。健全联合执法机制,加大对违规办园行为的查处力度,依法取缔无证非法举办的幼儿园。推进教育信息公开,建立违规失信惩戒机制。强化安全管理,按照"谁举办谁负责,谁审批谁负责"的原则,加强对幼儿园安全工作的监管与指导。幼儿园要建立人防、物防和技防相结合的安全防护体系,按相关安全防范标准配齐专兼职保安人员,完善幼儿园安全管理和安全责任制度。健全幼儿园内部财务制度,加强幼儿园经费使用和收费行为的监管。

加强幼儿园业务指导。深入贯彻《幼儿园工作规程》和《3—6岁儿童学习与发展指南》,坚持正确的办园方向,尊重幼儿身心发展规律和学习特点,坚持以游戏为基本活动,保教并重,养成良好的品德与行为习惯,锻炼幼儿健康的体魄,激发幼儿探究兴趣,培养积极的交往与合作能力,促进幼儿身心全面和谐发展。指导幼儿园教师根据幼儿的发展需要制定教育计划、指导游戏活动、安排一日生活,提高保教质量。加强玩教具配备,为幼儿创设丰富的教育环境。建立完善幼儿园质量评估体系,将各类幼儿园全部纳入评估范围,着重加强对师资配备、教育过程和管理水平等方面的评估。发挥城市优质幼儿园和乡镇中心幼儿园的辐射带动作用,加强对农村学前教育的业务指导,探索农村乡镇幼儿园和村幼儿园一体化管理。到2020年,要健全学前教育管理信息系统,加强学籍管理。鼓励有条件的幼儿园面向家长和社区开展公益性0~3岁早期教育指导。

四、保障措施

（八）加强组织领导。各地要高度重视第三期行动计划的编制和实施工作，以县为单位逐级编制2017—2020年第三期学前教育行动计划，市（州）政府要加强统筹，加大对贫困县（市、区）的支持力度。要把第三期行动计划的实施列入政府工作的重要议事日程和相关部门的年度任务，落实人财物条件保障，确保各项目标任务落到实处。

（九）建立投入激励机制。省财政统筹中央和省级支持学前教育发展相关资金，进一步健全完善激励奖补机制，引导和支持各地加快发展学前教育，将资金分配安排与各地公办园建设项目推进和民办园扶持计划落实、完善管理体制、健全投入机制、资助家庭经济困难儿童入园等工作的绩效挂钩。

（十）建立工作推进机制。各地要建立学前教育综合改革协调机制，明确教育、机构编制、发展改革、财政、人力资源社会保障、住房城乡建设等部门的任务。加大政策创新力度，综合施策，着力破解长期制约学前教育发展的体制机制问题。省建立专项督查机制，第三期行动计划实施过程中，开展城镇小区配套幼儿园建设与管理、学前教育成本分担机制、加强教师队伍建设等工作情况的专项督查。对行动计划进展缓慢、举措不实、力度不够的加强指导和问责。省教育督导委员会、省教育厅研究制定《四川省普及学前教育督导评估实施办法》，对各市（州）、县（市、区）学前教育普及情况进行专项督导评估。专项督导评估每年开展一次，督导结果向社会公布。

本章作业

一、简答题

(1)我国学前教育政策与法规的发展历史有哪几个阶段？
(2)当前我国学前教育政策与法规存在哪些问题？
(3)学前教育立法要解决的重要问题有哪些？

二、案例分析

早教机构乱象如何整治？

目前，社会上各种从事0～3岁早期教育的机构如雨后春笋般出现，但是现行学前教育法规仍旧将传统幼儿园教育视为调整对象，面对新出现的早期教育机构良莠不齐的现象，在管理上往往会出现无法可依的尴尬局面。

分析：如何改善这样的尴尬局面？